U0605826

日本时装设计师：

三宅一生、山本耀司和川久保玲的作品及影响

Japanese Fashion Designers

The Work and Influence of Issey Miyake,
Yohji Yamamoto and Rei Kawakubo

〔澳〕邦尼·英格利希（Bonnie English）———— 著

李思达————译

重庆大学出版社

献给我最爱的孙子拉克兰。

本书向勇敢面对 2011 年 3 月 11 日悲剧的，
充满力量、品德、荣誉的日本人致敬。

近几年，托重庆大学出版社编辑老师的福，我有幸以审校的身份提前细读了几本与时尚学术有关的好书，《日本时装设计师：三宅一生、山本耀司和川久保玲的作品及影响》是我审校的第三本学术性时尚书籍，也是我第一次写推荐序的书。

本书详尽地描述了二十世纪七八十年代闯入巴黎时尚圈的"日本三巨头"——三宅一生（Issey Miyake）、川久保玲（Rei Kawakubo）和山本耀司（Yohji Yamamoto）创立品牌的来龙去脉，以及他们闯入巴黎高级时装界后在全球掀起的时尚变革的巨浪，他们不仅瓦解了过往西方设计师"一言堂"的传统时尚体系，所创立的美学也鼓舞了无数的后浪前赴后继，开辟新的局面，也在无形中影响了当下时尚环境多元化的诞生。其中，最打动人心的就是这三位日本先锋设计师与后继者、门徒之间的密切关系，以及后者从他们身上汲取养分，以自己的方式传承并创新出独树一帜的美学——这一部分也是我最希望各位读者细细观看的。

在向各位介绍这本内容丰富的书之前，请允许我谈一谈这三位日本设计师对我个人产生的特别影响。大学时代，攻读日语专业的我，事实上从未想过毕业之后有朝一日会以时装评论人的身份工作，更别提能在一本如此优秀的学术著作的开篇郑重其事地写下这一篇推荐序。如今仔细想来，或许那一日无意间翻到的纪录片《都市时装速记》(*Carnet de notes sur vêtements et villes*) 正是一切的起源。

《都市时装速记》是德国导演维姆·文德斯（Wim Wenders）拍摄设计师山本耀司工作的纪录片，上映于 1989 年。这部与我的年龄仅有一岁之差的纪录片，在当时让我这个对时尚界一无所知的人打开了通往时尚的好奇的大门。在这部纪录片中，与往日我在时装杂志上看到的华丽精美的高级时装有着截然不同的态度，山本耀司的每一件作品都像是从女性身体上长出来的一棵有着自我态度的树、兀自强势且独立地生长着，它如同支撑起了女性的姿态与风情，也得以让穿着它的女性显得尤为笃定与淡然，悄无声息间流露出其坚毅的态度。这番强烈的冲击对当时二十出头的我来说尤为震撼，尤其是彼时社交媒体还未像现在这般繁荣旺盛，时尚资料的获取与阅览，都需花费大量时间仔细寻觅。在千辛万苦寻得的影像中，在一帧帧带着历史痕迹的老旧画面里，穿着 Yohji Yamamoto 黑衫的女人成了我脑海里挥之不去的女性形象，自傲且毅然独立。于是，山本耀司毫无疑问成了我的时尚启蒙者，也让我从此踏上了探究时尚文化之路。

靠着当年还算熟练的日语，我几乎翻阅了所有与山本耀司相关的书籍、纪录片以及其他资料，自然也抽丝剥茧地沿着这条脉络寻到了川久保玲、三宅一生这两位传奇设计师在时间长廊里留下的吉光片羽。当我小心翼翼借这些寻觅来的资料隔空叩问这三位日本时尚先驱时，他们在关乎服装（我认为他们设计的是超脱了时间限制的服装，故此处只用"服装"）、自我、态度、传承上的见解，得以补足我最初对设计师，不，应该说是时尚风格开辟者、反叛者的全部想象。

首先是"日本设计师"的标签。"日本"二字是对这三位设计师出生国的描述，也是为了将他们与西方设计师进行区分贴上的标签，然而原本只是作为身份介绍的"日本"，却成为后来外界用于分析他们设计美学的根据。然而，三宅一生、山本耀司、川久保玲都对"他们从日本文化出发进行设计"的评价并不认同，他们不愿自己的设计被过多地束缚在"日本"的文化语境下。

山本耀司曾在《都市时装速记》中清晰地提到："我喜欢说自己是'东京人'。东京是一个没有国籍概念的城市，而我喜欢这种感觉。"这种剥离了身份根源、无国籍之分的理念常常浮现在他的设计中。他的很多设计都是源于对自我的探索和认知。同样，川久保玲也多次反复强调自己不愿意被安置在"日本设计师"的头衔之下。为何会出现这样的"理解偏差"？或许正是因为二十世纪七八十年代他们在巴黎的出道，与西方时尚界所认知的主流审美背道而驰，而加以渲染为"新日本风格"，被媒体以一种猎奇的视角宣扬他们独树一帜的"日本审美"。

其次是薪火相传。想必对时尚历史稍有了解的爱好者一定知道"日本三巨头"的巨大影响力，以及他们与后来于比利时崛起的"安特卫普六君子"之间的联系。尤其是前者的解构主义更是直接引发了这些年轻设计师的再思考。尽管马丁·马吉拉（Martin Margiela）并不属于"六君子"之一，但他的设计美学也与川久保玲有着异曲同工之妙，他认为"完美不是通往真实的道路，只是短暂的、完美的幻想提供者"，这位低调的设计师至今仍被人津津乐道，他创建了独树一帜的个人秩序，沉浸其中，探究无限可能。

本书中，作为川久保玲的前版师，也是川久保玲最为满意的"门徒"——渡边淳弥（Junya Watanabe）占据了不小的篇幅。1992年，他在川久保玲的资助下，在巴黎推出了自己的第一个系列，他不仅在开发新技术和新面料上有着独到之处，也延伸了川久保玲的"概念学"，以复杂的建筑技术和如同雕塑般的廓形设计，开辟出了属于自己的一片天地。

设计师高桥盾（Jun Takahashi）在品牌创立之初也得到了川久保玲的帮助，他曾告诉过我，川久保玲对他来说有着"知遇之恩"，自己最欣赏的是她身上"破旧立新"的品质，"她会主动去破坏固有时装体系，然后在这些基础上进行创新，像是齿轮，联动着不同领域，挖掘我们从未见过的新事物"。

再者是启迪。三宅一生是真正意义上同时将时装与艺术摆在大众面前，探讨时尚与艺术之间关系可行性的发起者。1982年2月，在《艺术论坛》（*Artforum*）的杂志封面上，一位模特穿着三宅一生的礼服裙坦然地身处封面中央，展现着自己的迷人姿态。这张封面照片与过去时装设计师与艺术家合作的作品有所不同的是，照片上的礼服裙从一开始就是被作为"艺术品"进行探讨的对象。另一方面，川久保玲所创立的品牌 Comme des Garçons 以一系列与时装毫无关系的视觉"广告大片"而闻名，她特意邀请除时尚外其他领域的创作者，如艺术家、画家、建筑师为她操刀视觉大片。在这一系列意义深远的大片中，你几乎找寻不到任何与时装相关的内容，引用她本人的态度作出解释，"概念比服装形式更为重要"。

　　作为一衣带水之国的中国时装评论者，三宅一生、山本耀司、川久保玲一直以来都是我在日常工作、学习中极其关注的研究对象，作为世界时尚体系中必不可少的日本设计师群体板块，他们的身上有着与时代齐头并进的热情，以及绝不屈服于现状的反骨。透过他们，我们或许可以知晓：创作的动力源自对未来的热情，澎湃的热情来自不断的探索欲与好奇心。

徐小喵（徐燕娜）

二〇二一年五月十三日

致 谢

这本书是我多年研究的结晶，不仅是在收集文字资料方面如此，在体验不同的文化、不同的传统和习俗方面更是如此。更重要的是，日本的设计让我学会欣赏一种非常复杂的美学，欣赏它如何成为日常生活中固有的一部分。在此我要感谢澳大利亚—日本协会昆士兰分会在 1997 年为我提供了旅行奖学金，让我第一次访问日本。这是一个漫长旅程的开始，我于 1999 年在布里斯班市政厅画廊策划了一个名为"东京时尚"的日本和澳大利亚服装展，这是昆士兰有史以来第一次举办的大型时装展，也是日本著名设计师在澳大利亚举办的第一个大型展览。我的朋友和同事克雷格·道格拉斯博士（Dr Craig Douglas）和我为此努力工作了两年，这个展览后来启发了路易丝·米切尔（Louise Mitchell）于 2005 年在悉尼

的动力博物馆 [1]（Powerhouse Museum）策划了"日本时尚前沿"展览。几年来，我在布里斯班、悉尼、墨尔本和珀斯等地发表了有关这一主题的论文。在收集背景材料方面，我获得了来自京都服饰文化研究财团 [2](the kyoto Costume Institute, KCI) 的深井晃子 [3](Akiko Fukai)及二井玲(Rei Nii) 的宝贵帮助，最初，2005 年 10 月系列在巴黎展出后，我还与山本耀司手下的劳伦斯·德拉玛（Laurence Delamare）一起度过了无数个小时。

我充满感激地表达自己对格里菲斯大学昆士兰艺术学院院长保罗·克利夫兰（Paul Cleveland）教授和负责研究的副院长罗斯·伍德罗（Ross Woodrow）教授的谢意，感谢他们一直以来的支持和资助，使我能够继续专注于时尚设计研究。我很感谢 QCA 研究生管理员兼朋友本·伯恩(Ben Byrne) 在采购、选择和记录本出版物中所包含的图片的过程中给予的支持和研究协助。本和我对时尚有着共同的爱好，在过去的一年里，此书在很大程度上成了一个合作项目。

我非常感谢 Berg 出版社的时尚编辑安妮·怀特（Anna Wright）的鼓励和热情以及她在整个出版过程中对我的指导。我也感谢 Berg 出版社的高级编辑特里斯坦·帕尔马（Tristan Palmer）多年来的指导。我对设计师和摄影师的慷慨和善意非常感动，其中有很多设计师和摄影师愿意提供美丽的图片用于本书，特别是安·迪穆拉米斯特（Ann Demeulemeester）、

1　动力博物馆，为悉尼的一家应用艺术与科学博物馆（Museum of Applied Arts & Sciences），虽被认定为一所科学博物馆，但却拥有包括来自装饰品、艺术、通信、运输、服装、家具、媒体、计算机技术、空间技术和蒸汽机等相关领域的展品。

2　京都服饰文化研究财团，1978 年 4 月由当时的京都商工会议所副会头塚本幸一在三宅一生的建议下创建。

3　深井晃子，京都服饰文化研究财团现任理事，名誉策展人。

德莱斯·范·诺顿（Dries Van Noten）、Nuno 公司的须藤玲子 (Reiko Sudo)、西尔万·德鲁（Sylvain Deleu）、吉恩·舍曼（Gene Sherman）和卡罗琳·埃文斯（Caroline Evans）。

如果没有同事、朋友和家人一如既往的支持，完成这项任务将非常困难。我向我的孩子凯蒂和莎拉、丈夫贾斯汀、为我读过本书初稿的好友罗达、我的海外研究员林达、大卫、莉莉安娜和多丽丝表达爱与感谢。

　　自 1970 年以来，日本时装设计师们的作品就对西方服装产生了一种清晰的影响。这种影响由三宅一生发起，并在十年后为 Comme des Garçons[1] 的山本耀司和川久保玲所继承。他们提供了一种崭新独特的创造力表现方式，挑战了当今时尚中地位、展现及性别的既有观念。2010 年，三宅一生举办了自己从事时尚行业四十周年庆，而川久保玲和山本耀司也在 2011 年举办了他们纪念巴黎首秀三十周年大秀。2011 年春，为纪念山本耀司对时尚世界做出的贡献，他的作品回顾展在伦敦的维多利亚和阿尔伯特博物馆[2]（Victoria and Albert Museum）揭幕。在 2009

1　日本时尚品牌，日本旗舰店位于东京青山区。在全世界各大城市都设有分店。

2　维多利亚和阿尔伯特博物馆为英国伦敦著名的工艺美术、设备及应用艺术博物馆，成立于 1852 年。得名于英国维多利亚女王和她的丈夫阿尔伯特亲王。

年 10 月 11 日英国《金融时报周末版》（*Financial Times Weekend*）上，
记者兼摄影师马克·奥弗莱厄蒂（Mark O'Flaherty）写道：

> 革命性的日本设计三巨头已步入中年的事实，就如同他们那些
> 深具对抗性的作品一样令人感到震惊；对他们的许多现代主义的追随
> 者来说，他们仍是崭新激进的新贵，但对高街¹来说，他们只是最近
> 才通过与阿迪达斯等公司的传播项目而彰显其存在。那么，40 年过去，
> 他们真的给时尚界带来了革命吗？

《日本时装设计师：三宅一生、山本耀司和川久保玲的作品及影响》
是一本能向您提供该问题答案的书籍。它不仅仅是对时尚美学的研究，
更是对文化美学的一种研究，是对此方面东西方差异的研究。在艺术史
中，曾有无数案例证明了西方是如何被东方所影响的，但从未有如当代
时尚设计史这般富有戏剧性的先例。本书将帮助人们了解日本的思想、
传统以及先进的纺织技术是如何在 20 世纪后半叶成为时尚设计实践的
内在组成部分的。它将展示日本设计师为何影响了整整一代年轻、新兴
的比利时设计师而非他人，以及这种跨文化和跨代际的影响是如何渗入
国际时尚工业灵魂的。

1　在英国及英联邦国家，高街通常为历史悠久的商业街，多为代表市镇中心的商业聚焦地点，此处指主流商圈。

回顾——一项文化遗产

　　低调典雅的遗产已化为现代日本设计的内在秉性，在三宅一生、山本耀司和川久保玲的作品中，这点一览无余。实际上，这在历史上根植于日本武士文化，也是日本文化的一种内在组成部分。这看上去似乎令人感到惊讶，然而至少可用历史学家池上英子的话来解释：

> 在着装方面，当 17 世纪晚期武士的角色发生改变，他们的军事职责为官僚职责所取代时，他们用名贵布料制成并且用于特别的庆祝场合、铺张且奢华的定制"着物"¹（在早先被视为需要而根据社会身份定制），就被一种更为素淡的常服所取代。相反，穿着深色的衣服，特别是象征"克己"²的黑色服装，就被接受为一种更为精致的城市装束，一种用精巧设计和微妙风格差异加以表现的良好品位的标志。(2005：275)

　　此外，其他微妙的做法，比如穿着内衬丝绸的纯棉和服或在内衣上使用丝绸变得普遍。换言之，某些奢侈品并没有被抛弃，而仅是向除穿着者之外的他者隐藏了起来。对过度奢华着装施加限制（在所有文化中都很常见）的历史先例，最终激发了克制与精致 [1]。这种精神也被日本当代设计师所采纳。不过，川久保玲用她典型的隐喻方式所发的诘问"何

1　原文为"kimono"（和服），系日文汉字"着物"音译。但现代人们所说的"和服"实际是一个晚近的概念，明治维新之后针对西式服装而将所有日本传统服装统称为"和服"。此处作者引用的材料指的应是武士最正式的礼服"武家着物"中的"裃（かみしも）"。

2　出自日本武士道，被视为美德的几种修养是义、勇、仁、礼、诚、名誉、忠义、克己等。

为前？何为后？"依然让过去在当下引发共鸣。

对于日本人来说，优雅和精致同魅力或地位、阶级无关。在此背景下，人们可以理解为什么山本耀司和川久保玲不愿让他们与高级定制联系在一起，并且只在成衣系列秀上展示他们的设计。纵观历史，克制之爱、特别的微妙之美、未成就的完美、对基于简约和朴素的精致的崇拜，一直都是日式美学的要素。

茶 道

在日本，同样的情感被应用于日常生活，正如应用于艺术一般，因而即便是与日常生活直接相关的仪式也极其发达。长谷川如是闲在他的《日本性格：文化概况》（1988 年）[1] 中认为，这种方式就是日本性格的一部分，并且能应用于包装、园林设计和食品包装以及服装艺术之上。让西方人感兴趣的是，日本传统的茶道仪式是一种强调日本文化天性的社交建构。被视为一种社交圣礼，其仪式已被编撰成法并形成惯例，时至今日特点依然非常突出，已演变为一种巩固与传统及过往联系的手段。冈仓天心 [2] 在他最初撰于 1906 年的《茶之书》（*The Book of Tea*）中指出，在 19 世纪晚期，当日本拥抱西方世界时，许多古老的传统被抛弃。

这种仪式（原本）旨在唤起一种与审美相关联的情感，（但）经常被视为日本社交中较为保守的方面，几乎成了一种道歉仪式。

1　应为 1938 年。

2　原文为 Kakuzo Okakura（おかくら かくぞう），即冈仓天心（Okakura Tenshin，おかくら てんしん）原名。

对基恩[1]来说，正如他在《日本文化赏析》（*Appreciations of Japanese Culture*，1981）中提到的，茶道中固有的象征意义反映出了日本美学中简素和易逝的重要性。他相信："某些美学理念正是日本的特色和突出之处。"（1981：11）。在简素方面，基恩认为，"茶道发展成了一种用艺术隐含的艺术，一种披着高贵的贫乏外衣的奢侈"，而易逝则"成为美的必要条件"（1981：22，30）。当山本耀司和川久保玲首次在巴黎的 T 型台上展示他们的"裹尸布"时，他们饱受恶评，并且他们服装的"外形"被称为"贫困美学"。美的概念会存在于随着时间及使用而老化的物品中，一如茶道中经常使用的老旧、不均整和破损的茶具，这对西方观众来说很难被欣赏。但在日本，它却反映出了个性并弘扬了人文精神。易逝性似乎与日本美学理念另一个组成部分——暗示密切相关。无论是在书法创作中还是在视觉艺术中，那些被省略的部分都制造出一种暧昧，反过来变成"意义之暗示"，成为其美感的来源。例如，特别是在俳句中，缺省某些词来制造暧昧（Keene 1981：14），或是让留白主导空间，在日本水彩画中制造出一种暧昧空间元素。几千年来，这些简素、不均整、易逝、意义之暗示等特征深入日本书法绘画历史。在美学上，这种敏感和微妙性被视为文化组成的重要部分，并依旧是日本当代艺术和设计中的主导力量。

有趣的是，虽然山本耀司和川久保玲的早期作品中以解构主义的方式强调了易逝性元素，包括参差不齐的边缘、撕裂、结和不规则的下

1　唐纳德·基恩（Donald Keene），美裔日本学者、教师、作家、日本文学文化翻译家，后归入日籍。

摆，但该元素在比利时一些设计师的作品，特别是马丁·马吉拉[1]的作品中，得到了更加真实的处理。他进行了广泛的实验以演示暴露在自然环境之下的服装是如何腐朽的，如何让二手衣服重获新生。此外，在日本，时装设计师与激发自己创作的纺织品紧密相连，常与纺织设计师密切合作以便从技术流程开发中创制新面料，巧妙地模仿个性化手工外观的精髓。日本人对材料的尊重程度更高，无论是对天然材料还是合成材料都是如此，这部分源自日本本土神道教，其理念即以崇拜自然、与之进行精神交流为中心。本书中专门有一章就是献给这些帮助建立当代日本纺织文化的杰出纺织设计师的。

和服的重要性

如果说有什么是最具有日本特征的，那么其中之一便是将日本人同他们过去相关联的文化方面的指示物，那便是今天他们在正式场合也会穿着的和服。祖传和服制作技术没有被取代，而是被调整和扩充，例如，保留了衡量布料的符号单位，就像日本建筑中使用榻榻米的叠作为计量单位一样[2]（McQuaid 1998）。和服是一个精美的简素结构技术的例子。八块矩形纺织物缝合在一起，使用直线而非曲线式的缝合，而且这些织物的大小是标准化的。可以说，这种被日本人穿了几百年的服装，已经具有一种灵巧而微妙的美学基础，依然被认为是他们艺术中重要的文化

1　马丁·马吉拉，比利时服装设计师，于 1997—2003 年担任爱马仕的艺术总监。

2　指衡量和服用匹，日本衡量室内面积用"叠"，一叠即为一张榻榻米的大小，约 1.62 平方米。

组成部分。这种服装，非常像罗马托加长袍[1]，赋予了穿戴者尊严，并且象征性地连接了整个日本历史上所有人（图 0.1）。在某种程度上，当它为所有社会阶层的成员所穿着时，它拥有了赋予民族自尊并将民族精神传播至日本社会的所有阶层的能力。[2]

三宅一生、山本耀司和川久保玲在他们漫长的职业生涯中一直都声称，和服是他们时尚设计的基础。这是他们创作服装的根基，并且是他们将关于空间、平衡以及服装外形与基于身体关系的想法得以概念化的基础。例如，三宅一生的作品讨论了和服的再情境化，创造出一种与众不同的美学环境。三宅一生拒绝了巴黎传统的服装系列模式。通过创造性地使用织物和连续层叠，他发展出一套基于布料使用的时尚概念，或者更确切地说是服装的"本质"——让身体包裹在衣物中。他利用简单的剪裁、丰富的新面料、服装与身体之间的空间以及普遍的灵活性创造了一种反结构的有机服装，呈现出一种自然、自由的雕塑感。三宅一生表示："我从传统的和服中了解到了身体和织物之间的空间……不是样式风格，而是空间。"（Knafo 1988：108）

和服（或者说"和式穿着"）同样提供了一个时尚体系，一种对设计师和穿着者都是基于约定俗成的体系。正如罗兰·巴尔特（Roland Barthes）在 1968 年出版的《时尚体系》（*The Fashion System*）中所概述的那样，它是语义分析的完美工具，因为它是一种在整个历史过程中几乎没有变化的服饰形式。而在今天的日本，和服被西式服装四面八方包围着，它被视为一种独特的艺术形式，象征着社会生活的诸多维度，

1　托加长袍是一段呈半圆形长约 6 米，最宽处约 1.8 米的羊毛制兼具披肩、饰带、围裙作用的服装。该服装是罗马人的身份象征，女子和无罗马公民权者禁止穿着托加长袍。

区分穿着者的性别，分辨季节，界定年龄差异和象征品位。在脖颈处露出恰到微妙程度的肌肤，一整套的和服腰带[1]（系在背后的宽腰带，有一个大而平的蝴蝶结），下摆设计的深度和位置以及袖子的形状，这些都是能鉴别穿着者品位的重要细节。莉莎·多尔比（Liza Dalby）在《和服：时尚文化》（*Kimono：Fashioning Culture*）（1993：12）中，将和服比作诗歌："就像诗歌一样，着装是表达艺术情感的工具。"在回顾历史时，她顺带提及了与和服相关的意义、"隐喻和细微差别的相干系统"，以及大自然的意象，植物、昆虫和其他动物、颜色、天气——特别是季节，是如何在诗歌和衣着中演变，成为服装视觉语言中的一部分。这些情感强调了日本时尚文化的复杂性，任何对日本当代时装有兴趣的研究者，对此都必须认真加以考虑。

重要的设计师们

本书将试图展示这些文化特性如何嵌入三宅一生、山本耀司和川久保玲的设计作品之中，提供文化多样性与意义，以此挑战和解构全球化时尚产业的概念。它将展示，这些设计师如何为日常生活量身定制艺术，并体现不均整、不完美和残缺美等特征，拒绝理想化、威严、壮观、表面化和精密详尽细节——这些欧陆文明的方方面面。

日本接受先锋派的意愿在其美术、建筑和时尚设计方面显露无遗。正因此，在 20 世纪中，日本设计对西方设计产生了前所未有的影响。

---

1 原文为 obi，即日文汉字"带"（おび）的音译。

图 0.1

日本多层多色彩的和服
展示，西阵织会馆，京都。
摄影：作者。

在三宅一生、山本耀司和川久保玲的作品中，都灌注着过往的历史，同时通过理念和功能的诗意融合，充满活力地展望未来。这三位日本设计师都拒绝"为了变革而变革"，而是选择在过往系列的改良和演化上下功夫。这种理念的演化是日本时尚的根基。自 20 世纪 60 年代以来，系列化的概念流程被许多概念视觉的实践者重新加以审视，也成为日本设计方法中不可或缺的一部分。今天他们已成为国际时尚界的领军人物。三宅一生、山本耀司和川久保玲通常被描述为小众的设计师——一种不遵循主流风格趋势或方向的设计师。不同于欧美"造型师"的是，他们并不完全接受在过去数十年间泛滥于巴黎时装秀的复兴主义或流行文化形象。他们的服装创造了一种视觉性的语言，这种语言强化了时尚与艺术之间存在的交汇融合界限。三宅一生为有人频繁地将他的作品归为一种艺术形式而感到好笑。"何必，"他常如是回答道，"服装比艺术更重要。"

无视风格趋势，这些日本设计师在后现代主义视觉艺术的框架内工作，汲取他们传统文化的方方面面的养分，并在纺织设计中采用新技术和新方法。然而与此同时，他们给作品注入了意义和回忆。他们的纺织品及形式中固有的微妙之处给西式服装带来一种新的美学。三宅一生，这位或许是当今日本最受尊敬的设计师，始终如一地向外界传播着适宜于当代女性现代生活方式的新理念、新材料和新设计方向。虽然山本耀司和川久保玲的作品最初被界定为另一种反美学的形式，但他们对 20世纪时尚演变的贡献则更为深远。他们朴素的设计强调了一种观念，那就是文化、概念化和实验是时尚不可分割的一部分，就像其对艺术一样。到 20 世纪末，他们已经让时尚彻底地改变了面貌。

他们的影响

日式学徒制度确保了设计的持久（传承）。在时尚设计工作室里，年轻的设计师跟在他们的首席设计师和领军时尚大师身后亦步亦趋长达八年之久。这些"第二代"设计师通常会在导师的旗帜下继续他们的实践，然后当他们于巴黎展示自己的作品时，就会在国际上一鸣惊人。三宅一生设计工作室（MDS）的藤原大和泷泽直己、Comme des Garçons 的渡边淳弥和栗原道、山本耀司手下的山本里美 [1] 都是这种体系的样板案例，而且（他们）很可能是会引领接下来三十年时尚潮流的设计师。创新、实验和个性受到鼓励，同时，他们的成长建立在献身、自律和激励的基础上。

许多国际时装设计师都向三宅一生、山本耀司和川久保玲致敬，因此很难弄清楚到底是哪位设计师在根本上对行业产生了最大的影响。然而他们的影响十分广泛，他们革命性的趋势激起了一批在 20 世纪 80 年代从安特卫普学院 [2] 毕业的年轻比利时设计师明确的回应。先锋的日本设计师催生了激进的思想，而他们的设计哲学则说服追随者去挑战传统，再度考量旧观念，并且对旧形式进行重新设定。譬如，他们推出了更为宽松、更为舒适的男女装，几乎不太注重细节。解构的剪裁、露出缝线且有时看上去像没缝合完整、没有收住的褶边、撕裂、裂口、挂线和部分磨损、常常打结或进行拆解，这些效果成为前沿设计实践的原型。创新的面料决定了他们的服装设计，而概念化和意义变得比个人设计更重要。包括维克托·霍斯廷（Viktor Horsting）和罗尔夫·斯诺恩（Rolf Snoeren）[以下称他们为"维克托与罗尔夫"]、赫尔穆特·朗（Helmut Lang）、侯赛因·卡拉扬（Hussein Chalayan）在内的设计师们都接受了这一挑战，将这一理性设计的遗产传承下去。

"概念"美学的观念，导致既定时尚体系发生了许多变化。日本人摆脱了使用传统模型的历史范式，以独特与个性取代了魅力。其中包括用

---

1 栗原道，日文"栗原たお（くりはら たお）"；山本里美，原文为其英文名"Limi Feu"。
2 全名为"安特卫普皇家艺术学院"（Royal Academy of Fine Arts）。

更成熟的模特取代那些年轻的——例如，三宅一生的"美丽女人"系列（1995 年）就使用了 6 位年龄在 62 岁和 92 岁之间的模特。三宅一生开创了在全球各大博物馆和艺术画廊举办时装展览的先例，巩固了时尚本身即可成为一种艺术形式的理念。在这种横向思维方式的鼓舞下，年轻的比利时设计师，包括马吉拉、德莱斯·范·诺顿和华特·范·贝伦东克（Walter Van Beirendonck），以及英国设计师约翰·加利亚诺（John Galliano）和亚历山大·麦昆（Alexander McQueen）等，随后也采用了在任何地点任何场所举办时装系列展示的做法，让其成为普遍趋势。进入 21 世纪，世界各地的时尚学生都沉浸在日本、比利时和新概念主义设计师（打造）的先锋时尚世界之中。《日本时装设计师：三宅一生、山本耀司和川久保玲的作品及影响》，不仅是在表彰他们过去取得的辉煌成就，更是向他们未来将为 21 世纪时尚发展做出贡献致敬。

[1] 到了 18 世纪，服装在日本成为经济等级和特权的象征，当这种可见的特权展示受到幕府将军的阻挠时，许多商人选择在身体的部分，通常是被衣物覆盖的部分，文上非常奢侈的图案和颜色。一些著名的日本艺术家，如浮世绘画师喜多川歌麿，设计了不少用于此目的的图案。"穿着高于自己的生活地位的衣服"，从而试图打破社会阶级的差异，这在许多文化和时间框架中，都是商人或中产阶级的驱动因素之一。

[2] 变革和"现代性"预示着进步和繁荣，往往被视为一个国家经济稳定的必要基础。从 19 世纪 20 年代至 19 世纪 60 年代，"美以和服时尚潮流的形式，化身为一种穿戴美学进入日本普通人的生活之中，并将男男女女都带入新的审美意识领域"。（池上英子 2005：285）在这一时期，时尚服饰显然成了一种工具，它可以表示文化变革，促进文化生活中更多的"现代"趋势。1661 年的"锁国"初期，有关和服图案的书籍首次问世，推动时尚服饰更为流行。这些纺织花案的书籍涉及的是用来制作和服的染色布，日文为"衣装雛形（ひいながた）"。（池上英子 2005：273）此外，大量以歌伎和歌舞伎演员为原型的高级时装插图，以及为大阪纺织品市场生产的大量棉布，也促进了和服生产的升级。到 19 世纪 60 年代，日本人口已达 3000 万，不断增长的纺织业得到了农业的支持，农民种植棉花、养蚕，并培育生产靛蓝染料所需的靛蓝植物。

三宅一生
Issey Miyake

图 1.1

2005 年 10 月 18 日，日本时装设计师三宅一生获得"高松宫殿下纪念世界文化奖"，在东京举行的颁奖典礼上面露微笑，摄于 2005 年 10 月 18 日。摄影：津野义和 / 法新社 / 盖蒂图片社。

衣服……述说着各种语言……并且必须既能在外表被看到……又能在内里被感受到。

——三宅一生

三宅一生并不想被称为艺术家（图1.1），也不想被贴上"日本"时装设计师的标签。然而以西方的观点来看，他两者皆是。三宅一生认为，刻板印象局囿了设计概念的可能性。不过三宅一生自己的经历却表明，没有什么能阻止他在其一生的事业中融合过去、现在和未来。以挑战惯例作为一种美学立场，他表示："我相信质疑。"四十多年来，三宅一生重塑了形式，重新定义了服装在功能和美学上的界限，并让新的现代服装生产方式焕发活力。他促进了美术、摄影、应用艺术和时尚之间的整体联系，并向全世界展示了协作努力的真谛。他培养新秀，并将那些从前辈、同事身上，从他多年的实验中，以及在时尚界的千锤百炼中得出的经验"回馈"或者说"传承"给他们。毫无疑问，他被认为是当今世界上最具创造力的人之一。

三宅一生被人誉为"时尚界的毕加索"，这大概与他作品的多样性、他对发现新艺术工艺的偏爱，以及他对传统设计观念的挑战有关。可以说，他作品中最具挑战性之处就在于，其能迫使观众直面自己对服装或"正装"的预先假设。三宅一生同时借鉴手工制作和新技术，并在此过程中探索所有可预期和不可预期的可能性。在"一生褶"（Pleats, Please）和"A-POC"[1]两个系列中，三宅一生欣然接纳了20世纪末和21世纪初的新后现代女性。他向她们展示，通过简约之美，服装可以不受潮流品位的影响。他的作品表明，意义——无论是象征的还是推断的，都能让想象力远远超越服装在字面意义上的需求。然而，三宅一生也把服装视为某种实用之物，近年来更将其视为可翻新或再利用之物。他发明了在

---

[1]　一生褶（Pleats, Please）、A-POC 均为三宅一生旗下品牌，"A-POC"来源于三宅一生提倡的"一块布成衣（A Piece of Cloth）"概念。

服装制造中减少浪费的新方法，还将客户视为他的最大合作者。

一生褶（Pleats，Please）

我觉得我找到了一条能赋予现代大批量生产服装个性的
新路。

——三宅一生

可以说，三宅一生的"更新"或者说是"再设计"的概念——
1993 年"一生褶"系列——很大程度上应归功于西班牙女装设计师马
里亚诺·佛图尼（Mariano Fortuny）这位"诗意的褶皱"的大师。作为
20 世纪早期的设计师，佛图尼使用古代方法复现了希腊的褶皱系统。他
在自己 20 世纪头十年中创建的"特尔斐"（Delphos）服装中将其完善，
随后激发了 20 世纪 20—30 年代诸多设计师的灵感。三宅一生则又向
前迈进了一步，将此技术与新合成面料技术相结合而创造出一种全新的
褶皱方法，成果就是他多年来在全球各地展出的"一生褶"系列。三宅
一生的服装是剪裁出比成衣大 2.5 倍到 3 倍的面料，先将它们缝合在一
起，然后将其夹在纸层之中，并让每一片都经过人工熨烫处理后形成褶
皱。按三宅一生的描述："即便是我在用电脑和高科技工作时，我也时常
尝试着保持手上的触感……让两三个人去拧它们……将它们全部放进机
器去煮。"（Simon 1999）布料记住了褶皱的样式，当它们从涂胶纸板中
被解放出来时，已处于可以上身的状态。这种工业生产方法使得布料的
质感和样式被同时创制。垂直的、水平的和锯齿状的褶皱被用于制造不

同效果和结构的造型。（图 1.2）《访问》（*Interview*）杂志引用三宅一生的原话如是说："褶皱同时给予质感和造型以生命。我觉得我已经找到了一种新方法，能赋予当今大批量产的衣服以个性。"（Saiki 1992：34）。

1990 年，当三宅一生为威廉·福赛思（William Forsythe）的法兰克福芭蕾舞团设计演出服时 [1]，他创作出了一种如羽毛般超轻薄、带永久性褶皱的涤纶紧身运动套衫。他意识到，这种新式的制衣法对舞蹈者来说是一件不可思议之事。因为衣服保持外形的能力是如此优秀，就像

图 1.2
三宅一生，拥有七个环的"宣礼塔"褶皱连衣裙

第二皮肤。由此他希望研究运动中的身体，并且希望衣物能随身体一起运动。他同许多舞蹈演员进行交流，研究他们如何穿衣。次年（1991 年），他向舞蹈演员们赠送了二三百件服装，以便他们在《最后的细节》的每场演出中都能选出自己想穿的衣服。这么一来，每天的演出看上去都各不相同。最终，这导致了"一生褶"系列的诞生。看上去，"没有人比三宅一生更能捕捉到当代褶皱的灵活与轻盈"（Kiss 2004）。随后，他启用舞蹈者而不是模特在 T 型台上展示他的作品。在 1991 年他的庆祝生活与技术的"盛宴"（Fête）系列中，三宅一生用超声波发出的热振动切割面料，创制出复杂的图案。可以说，他创造了迄今为止最为复杂、精致的褶皱，这在他的科隆布（Colombe）礼服中体现得尤其明显。这款礼服是用扣件将一块平坦的布变成柔软垂坠的裙装，证明了无须缝纫，扣件既可以发挥其功能，又可用于装饰。2004 年，这件影响深远的服装在雅典贝纳基博物馆举办的一个名为"Ptychoseis：折叠与褶皱：从古希腊服饰到 21 世纪时尚的垂坠布料"[1] 的展览中展出。

"一生褶"系列实现了三宅的心愿：制作出一种既具实用性，又能满足平等社会中现代简约风格要求的服装。《国际先驱论坛报》（*International Herald Tribune*）的时尚评论家苏西·门克斯（Suzy Menkes）指出，"当巴黎时装被铭刻在丝绸之茧中时，日本人拥抱了涤纶"，以此指明了这种从欧洲高级时尚中产生的分支的重要性。作为标准化服装惯例的一部分，褶皱和涤纶针织衫在三宅一生手中以一种崭新且具有挑战性的方式得到应用，使得旁观者不得不重新评估他们在现代社会中所扮演的角

1　Ptychoseis 源自古希腊语 "ptysso"，即折叠、皱褶、垂坠之意。

色。褶皱真的现代吗？三宅一生会大喊着回答说："是。"因为它们轻巧适合于旅行 [2]，为行动提供了方便（涤纶的弹性让它有足够的伸缩性，无需扣件就能舒适地穿上脱下），而且不会因换季而变化。1993 年，由于担心材料价格过高导致大多数人购买不起，三宅一生开始亲自参与到布料生产方的工作之中。经济实惠一直都是三宅一生的最关注的问题之一。

三宅一生非常重视服装的实际成衣方式。他会告诉买家，他的服装不仅仅是一种肤浅的"外皮"（彩图 1）。当人们浏览他的品牌网站时，就能看出这一点，该网站介绍了他的产品研制和开发细节，通过图文并茂的情节提要，一步步地勾勒出"一生褶"系列的制作过程，从而暗示了生产技术上的细微差别。这是一种偏教学式的营销方式，诉诸成熟客户的知性。但他让这种营销策略与一种生机勃勃、色彩斑斓、充满活力的舞动形象的矛盾意象相融合，让这些形象围绕画面焦点旋转，使得电脑屏幕充满生机，就像被赋予了能量。

"一生褶"和"客座艺术家"系列

在 1996 年之前，三宅一生的时装系列主打为中性色的长裤、短裙和上衣。此后，他引入了高级时装的色彩，并吸收各式客座艺术家的印花设计：日本当代美术家森村泰昌（Yasumasa Morimura）[1]、摄影师荒木

1　原文为 Yasuma Morimura，应为 Yasumasa Morimura（森村泰昌）。

经惟（Nobuyoshi Araki）和艺术家蒂姆·霍金森（Tim Hawkinson）[1]。三宅一生以"客座艺术家"系列（1997）为名，邀请这几位艺术家以他模块化褶皱服装为媒介进行创作。他选择的合作者都是那些将身体作为一种情色或概念实体的艺术家。森村泰昌是一位以自己身体为表达工具的艺术家。当三宅一生邀请他将他的一些印刷图像融入"一生褶"系列时，森村泰昌选择了法国 19 世纪新古典主义画家安格尔[2]的名画——创作于 1856 年的《泉》，服装上半部为《泉》中年轻女子正从壶中倒水的图案，下半部分则放置了一张艺术家本人的倒置照片，上面还覆盖着猩红色的网格（图 1.3）。在另一些服装中，摄影师荒木经惟在褶皱面料上的图像中应用了视错觉原理，让这些图像会随着身体的移动而移动。作为日本最具争议的摄影师之一，荒木经惟也将自己的手艺当作一种宣扬自己的工具。如果他的视觉图像在面料被打褶前印制在面料上，那么这些图像就会"显现"，而如果它们是在衣服打褶后印在衣服上，那么就会"消失"。因此可以说，照片图像会随穿着者的动作而进入或淡出焦点。而霍金森使用了多种实验性的技术，将身体图像分割成若干部分或者说"视觉补丁"。

1　原文"客座艺术家"系列只提到了三位，事实上，一共有四位。第四位是中国艺术家蔡国强。1998 年，蔡国强在 63 件"一生褶"的衣服的特定位置铺上火药，将引燃后留下的烧毁痕迹作为衣服的花纹。

2　让·奥古斯特·多米尼克·安格尔（Jean Auguste Dominique Ingres）。安格尔 1820 年在佛罗伦萨时就开始绘制《泉》，但直到 1856 年 76 岁时才完成。

图 1.3

三宅一生／森村泰昌，"客座
艺术家"系列第 1 号，丝网印
染涤纶，"一生褶"系列裙装，
1996/1997 秋冬系列。谢尔曼当
代艺术基金会收藏，图片由吉
恩·谢尔曼博士提供。

创造事物：一次回顾展

　　1998 年，三宅一生具有代表性的设计作品在巴黎卡地亚当代艺术
基金会举办的"三宅一生：创造事物"（Issey Miyake：Making Things）
展中展出，其中包括了他十年来的作品。走入这座由让·努维尔（Jean

Nouvel）[1] 设计的博物馆，迎面是一个高达三层的玻璃地面的空间，从天花板垂下的线将数十件三宅一生的"一生褶"服装吊在空中。这些色彩斑斓、动感十足的百褶上衣、长裤和连衣裙排列成行，宛如派对上的灯笼、飞行的女巫或正展翅飞翔的异域奇鸟，即便是路过者也能一眼就看到这番景象。展览此部分探讨了身体运动的概念，并展示三宅一生是如何将扁平的二维形状转化为飘逸多彩的三维服装。正如《纽约时报》（*The New York Times*）的赫伯特·穆尚（Herbert Muschamp）所言：

> 当你路过时，你的动作就会激活一个装置，让服装迅速收卷到天花板上，然后像色彩华丽的降落伞一般飘落。房间中的装置运作不停，看上去就像在笨拙地模仿老式游戏中升上落下的动画一般……三宅一生也打算将卡地亚当代艺术基金会的展览视为一次合作。他构思了这个装置，将其视为他的服装作品与努维尔建筑之间的交流。（Muschamp 1999）

这种对新材料和新方法形式潜力的探索，同时展露在建筑和服装之中。

展览的另一个部分以"实验室"为主题，在此硕大的布料卷被部分展开，显示出几件激光切割的服装。一排无头的人体模型摆放在此处，全都披上了黑色的服装，而这些服装相互连接，最终连接到一大卷相同的布卷之上。这既是一种时尚，又是一种工艺的展示。对于他的"一块

1　让·努维尔，法国著名建筑师，主要作品包括巴黎爱乐厅（2012）、阿布扎比卢浮宫（2017）等。

布成衣（A-POC）"的新概念，三宅一生这样解释：

> 我的一名助手发现了这台老式德国（针织）机器。它最初是用来做内衣的。就像香奈儿从内衣面料开始到针织衫一样，我们用这台机器（后来是电脑程序控制）……做更多东西。它的名字叫"就在之前"（Just Before）。面料就像一条长筒裙——足有130多英尺长。你可以随心所欲地裁剪；它可以是一条长裙，也可以做得短一些，或者宽松一些。如果你以某种方式剪裁，它就成了一条有袖子的长裙。如果你换另一种方式裁剪，它就成了无袖短裙。它允许做出选择。(In Simon 1999)

一块布成衣（A-POC）

人们都在等待着一些能和我们一起创造的有趣之物。

——三宅一生（in Menkes 2000b）

上述所引的概念（In Simon 1999）是三宅一生所有后期作品的理念基础——特别是他的第二大系列，"一块布成衣"系列 [3]。就像和服一样，其主要原则是在纺织布料上不做剪裁，而是尊重原料的整体性，并利用它本来的形状来包裹身体。这个系列是在挑战已有传统概念的基础上发展起来的——它成了另一种更新服装产品的形式。苏珊娜·李 [1]

1　苏珊娜·李，著名时装设计师，中央圣马丁艺术与设计学院的高级研究员，BioCouture研究项目的负责人以及 Modern Meadow 的首席创意官。

（Suzanne Lee）在其《时尚未来：明日的衣橱》中认为："'一块布成衣'对 21 世纪时尚产业提出了根本性的反思。"（2005：30）

一块布成衣（A-POC）始于 1998 年，起初是作为一种采用热冲，或效果更好的极冷冲的方法，从拉舍尔编织面料管（一种类似于手工编织、蕾丝面料和网纱的经编面料）上裁剪出的革命性服装，如今已经应用于牛仔裤和家具覆饰。在 2006 年的米兰家具展上，三宅一生与设计师罗恩·阿拉德（Ron Arad）[1] 演示了他们合作的一块布成衣项目，一个能从覆盖阿拉德波纹椅的家具衬垫渐变为供人穿着衣服的座套。这个座套被称为"双子座"（Gemini），习惯上用于覆盖为身体提供缓冲的座枕。它模糊了设计师的椅子同设计师的服装之间的边界。这种新概念成为"演示"的一部分，也是一块布成衣过程中与生俱来的一部分。看上去，不仅是在制作过程中，更是在个人穿着中，消费者所能发挥的互动作用对服装的魅力而言都至关重要。这些服装能为个人消费者提供定制服务，三宅一生认为："人们都在等待着一些能和我们一起创造的有趣之物"（in Menkes 2000b）。1999 年秋天，一块布成衣在巴黎法国美术学院（Ecole des Beaux Arts）向时尚界首次亮相，不久之后又在东京亮相。在三宅一生位于东京表参道[2]的店中：

> 成卷鲜艳的红色、绿色、黑色、藏青色和白色的面料堆放在展示柜中……如果 [顾客] 想试穿某件衣服，这里将会有一些现成的选择。虽可个性化购买，但我们的理念是"一个尺码对应所有"，没有

1　罗恩·阿拉德，以色列裔著名家具设计师。
2　表参道位于原宿附近，为东京特色街头时装店的聚集地之一。

正确或错误的穿法。三宅一生表示："你可以随心所欲地穿着——这是你的衣服。"这种用一块整布直接成衣的理念——就像印度的莎丽（Sari）或罗马的托加一般[1]——一直是三宅一生作品的核心理念。他认为："服装设计的根基就建立在一块布料之上，无论是什么时尚潮流都无法改变它。"（Blanchard 1999）

制作服装的弹力针织布料最开始时仅有一根线，所以每件衣服都是完全由贴边和接缝制成，裁剪时才会变化出各种不同形态。布料最初被压平，这样可以让服装外形在其中被编织出来。而棱纹轮廓则划定出可剪裁而成的外形。门克斯（2000b）将这一过程称为"三宅一生式的自我创制"，认为这是一种"熟食自助"的构建方式。在高科技的 21 世纪，消费者已经被训练得足以地应对 DIY 时装、自助服务商店、ATM 机和自助的加油站。就理论上而言，人们也可认为一块布成衣概念与这些并没有什么本质不同。

有人认为这是一种营销噱头，有人则认为这是一种迷信技术进步的乌托邦愿景，但这种新的时尚方式在东京很成功，而 2000 年 9 月三宅一生的巴黎店却迟迟未能在开业后流行起来。三宅一生争辩说，一个革命性的潮流通常需要 8 年的时间才能扎根，但看起来一块布成衣的概念需要更长的时间才能站稳脚跟。但这真的是后现代主义消费者所需要的吗？三宅一生认为：

---

1 莎丽为印度、孟加拉国、巴基斯坦、尼泊尔、斯里兰卡等国妇女的一种传统服装，一般长 5.5 米、宽 1.25 米，常从腰部围到脚跟成筒裙状，然后将末端下裙披搭在左肩或右肩。

我们注重的是人，而不是时尚社群。我们对技术很着迷。人们已经变成消费者，他们忘掉了那种自己可以参与其中的制衣方式。一布成衣做到了这一点。人们参与到制作他们服装的过程之中，这非常重要。(Graham 2007)

作为一个独特、未来主义的互动时尚体系，由高科技纤维制成并且由电脑控制的机器编织、蚀刻服装花案的一块布成衣设计，允许买家成为自己花案的裁剪者和设计师。在三宅一生看来，此过程提供了一种"设计与适合"的框架，随后就可被视为通用服装（彩图 2）。一块布成衣系列服装可不使用机器接缝的事实本身就具有革命性，它激发出了一种给成衣业带来彻底变革的有趣可能性。值得注意的是，虽然这种概念主要出于关注服装统一性和流线型的身体，但它同时也将服装制造中的浪费减到最小。而这在过去十年中，成为生态可持续发展中一个重要的问题。三宅一生认为："我们做出一种裁剪样板，然后把它送到很多地方——非洲、中东，在那里人们可以把它变成自己的……对我来说，这就是服装的未来，21 世纪的服装制作方式就是利用框架和技术来高效、美观地使用布料。"(Graham 2007) 可以说，在"一生褶"和"一块布成衣"两个系列中，三宅一生都试图重新定义设计在日常生活中所扮演的角色。

三宅一生的愿景——为全球时尚生产系统设定标准——也许要几十年后才能完全实现，但它为世界提供了一个"某种可能性"的新视角。但就概念而言，这对今天的西方时尚买家来说可能过于难以理解了。长期担任美国版 *Vogue* 杂志的主编安娜·温图尔（Anna Wintour）就曾抱怨，日本设计师的衣服"太难穿了"，故而无法在商业上获得成功

（Warady 2001）。三宅一生承认，尽管同时在纽约、巴黎、伦敦等城市都有零售专卖店，他服装中有 80% 还是销售于日本本土。如今，三宅一生坚持认为"一块布成衣"吸引了中国人。他常言中国人是他最好的客户，因为他们很快就学会了穿着更轻盈、不寻常的衣物，并且也理解技术进步的迹象。三宅一生认为："日本设计师的伟大之处就在于，我们拥有自己的公司。我们不做授权，不受别人控制。我们做我们自己。"（Simon 1999）意大利版 *Vogue* 杂志主编弗兰卡·索萨妮（Franka Sozzani）就对日本设计师的独立性赞赏有加，并经常表示，他们是值得时尚界尊重的偶像。

东方遇见西方

> 我意识到这两个我所喜好的奇妙特点，那就是当我开始试验创制一种新的服装样式时，它既非西方亦非日本，而是一种超越国别之物。
>
> ——三宅一生

在美术方面，存在于东西方文化之间的相互影响已经被充分记录下来。在时尚方面，京都服饰文化研究财团的总策展人金井纯（Jun Kanai）认为，许多西方服装"让人强烈地回忆起日本和服的装饰、图案、结构或整体感觉"（Fukai 1996：195）。她认为，迷恋日本与对它在西方艺术中产生影响的认可，是所谓的"日本主义"的基础，而这产生了一种新的视觉方向，一种现代风格。美国著名画家詹姆斯·麦克尼尔·惠斯勒[1]（James McNeill Whistler）在 20 世纪 60 年代经常光顾巴黎的两家日本商店——位于瑞弗里大道的东方古玩店"中国帆船"和位于维维恩街的古董店"中国港口"[2]——购买和服、瓷器、屏风和浮世绘。这些物品也出现在他的画作中，包括《紫色与金色的随想曲：金屏风》（*Purple and Gold：The Golden Screen*）（1864 年）和《瓷器国的公主》（*The Princess from the Land of Porcelain*）（1863—1864 年）[3]。20 世纪早期，在保罗·波烈（Paul Poiret）的作品中出现了"和服狂热"，也正是这位设计师将女性从束身衣的桎梏中解放出来，引入了宽松、无拘束的服装。此外，这种"和服狂热"也启发了与波烈同时代，被视为 20 世纪最有影响力的服装设计师之一、"设计师中的设计师"玛德琳·薇欧奈（Madeleine Vionnet）的创作。她在 20 世纪初就开始提倡穿着舒适、垂褶的服装，让身体得到解放，并且在 20 世纪 20 年代，她依靠以几何线条和平面构成为特点的简单、不贴身的服装实现了这点。所有装饰艺术风（Art Deco）纺织物设计中，大都以几何线条和平面结构为主要特征。这些风格化、几何化的图案也都反映出日本工艺美术给欧洲带来的影响。与此同时，许多带有日本图案的丝绸制品也出现在法国纺织中心里昂。这些图案被应用在巴黎的那些高档定制服装之上。

----

1 詹姆斯·惠斯勒（1834 年 7 月 11 日—1903 年 7 月 17 日），著名美国印象派画家，代表作为《母亲的画像》。

2 "中国帆船"，原文为法文"La Jonque Chinoise, Jonque"，亦音译为"戎克船"，又称为"舣"，常见于中国东南沿海，别名"斛船"（千石以上）、"小船"（百石至千石）、"翻身"（百石以下）等；"中国港口"原文为法文"La Porte Chinoise"。

3 《紫色与金色的随想曲：金屏风》；《瓷器国的公主》，全名为《玫瑰与银：瓷器国的公主》（*Rose and Silver：The Princess from the Land of Porcelain*）。

1996 年，在位于东京有明的东京时尚城¹举办了一场名为"时尚中的日本主义"的重要展览。当年晚些时候，该展览又移师巴黎时尚博物馆继续举办。展览由京都服饰文化研究财团主办，深井晃子策划，其目的是说明日本文化对西方服装影响的历史沿革。自 1978 年成立以来，京都服饰文化研究财团就一直致力于收集、研究和保存包括内衣、配饰在内的西方服装及相关文献。

在一篇关于日本艺术的专著中，吉田光邦（Yoshida et al. 1980：17-18）概述了能体现东西方艺术文化差异的四个重要特征：对称、平衡、透视以及亲近自然。他指出，日本人发展出了他们特殊的对称形式：他们会用对角线方式来切分矩形场景，而非使用居中水平线或垂直线；其次，他们试图实现的是一种基于深层内涵的平衡，而不是外形或比例；再次，他们在作品中会非常强调留白这种于 16 世纪从中国传来的手法来制造出层次感；最后，日本艺术反映了一种与自然的强烈共情，唤起人们对自然世界之美内在的情感反应。就连曾任英国驻江户（东京）公使阿礼国爵士 [4] 也在《日本的美术与工艺》²（1878 年）中认为，与简洁的处理相结合的表现力，正是所有日本艺术的特点。

19 世纪末，正当日本企图保护其文化边界时，西式服装（洋服）却早已渗透进日本社会上层。到 19 世纪 90 年代，欧式时尚被日本皇室和政府高层所采纳。从那些深褐色的老照片中可以看出，人们会同穿着和服一样穿着礼帽、高领衬衫和皮鞋。到 20 世纪 30 年代，商务人士白天

1　原文为"the Tokyo Fashion Hall"，应为"the Tokyo Fashion Town"，日文"東京ファッションタウン"，位于东京都江东区有明。

2　阿礼国爵士，英文名 Sir Rutherford Alcock，19 世纪英国驻中国、日本领事、公使，著有《日本的美术与工艺》《大君之都》《日本及日本人》等。

穿着常规的西式套装去上班，回家后则改穿传统的浴衣[1]（通常为棉制的夏季休闲和服）趋势日益增长。胜见胜（吉田光邦 et al. 1980：7-8）把这种情况归因于过去 100 年中日本社会存在的二元对立，正是这种二元对立导致了"在传统与进步、日本与西方的对立现象之间的永恒摇摆"。他还补充道："总体而言，这种日本独特的二元论已经侵入我们生活从日常的服装、饮食、房屋到艺术和文化所有方面。"

曾经有人认为，在过去中能找到日本创造力的秘诀，体现在其利用改变和多元化将所有的部分汇入单一风景的概念之中。日本人对世间万物无常的信仰，根植于他们对刹那的关注之中，这正是日本美学中的一个重要因素，同时反过来也重现了时尚的活力。另一个文化优势在于他们"将必要性转化为机会的实用主义"（Jansen 2000：686）。这一点与20 世纪的历史尤其相关，第二次世界大战后，日本从一个贫穷的亚洲国家崛起为一个在工业、制造业和设计方面世界领先的发达国家。三宅一生也被誉为日本战后复苏、文化和创意增长方面的领军人物之一，同时更是最早打入法国时装界的亚洲设计师之一（彩图 3）。

近藤多琳娜[2]（Dorinne Kondo）在一篇题为《时尚产业中的日本美学与政治认同》的文章中讨论了时尚产业是如何发展的：

> 定义了一个至关重要的舞台，在此全球的经济强权（国）和文化权威展开了争夺。激烈的经济竞争与文化认同的竞争并驾齐驱，而日本似乎在其中的设计最前沿——高科技和美学的交汇点之上，拥有

1　日文为浴衣（ゆかた）。
2　近藤多琳娜，日裔美国人，南加州大学人类学与美国学教授。

一席之地。(1992：176，177)

日本是世界上时尚消费开销领先的国家之一。到 2000 年，估计有 70% 的日本设计师所设计的服装在日本本土被买走，并且有 50% 的精选的欧洲引领时尚的高端系列是被日本消费者购买的。正如戈多伊（Godoy 2007）所言，到 2010 年，年轻一代日本消费者看上去更倾向于欧洲设计的服装，因为他们希望看上去就像名流一般。近藤多琳娜讨论了当时尚产业参与到全球性的时尚产业中时，"国家"与"文化"是如何出现问题的。她认为：

> 当创意人才和资本呈现出真正的跨国流动，当"日本"设计师的服装不仅在日本本土消费，甚至还行销全世界消费时，我们又怎能谈论所谓的"日本"设计？事实上，西方服装至迟在 19 世纪 60 年代就在日本登陆，而当今的设计师们更多的是在蓝色牛仔裤而不是和服环境中长大时，又何谓日本的服装？（1992：177-179）

或许，越来越多的日本设计师和公司打破巴黎对国际时尚产业垄断这一事实，能为时尚界的后现代性本质就是跨文化这一观点提供有效的辩护。巴黎的这种霸权正缓慢地让位于时尚界资本的国际化身份认同之中，在此背景下格蕾夫人（Grès）时装屋在 1988 年被日本纺织品和服装公司八木通商（Yagi Tsusho）收购，卡夏尔（Cacharel）时装屋的首席设计师也变成了田山淳朗[1]（Tayama Atsuro），而日本 Onward Kashiyama 集团为让 – 保罗·高缇耶（Jean-Paul Gaultier）提供了资助。何为主流时尚？大量的文化矛盾和争论不休的概念充斥于此问题中，跨国投资、授权以及像 LVMH 这种大集团在决定和轮换许多主要时尚品牌首席设计师中所扮演的主要角色，让这一问题变得更加云遮雾罩。

如果日本哲学被采用的话，这种东／西方的范式是否就会被打破？时尚，如他们所言，应该超越国界（无国籍[2]），而此点在三宅一生的言论中也有所体现：

> "在远离祖国的巴黎生活和工作，我曾非常认真地审视自己，并质问道：'作为一名日本时装设计师，我能做什么？'随即我意识到，我的劣势——缺乏西方传统，也正是我的优势。我没有西方的传统和习俗（的束缚）。我想：'我可以尝试任何新鲜事物。我不能回归到过去，因为就西式服装而言，我没有过去。对我来说，除了勇往直前别无他法。'西方传统的缺失，正是我创造当然和世界性时尚所需要的。但作为一个日本人（日本的人），我来自传统遗产丰富的环境……我意识到自己所享有的这两个美好的优势，于是我开始尝试创造一种新的服装流派，既非西方亦非日本，而是超越国籍的。我希望创造出一种普世的服装，能对我们这个时代提出挑战。"（三宅一生 1984）

1　田山淳朗（たやま あつろう），日本熊本县人，著名时尚服装设计师，1990—1994 年担任卡夏尔首席设计师。

2　原文为 "mukokuseki"，即日语 "無国籍（むこくせき）"。

面向着 21 世纪的回溯

> 我在传统和服中学到的是身体和布料之间的空间……不是款式，而是空间。
>
> ——三宅一生

按当代京都染织家[1]的说法，美国等流行文化对日本社会的影响在第二次世界大战后日益增长。看上去日本人似乎不再有选择地关注他们的文化遗产，更渴求新奇的消费品而非珍惜传统事物。到 20 世纪 60 年代，这种情绪发生了逆转，对本土文化"新生"的皈依，被视为对之前"外来"流行文化颂扬的反弹。从细节性的视觉分析来看，三宅一生 20 世纪 70 年代早期的系列作品，看上去尤其要归功于他对文化遗产的继承。一般认为，日本三大顶级时装设计师——三宅一生、山本耀司和川久保玲拥有一个共同的特点，即他们的设计都建立在和服的概念及传统和式包装方式之上，而这些和式包装会将所有的东西都以某种方式折叠、包裹和塑形。贝纳伊姆（Bénaim）将此文化现象称为"面向着 21 世纪的回溯，并且 [它] 为未来提供了对策建议"（1997：7）。

和 服

对三宅一生来说，传统和服中所使用的那些悬垂、褶皱和层叠技术，在他设计生涯中随处可见。这种缠裹身体的理念与日本人在封闭空

1　原文为"textile artist"，为日本专业的"染織家（せんしょくか）"。

间上天才创造力有关。和式服装就被视为一种包裹身体的方式。三宅一生表示："我喜欢让自己沉浸在和服之魂。（此时），在身体和衣料之间，存在只是一种隐约的接触。"此种身体和衣料两者之中空间的核心概念在日语中被称为"间"[1]，它创造了一种天然的自由以及服装总体上的灵活性。三宅一生解释说："衣服，既要从外在被看见，也要从内被感知。"（Cocks 1986：44）。他将衣服视为生活中的工具，应当是放松的、便利的并且有用的。

　　和服在日本文化中一直扮演着重要的角色。一些日本最著名的艺术家，如19世纪的浮世绘画家喜多川歌麿（Kitagawa Utamaro），都参与了和服的设计，就是和服及其织物所具有的巨大（文化）价值的明证。和服被代代传承，并且其定义了日本美学传统。追溯到平安时代（8世纪到12世纪），和服主要是贵族有闲阶层的服装，其色彩随季节的变化而进行层叠、变化和协调的方式，具有相当的美学意义。和服颜色、设计和材料的选择，都受到社交适宜性的精确规范。富贵人家穿着的和服是精致丝织品，而农民穿的和服则是棉制的。15世纪棉花首次被培育出来[2]，在此之前，各种天然纤维被用于制衣——最常见的是麻[3]，这是一种类似于大麻的织物[4]，常用于制作夏季衣物。"楮"纤维来自桑树皮，长期被用来制作精美的手工纸，也是平常庶民所穿着衣服的主要材料。特别

1　原文为"ma"，即日文中"間（ま）"。

2　一说为14世纪。

3　原文为"asa"，即日文中"麻（あさ）"，下文中提到的"楮"原文为"kozo"，即日文中"楮（こうぞ）"。

4　此处提到的麻为原产中国火麻，又称大麻、汉麻，并非可当作致幻剂吸食的大麻（但两者在植物学上都为大麻属）。

是在日本北部，纸也被用来当成保暖内衬，而三宅一生也是受此启发制作纸质连衣裙系列。当纸刚从中国传来时，它还被视为贵重品。有句谚语说道："画在丝绸上，可保存五百年；画在纸上，可保存千年。"

三宅一生的作品对和服的语境重构作出了自己的评论，创建了一个不同的审美语境。他摒弃了巴黎系列服装的传统形式，通过独出心裁地使用面料和连续分层，他发展出了一种基于织物使用——或者说，基于服装的"本质"的时尚概念：用织物包裹身体。他创造出反结构、有机的服装。这种服装具有一种雕塑性的品质，暗示着一种天然自由，他通过其简洁的剪裁、丰富的新面料、服装与身体之间的空间以及总体上的灵活性将其表达出来。有趣的是，和服基本处理方式，如依靠衣料未裁剪的长度、交衽和宽松裁切的长袖，曾在世纪之交，被欧洲设计 [5] 模仿用于茶会女式礼服和歌剧院外套设计之上，当时东方设计对新艺术派[1]设计产生了很大影响。

文化挪用：技术与材料

三宅一生将传统的染色、披垂、褶皱、包裹、层叠等技术贯穿于其作品中。这就将古老的绞染[2]（即扎染）和折纸等艺术形式重新融入现代服饰中。折纸在日本具有宗教含义，常常被绑在草绳上，挂在神域周

1　原文为"Art Nouveau"，新艺术派，为流行于 19 世纪末的欧美装饰艺术风格。

2　原文为"shibori"，即日语"絞り染め（しぼりぞめ）"的缩略；下文中折纸原文为"origami"，即日文"折り紙（おりがみ）"。

围 [1][6]。折叠或褶皱材料的概念在三宅一生的实践中至关重要。他曾尝试使用各种不同的材料来实现褶皱，包括亚麻皱纹、梭织棉、涤纶和经编平针织物。对他而言，褶皱代表了终极的功能性，外加上佳的表面纹理。

在他的职业生涯早期，三宅一生制作的服装采用了与传统上用于日本小自耕农所穿大衣的格子布和"刺子绣"[2]的技术（一种日式的棉布绗缝技术），用于替代牛仔布（图 1.4）。他还使用了一种名为"足袋里"[3]的面料，这种面料以前只用于制作日本足袋的袜底。三宅一生通过各种方式，在纺织品上体现他的文化传承。油纸[4]，这种常用于制作阳伞和灯笼的涂油手工纸[7]，常常被编织成传统的绗织[5]图案和印制浮世绘。三宅一生在 1989 年发布的"蝉褶"（Cicada Pleats）服装，似乎就与这种半透明的纸张有着相同的性质——光线在其中发散、柔化。三宅一生持之以恒地研究将服装作为"第二皮肤"的概念，而蝉褶本义就是指昆虫世界中的类似现象，其中潜含蜕变之意，隐喻昆虫蜕去薄如羽翼的外壳，而他对透明纺织品的使用方式，则加强了此种神奇特效：

模特透过这张金色的纸皮，就像一只镶嵌在琥珀中的昆虫，熠

---

1 此处所言为日本神道教风俗。日本神道教常用绑有纸垂（紙垂，しで）的注联绳（注連縄，しめなわ）围绕所谓"神域"（神域，しんいき），其被视为分割现世和神域的结界。

2 原文为 "sashiko"，即日文"刺し子（さしこ）"，意为"小刺、小穿孔"，传统上用于加固衣物磨损点，是使衣物变得更加坚固和温暖的绗缝和刺绣技术。

3 原文为 "tabi-ura"，可能为日文"足袋裏（たびうら）"。"足袋"为日本传统服饰中的二趾鞋袜，即一种拇趾与其余四趾分开的袜子。根据上下文，此处大约是指制作足袋中的"裏生地"。

4 即日文"油紙"（あぶらがみ），将亚麻仁油等涂在纸上，待干燥后使用。

5 原文为"伊卡特（Ikat）"，为流传于东南亚一带的一种织染法，该织染法从冲绳传入日本本土，被称为"絣（かすり）"。

图 1.4

Sayuri Shimoda/Nuno 公司，纹理为刺子绣花，1986 年。美国明尼阿波利斯艺术学院收藏。
摄影：Peter Page，由 Reiko Sudo & Nuno 公司提供。

熠生辉。三宅一生中最有创意的形象之一就是在树皮上发现的。身体
可以在布料内移动，就像在毛毛虫的皮肤里一样。三宅一生问道："你
知道非洲有一种树，树皮会完全脱落吗？它是圆形的，就像针织衫。
我想做的就是织出一些像非洲树皮般的东西。"（Penn 1988：15）

在三宅一生的作品中，简约化的处理方式决定了他会使用多于覆盖
身体所需的整张布料。三宅一生那些雕塑般的创作，象征着一种纯粹的
设计方法，一如他的服装本身看上去就是某种艺术形式一般。日本对自
然的亲近感，赋予三宅一生在服装造型方面的灵感，这些服装让人回想

起贝壳、石头和海藻，而且他常常使用天然材料，如纸、丝绸、亚麻、棉花、皮革、毛皮和竹子。例如著名的贝壳大衣（1985年），正是出现在三宅一生的设计越来越具有生物形态的时候。这款大衣的纹理增强了设计的简约性，同时模拟了海贝的外表。

在三宅一生作品系列中，有许多都明显带着参考日本古代历史的痕迹，除此之外，加上他对表面纹饰的迷恋以及对创新形式的探索，这些共同启发了他对原色亮面硅胶的实验性的应用，而他正是以此材料创作了模压紧身胸衣。此服装成为一种对武士甲胄的隐喻。在日本历史上，武士是凶悍且武艺高超的战士。他们有着很高的社会地位，会将自己的武士刀当传家宝一样代代珍藏下去。他们的铠甲包裹着上肢，黑色象征着他们的力量和勇气。"红塑紧身胸衣"（Red Plastic Bustier，1980）就是这样一件探究身体与服装之间关系的模压紧身胸衣，而且还以一种自相矛盾的态度让身体变成了服装（图1.5）。此紧身胸衣是他与人体模型制造商株式会社七彩（Nanasai）合作制造的。该紧身胸衣通常与长裤或短裙共同出现，以便能让硬质材料和软性材料并列，从而突出类似紧身胸衣，强调内衣—外衣的范式的外观。

模压的形式大幅加强了作品雕塑属性。而这些作品也正是三宅一生于1983到1985年间在东京、洛杉矶、旧金山和伦敦举办的"身体之作"（Bodyworks）展览的核心。

三宅一生的设计与建筑也有着强烈的相似性。他1982年发布的藤制紧身胸衣（Rattan Bustier）就是由竹藤工匠小菅小竹堂[1]（Shochikudo

----

1 小菅小竹堂，1921—2003。他与三宅一生合作的展览名为"籐と竹のボディス（胴着）"。

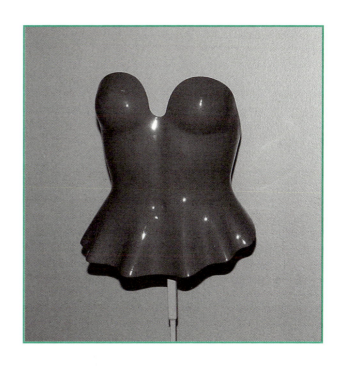

图 1.5

三宅一生，红塑紧身胸衣，1980 年作品。于纽约 FIT（时尚
科技学院）2006 年于展览《爱与战争：被武器化的女人》上
展出。摄影：罗宾·贝克/法新社/盖蒂图片社。

Kosuge）编织的。同样地，这种类似竹笼的形状模仿了古代武士的战
衣[1]，但也演变成一座身体的坚刚之屋。此构造是身体能在外部之内的空
间中活动观念的典型例证（Holborn 1988：120）。很难再找到一位在
材料使用上比三宅一生更具有实验性的设计师。对可能性无限的铁、纸、
藤条、竹子和石头，三宅一生均可得心应手。

....

1　指日本武士的母衣（ほろ），又称"幌""保侣""保呂""母蘆""裘"，一般用竹条编成，
略类似中国民间的背篓，但间隙更大，无开口。作战时外罩织物在背上，可有效地防流矢穿透。

织物技术已经部分成为日本纺织发展中的仪式。特别是坐落在京都（自古以来就是纺织发展的中心）和东京的无数企业，如今都处于世界领先地位。不仅如此，包括三宅一生设计工作室在内的许多个人设计工作室也因其在纺织品方面令人激动的实验和探索而获得了属于自己的声誉。

高科技纤维

给我做出一种看上去如同毒药的布料。

——三宅一生（in Handley 2008）

对新型合成纤维发明，三宅一生的贡献不可低估。在访谈《三宅时代》中，作者西蒙[1]评论说，三宅一生作品中最显著的特点是由他"对天然与合成的纺织纤维、对手工编织和传统染色的面料，以及对完全无纺的高科技面料的理解"所决定的（1999）。时任悉尼动力博物馆国际装饰艺术部时尚策展人的路易丝·米切尔认为，三宅一生的作品旨在"重新发现正在消逝的日本传统之美；通过使用合成材料来强调工业化制衣的重要性"（Mitchell 1999：44）。此种过去与现在共生的关系启发了贝纳伊姆，进而认为三宅一生的作品为时尚提供了关注焦点，因为它面向21世纪回溯退行，并为未来提供了对策建议（Bénaim 1997：7）。

毋庸置疑，不仅仅是在时尚造型方面，更是在新面料的开发上，三宅一生都将留下让下一代日本设计师难以企及的前卫性实验遗产。三宅

1　Simon，Joan。"Miayke Modern-Japanese Designer Issey Miyake-Interview"，Art in America（Feb 1999）。

一生作品最非凡之处就在于其对天然和合成的纺织纤维、手工编织和传统染色面料，以及完全无纺的高科技织物的理解。全方位的褶皱、包入金属外皮的服装、由不规则形状的布片"拼贴"而成的毡状服装，以及带有大面积选择性预收缩的连衣裙（"生平"）[1]等，都代表了三宅一生近来在纺织品方面的一些关注方向。早在1985年，他就将涤纶针织衫覆盖了一层聚氨酯制成充气裤，结果证明这种裤子穿着非常舒适。与此同时，三宅一生还开拓性地使用了民族服装材料，如亚洲的伊卡特，并且就像前面提到过的那样，他还用纸做衣服，因为他知道在古代日本农民为了御寒会在衣服内衬上装饰纸。他对那些农村人制作的，呈现粗糙、手工制作纹理的面料情有独钟。他坚持认为，纤维就是21世纪的主题。在长达三十五年的时间里，三宅一生与纺织界的"艺术家工程师"皆川魔鬼子（Makiko Minagawa）合作，探索面料方面新的可能性，并以面料为基础进行设计，将重点从剪裁转移到衣料本身。

在三宅一生2008年的男装系列中，这一点体现得淋漓尽致。在此次展览中，褪去的色彩和表面的质感，都同采用古老的绞染技术的试验直接关联（图1.6）。

苏珊娜·汉德利（Susannah Handley）在她的著作《尼龙：时尚革命的故事》（*Nylon*：*The Story of a Fashion Revolution*，2000）中，讨论了三宅一生对技术诗意的态度。她认为这之中凸显了日本美学。据说，三宅一生曾要求皆川魔鬼子："给我做出一种看上去像毒药的布料。"

1　原文为"kibira"，即日文"生平（きびら）"，是日本滋贺县彦根市流传的一种以苎麻、大麻为材料的纺织麻布，"生"意为生丝，"平"意为平纹编织。

（Handley 2008）

可以说，日本已经成为生产高科技纤维和成品的领头羊。像三宅一生这种时装设计师会与纺织品设计师和面料厂家进行细致的磋商，以生产出"最先进"的材料，最终与高街时尚和高级定制时装之间形成差异。这些秘密材料如下一季的系列时装设计一般，被人小心翼翼地保护着。日本的纺织品制造商也甘愿生产这种生命周期非常短的实验性纤维。尽管成本不菲，但却达到了为国际奢侈品市场专供特殊产品的目的。例如，本州的天池合纤[1]公司创造了一种"天女羽衣"——世界上最轻最薄的面

图 1.6

三宅一生，男式夹克配雪帽。表参道橱窗展示，东京，2008。摄影：作者。

1　日文为"天池合纖株式会社"，位于日本石川县七尾市。天女羽衣原文为"super organza"，为该公司王牌产品，英语名"Amaike super organza"，日文汉字为"天女の羽衣"，出自日本传统的"羽衣传说"，传说中天女有一件轻可御风的羽衣，披上便可飞上天空。

料，由100%的涤纶制成。就像蝴蝶的轻盈翅膀一样，该面料如一层无形的浮动薄膜披挂在服装廓形之上[8]。三宅一生稍后的系列展示了他是如何将高科技的热塑合成面料扭曲、褶皱、折叠和捣碎，然后通过加热固定其形状的。他透明的Hoc夹克和长裤（1996）由单丝聚酰胺制成，经过全息处理后能在皮肤上闪烁微光，给人带来了一种视觉享受。他使用充气塑料，将童年经历的联系以及科幻的触感联系在一起。三宅一生常常会向顾客提供面料的情报以解释成衣所使用的技术。他觉得与顾客的互动和交流在设计实际过程中非常重要。

影响三宅一生的人与事

当我在杂志上看到那些图片，我感到时尚可以是为人体而打造的美妙的建筑艺术……

——三宅一生（in Sischy[1] 2001）

人们很难确定，三宅一生童年、学生以及学徒时代的工作对他后来作为顶级设计师创作到底有什么具体的影响。看上去，他更像是一个喜欢眺望未来而非回顾过去之人。当还是小孩时，他曾梦想成为一名舞蹈家，或许正缘于此，今天他的服装才多在颂扬人体的活力。他喜欢绘画。因此，他在东京多摩美术大学上学时，原本可能将自己才华投入平面设计行业，但在钻研他姐姐的时尚杂志——特别是美国时尚杂志时，他对时尚设计的兴趣被激发了出来。他回忆说：

1　英格丽·芭芭拉·西斯基（Ingrid Barbara Sischy），出生于南非的美国作家和编辑，从事艺术，摄影和时尚方面的研究。

它们比如今的大多数服装更有灵性。当我在杂志上看到那些图片，我感到时尚可以是为人体而打造的美妙的建筑艺术……我感到惊讶：建筑和其他设计领域怎能完全忽视时尚设计。(Sischy 2001)

根据文化服装学院[1][9]一位教授时尚的教员的说法，三宅一生一定曾迷上该学院举办的时装比赛。他曾参加了某些设计比赛，但由于不具备必需的服装制图或缝纫技能，因而没有获得任何奖项（English 1997b）。1965 年，他大学毕业后就前往巴黎进入巴黎服装工会下属的巴黎时装学院深造[10]。三宅一生徜徉在博物馆里，虽然他表示自己受到包括康斯坦丁·布朗库西（Constantin Brancusi）和阿尔伯托·贾科梅蒂（Alberto Giacometti）等许多雕塑家的影响，但在时尚界对他产生影响的是巴伦加西亚（Balenciaga）[2]，特别是玛德琳·薇欧奈，成为最能激发他灵感的导师。在三宅一生看来，薇欧奈才是真正理解和服之人，因为她在构筑自己的服装之时应用了几何理念，而这在 20 世纪二三十年代给欧洲服装带来了极大的自由度。自第一次世界大战以后，

她摒弃了传统上使用大量且繁复的服装花案来剪裁出贴身时装的做法，并尽量减少对布料的裁剪。薇欧奈是一位拥有严格美学原则的"极简主义者"，她很少使用带图案的布料或刺绣，而是通过对布料本身的处理以实现对衣服表面的装饰……波状平行褶皱的针褶绉绸连衣裙让人联想到抽象的枯山水景色，这本身就是一种对海浪的

1　文化服装学院是位于东京的一所私立大学，隶属文化学院。
2　作为品牌名时中文常译为"巴黎世家"。

在巴黎期间，三宅一生曾是居伊·拉罗什（Guy Laroche）的学徒，在他门下担任助理设计师，还跟随过于贝尔·德·纪梵希（Hubert de Givenchy），每天为他画 50 至 100 张草图。其中有些草图在上色之后还被送给了诸如温莎公爵夫人和奥黛丽·赫本（Audrey Hepburn）等名流。三宅一生非常欣赏和尊重纪梵希为模特设计衣服的技术，并曾评论说纪梵希以非常传统的方式实现了一种漂亮工作。但对于三宅一生来说，这并不是他想从属其中的世界和团体，刻板的高定时装无法吸引他。朱莉·丹姆（Julie Dam 1999）指出，纪梵希曾追忆评论说："我不认为我对他（三宅一生）有过任何影响。"

对三宅一生来说，巴黎只是打开纽约大门的敲门砖。英格丽·西斯基（Ingrid Sischy 2001）描述，他曾表示："我不确定我是否想成为一名服装设计师，但我知道，我想来纽约，在这里做一番新事业，一些只有我才能做之事……我觉得，若是我想要在艺术领域生存下去，那么纽约就是我唯一应该待着的地方。"1969 年，三宅一生到了纽约，并在此停留了五到六个月，结识了诸如克里斯托（Christo）和罗伯特·劳森伯格[1]（Robert Rauschenberg）这种大艺术家，他们给三宅一生"展示了另一种审视世界的方式，他们让我（三宅一生）看到了更多。我完全被他们那种观察世界的眼睛所占据了"（Sischy 2001）。此时，三宅一生晚上在哥伦比亚大学和亨特学院进修英语，白天就到第七大道，为杰

[1]　克里斯托，同其妻子珍妮 - 克劳德（Jeanne-Claude Denat de Guillebon）为著名"包裹艺术家"搭档；罗伯特·劳森伯格，美国画家、雕塑家。

弗里·比恩[1]（Geoffrey Beene）工作。比恩以其朴实、简约的风格而闻名。正如比恩自己所解释的那样："你对服装的了解越多，你就越能意识到哪些东西必须被抛弃。简化就成了一个非常复杂的工序。"（in Watson 2004）因此毫不奇怪，比恩被人认定为美国现代极简主义的"教父"，是极少数能将艺术置于商业之上的人。

1970 年，三宅一生回到东京。当时东京正在举办世博会，他也被这座城市异常积极的氛围所感染。尽管三宅一生原本打算回到纽约，但在一些朋友的帮助下，他决定于当年在东京成立了三宅设计工作室。在《访问》[2]（Interview）杂志中，西斯基如是记录了三宅一生对此的记忆：

"我为纽约创作了我的处子系列。我永远不会忘怀。1971 年 1 月，我把它带到了纽约——其中一件作品是聚酯的，但仅有一个尺寸并且都是手工制作的。这在当时是革命性的。"布鲁明黛(Bloomingdales)[3]立即开始与三宅一生合作，并在商店中给了他一个小角落。"我做了一件文身裙，灵感来自吉米·亨德里克斯(Jimi Hendrix)和詹尼斯·乔普林(Janis Joplin)[4]。他们都在 20 世纪 70 年代去世了。我想做这件事，因为我认为文身就像是一种对他们的致敬。所以，我选择这些日本的

1 杰弗里·比恩是纽约最著名的时装设计师之一，他设计的时装简洁、舒适，将男装面料的元素借用于女装之中，并巧妙地把服装的摩登性、艺术性和可穿性结合在一起。

2 《访问》，美国娱乐月刊，由安迪·沃霍尔（Andy Warhol）及杰拉德·马兰加（Gerard Malanga）于 1963 年创办，以刊登演艺界名人未经编辑的专访及前卫的图像为特色。

3 原文如此，应为"Bloomingdale's"，布鲁明黛为纽约一家高档连锁百货公司，该公司主要业务在美国本土，唯一的海外分店设在迪拜。

4 吉米·亨德里克斯、詹尼斯·乔普林均为美国著名音乐人，两人均英年早逝于 1970 年，前后相差 16 日，逝世时，吉米·亨德里克斯仅 28 岁，詹尼斯·乔普林年仅 27 岁。

传统风格，让它们变得现代。"到了 80 年代，纽约已经爱上了三宅一生的作品。"我所做的涉及各种人物、各种流派，我想艺术界的人很欣赏它，因为他们看到了另一种表达方式，看到了另一种观点。我从未想过只为时装秀做衣服，我更愿意同穿我衣服的人发展出某种关系。"(Sischy 2001：n. pag.)

艺术合作

　　我也开始与摄影师、艺术家、电影制作人和平面设计师合作——对我来说，与他们合作是一种更为自然的工作方式，并且是一种我所了解的最终能让我的作品被世界看到的方式。

——三宅一生

　　三宅一生与其他视觉艺术从业者的合作，产生了一种文化多样性的思想交互，并在概念性舞台上对时尚实现了再语境化（Recontextualization）[1]。三宅一生的作品——是一种后现代主义艺术实践的形式——从来没有落入时尚产业的窠臼，因此更不曾被其自我强加的条条框框所吞噬。或许，这正是他的作品能吸引诸如欧文·佩恩(Irving

---

1　"再语境化"的概念出自美国分析哲学大师理查德·罗蒂，他认为人类思想是信念、欲望或语句态度之网，这个网在不断的重新编织中接纳新的信念、欲望或语句态度，从而在动态的过程中不断地建构新的语境。在此，作者是指三宅一生等人不仅"重定义"或"再诠释"了时尚，更深刻改变了人们在理解"时尚"一词时，对其背景文化所有下意识的观念、概念。

Penn）乃至莱尼·里芬斯塔尔（Leni Reifenstahl）[1] 等杰出的艺术摄影师的缘由。而他们的摄影作品都也都强调一种概念，即时尚可以超越其涉及之物的瞬间框架。例如，名为《三宅一生：欧文·佩恩的摄影作品》（*Issey Miyake*：*Photographs by Irving Penn*）（Penn 1988），由京都的日本写真印刷（Nissha）出版的写真集，就是此类日本设计师和西方摄影师合作的产物。三宅一生将重达三吨的设计作品寄到纽约，由佩恩自己挑选合适的图。同三宅一生一样，佩恩"采用了一种还原的艺术——他的时尚照片留下空白，让服装的几何形状成为唯一的、整洁的力量。佩恩的照片是无背景的，主体毫无装饰"（Holborn 1988：118）。同理，日本的浮世绘画师[2]也会将赤裸、不加装饰的元素并置，以此让他们的画面产生聚焦的效果。佩恩将三宅一生的服装呈现为在白色虚无中扁平化到近乎抽象的图像。衣物掩盖了在其下的身体，性别也常常变得模糊。佩恩将三宅一生的服装放置在一个中性的空间里，以强调时尚可被看作一种让人重新打量外形的概念。三宅一生认为，佩恩的照片"可以告诉我，我做的是否正确以及我接下来应该做什么"（Sischy 2001）。

文身的身体 [11] 成为三宅一生作品中反复出现的主题之一，特别是在 1976 年以后大行其道，此时正是他对莱尼·里芬斯塔尔的摄影感兴趣，直接从中获得作品灵感之时。里芬斯塔尔关于苏丹[3]努巴人的照片强调了深色皮肤表面的纹理之美，当这些疤痕形成凸起图案，营造出一

1　欧文·佩恩，美国摄影师，以时尚摄影、肖像和静物而闻名；莱尼·里芬斯塔尔，德国演员、导演、摄影师，因导演著名的纳粹宣传纪录片《意志的胜利》（*Triumph des Willens*）而在第二次世界大战后被认定为纳粹支持者，后转行为摄影师。

2　原文为"风景和木版画艺术家"，对照日本艺术史及上下文描述即指日本浮世绘画师。

3　今属南苏丹。

种就像是第二皮肤般的渲染效果。三宅一生则将这些身体上的印记纳入"十二名黑人女孩"[1]（1976）作品集中，强化了他作品超越纯东方风格的概念。在 1989/1990 秋冬，三宅一生又通过使用弹力面料，创作了穿着贴身、类似文身的紧身衣裤服装系列。按霍尔本的说法："这种设计感为世界文化提供了一个以现代的观点接纳民族美学的窗口。"（Holborn 1995：42）这种全球化的文化为后现代主义设计所固有。在此之中，西方与非西方元素共同发生挪用和融合。对三宅一生来说，他对非洲文化的接纳，否定了他在之前被贴上的"日本设计师"标签。跨国主义的议题挑战了服装中的文化认同概念，并且强调了一种在 20 世纪 80 和 90 年代日趋增强的趋势，即多元文化风格的相互挪用在国际市场上扮演了重要的角色。

在过去的三十五年间，合作项目早已成为三宅一生设计工作室中与生俱来的一部分。高木由利子[2]，这位时尚和平面设计出身的日本摄影师和三宅一生合作，将服装与现实生活场景中的人们联系了起来，而这也是她数年前就已着手的一项终身项目。她曾带着几大箱装满三宅一生的褶皱系列服装的箱子深入印度的偏远村庄。在那里，她邀请当地人试穿衣服，并拍下照片。无疑，这些照片都是对三宅一生系列的再语境化。她的照片中显现出一种令人难忘的矛盾——精美的衣料与男性因田间劳作和划船、女性因哺育孩子和做饭等体力劳动而呈现出的粗犷肉体形成鲜明对比。虽然高木的作品可能是对设计工作室的伎俩和 T 型台的抨击，

1　原文如此，应指 1976 年三宅一生在大阪和东京举办的名为"三宅一生和十二个黑人女孩"的特别时装秀巡演。

2　高木由利子，日本摄影师，毕业于东京武藏美术大学和诺丁汉特伦特大学。

但与此同时它的确引发了利用穷人为昂贵的设计师服装进行宣传的道德剥削问题。

1988年，三宅一生在纽约参观了荷兰艺术家玛利亚·布莱瑟（Maria Blaisse）的"灵活的帽子"（flexicaps）后，委托她为自己的春夏系列设计了一系列帽子。作为对此季主题亚麻裙装的回应，布莱瑟用菠萝纤维来设计帽子，因为其能随着身体的移动而摇摆。她也凭借自己对非典型材料的调查研究而闻名遐迩。某种程度上她的作品和三宅一生的非常类似，都是从现有材料中挖掘潜能。"普通的材料、简单的形式和大量的独创设计为布莱瑟在一些设计领域中赢得了可靠的声誉，彼时在很大程度上，这些领域对大多数世人来说还是一片未知"（Hemmings，"Playtime"）。

从1996/1997秋冬系列开始，三宅一生启动了"客座艺术家"系列，这是一个同不同国籍艺术家开展的合作，将他们的图案印制在"一生褶"（如前所述）服装之上。其中一次合作是与蔡国强。蔡国强是一名中国焰火表演艺术家，他的作品以传承千年宗教、美学和哲学传统为基础，用爆炸性的烟火来纪念历史性事件，并以此纪念诸如广岛原子弹爆炸受害者和伦敦及马德里爆炸案中的受害者。蔡国强将火药撒在衣服之上，将它们摆在地上组成龙的模样，然后点燃。三宅一生随后将这些被灼烧出来的图案形象融入自己服装之中。不出意料，他的这些服装既吸引了那些附庸风雅的波希米亚风爱好者，也使那些更为保守的精英社会人士产生了兴趣。个中主要缘由或许是他与众不同的服装造型——富有特色的三宅一生。

在另一项合作中，三宅一生同大矢宽朗（Ohya Hiroaki）为鬼冢虎

（Onitsuka Tiger）设计帆布鞋，在长达 20 多年里，鬼冢虎一直是日本奥运代表队的官方合作品牌，领先耐克市场营销策略十年之久 [12]。首次合作成功后，这种巧妙营销就被广大运动鞋厂商广泛采用。最近，"重新发现日本"的主题已经成为鬼冢虎设计方案的重要组成部分，而且该公司还聘请了京都的工匠（为他们的产品）开发樱花图案的刺绣和服面料。

展现作为艺术的时尚

时尚还将延续老一套的方法论吗？

——三宅一生

自 20 世纪初起，主流百货公司——特别是美国百货公司——就开始采用人体模型来展示时尚服装，因为当时的美国公众无法直接接触法国高级时装设计师的作品。此种展示模式在传统上已形式化，没有任何天赋和独创性可言。三宅一生则将这种形式化的做法又向前推进了一步，他是首批在真正的 [1] 艺术馆或博物馆中展示自己作品的人之一。早在 20 世纪 10 年代，达达主义艺术家马塞尔·杜尚（Marcel Duchamp）就已经证明，只要某件东西是被艺术家放进博物馆的，它就能立即跻身"艺术品"的行列（图 1.7）。尽管三宅一生驳斥了这种对他作品的分类方式，但他的服装却恰恰被人定位为"装置艺术"[2]。

1　原文为 "bone fide"，应为 "bona fide"。

2　发轫于法国艺术家杜尚的一种现代艺术，使用现成的物件而非传统上要求手工技巧的雕塑来创作。相对于传统雕塑与空间的关系，装置艺术作品在空间中与观众的关系更为开放。

图 1.7
三宅一生，戴着可充气帽子的模特，
1996 春／夏，巴黎时装周。摄影：
Pierre Verdy/ 法新社 / 盖蒂图片社。

    此外，他还在一些系列出版物中继承了将其作品和创作过程记录下来的艺术传统，宛如他的每件服装都是一幅绘画或一尊雕塑。这些出版物包括《三宅一生：东方遇见西方》（*Issey Miyake：East Meets West*, 1978）、《身体之作》（*Bodyworks*）的展览图录（1983），以及三宅一生有关"一生褶"（1990）设计理念的专著。此外，他还与摄影师欧文·佩恩合作，从 1986 年到 2000 年出版了一系列书籍和海报，其中包括《三宅一生：欧文·佩恩的摄影作品》（1988）、《欧文·佩恩眼中的三宅一生》（*Issey Miyake by Irving Penn*, 1989, 1990, 1991—1992），以及《欧文·佩恩向三宅一生作品的致意》（*Irving Penn Regards the Work of*

Issey Miyake, 1999）。据帕特里夏·米尔斯（Patricia Mears）说，三宅一生仔细地记录了他的作品系列，"他也是第一个为自己作品建立了综合档案，并将其存放在一个为此定制的仓库中的人"。（2008：98）

　　三宅一生的展览探讨了这样一个概念：时尚可被视为二维的几何形状，但同时也能被转化成三维的雕塑形状。他提出，在这两者之间存在着相互的连接。他的展览也强调了服装创作的演变——从概念发展为最终成品。1982 年，他的作品在芝加哥麻省理工[1]（李斯特视觉艺术中心）举办的名为"紧密的架构"（Intimate Architecture）的时装设计群展中展出，该机构也被公认为是美国前沿设计的中心。嗣后，时任《艺术论坛》（*Artforum*）编辑的英格丽·西斯基将他的作品刊登在这本著名的美国艺术杂志的封面之上。他的第一次个人时装展名为"身体之作"。这次展览中，他将穿着的人体模型悬挂在黑色染料池之上，呈现出装置艺术的形式，而不是将各个时期的服装方式在玻璃陈列柜中进行传统的线性展示。

　　1983 到 1985 年，该展览先是在东京举办，随后又在旧金山、洛杉矶和伦敦的各大博物馆巡回展出，一举扭转了当时流行的物质文化的展示理念。1988 年，当三宅一生开始自己对褶皱的实验研究，向简单的功能性形式迈进时，他又在巴黎装饰艺术博物馆[2]举办了名为"三宅一生 A-UN"（Issey Miyake A-UN）的展览。1990 年，在阿姆斯特丹市立博物馆举办的名为"能量"（荷兰语"Energieen"）的展览中，三宅一

1　原文如此，麻省理工学院位于马萨诸塞州波士顿附近。文中提到的展览于 1982 年在麻省理工的视觉艺术中心（海顿楼）举办。

2　位于卢浮宫西翼。

生进一步探索了二维和三维形式之间的相互关系。铺设的地板上有许多凹形开口，服装平铺其中，以强调其几何特性，同时又有许多身着这些服装的人体模型陈列其中，作为三维、非客观的形态与平铺的服装形成对比。基于类似的理念，当未穿着时，他的这些"飞碟"状的衣物就会收缩成一个个扁平的、抽象的圆盘。这个主题持续不断，让时尚成为雕塑形式的概念加以延展，巩固了时尚与艺术之间的联系。同年，他在广岛市立现代美术馆举办名为"点、线、面"[1]的当代艺术展（并获得首届广岛艺术大奖）。1990 年，他在东京的东高现代美术馆举办了"一生褶"展览，正式推出了此系列。

1990 年同样是三宅一生在时尚界的杰出成就获得广泛赞誉的一年，这一年他被伦敦皇家艺术学院授予荣誉博士学位，获得法国政府授予的"法国国家荣誉军团骑士勋章"[2]，也因他在教育和文化方面的贡献而获得日本政府颁发的"紫绶勋章"，还被授予"文化功劳者"称号[3]。

对三宅一生来说，参观博物馆一直非常重要，因此他将服装从 T 型台搬进博物馆或其他城市空间看上去似乎就是再自然不过的转型了。他参与过许多展览，其中三场最重要的展览是必须提及的：第一场是 1996 年在国际顶尖艺术展——威尼斯双年展上举办的"时间与形式"（Il Tempo e la Mode），此次展览中他将服装融入了整座城市的艺术装

---

1 原文为"Ten Sen Men"，即日文"点（てん）·線（せん）·面（めん）"。

2 法国国家荣誉军团勋位（法语是 Ordre national de la Légion d'honneur），又称荣誉军团勋章（Légion d'honneur），为法国政府颁授的最高荣誉勋位勋章，以表彰对法国做出特殊贡献的军人和其他各界人士。1802 年由拿破仑设立，共分六级，骑士勋章为第六级。

3 原文如此。根据三宅一生官网信息，他于 1993 年获得法国政府颁发的荣誉军团骑士勋章和伦敦皇家艺术学院名誉博士学位；1997 年获得日本政府颁发的"紫绶勋章"；1998 年被日本政府认定为"文化功劳者"。此外，三宅一生于 2016 年还获得了法国荣誉军团高级骑士勋章。

置；第二场是 1997 年在日本丸龟市猪熊弦一郎现代美术馆里举办的名为"亚利桑那"的展览，在这次展览中，他将服装悬挂在单根金属丝上，借此强调服装雕塑般的抽象性，迫使观众以另一种方式看待身体；第三场就是 1998 年在伦敦大名鼎鼎的海沃德美术馆举办的"致敬百年时尚与艺术"展（Addressing the Century-100 Years of Fashion & Art）。到第三场展览时，三宅一生已经将大部分工作交给旗下主要设计师泷泽直己，而他则悄悄地躲到了聚光灯之外，专注于其他项目（图 1.8）。

未来构想

在什么可以成为衣料，衣物可以用什么制成之间没有任何界限。任何东西都可以用以成衣。

——三宅一生（in Penn 1988）

三宅一生不仅将时尚展示的概念转化为在画廊或博物馆中表现的时尚装置，他还将强调服装的走秀台表演本身更原本地转变为一种过程，正如他的"一块布成衣"系列一样。当然，另一种新时代的公益，此时依然还在褓襁之中，这就是在 20 世纪 90 年代晚期才被开发出来的旧衣再利用制成衣料的方法。"棱式剪贴法"（Prism Collage Method）面世还是在 1998 年巴黎卡地亚当代艺术基金会的"创造事物"（Making Things）以及 1999 年纽约艾斯画廊（Ace Gallery）的展览会上。三宅一生开发了一种工艺，能将部分旧衣物——可能是帽子、针织衫或牛仔裤——用细针压或嵌在白色的毛布面料上。这些看不见的针孔将布料夹在一起，在表面形成了有趣的图案或渍痕，让人想起了 20 世纪 60 年代

图 1.8

三宅一生，男式裤装，
2011 春夏。
摄影：Kristy Sparrow/
盖蒂图片社。

后期的后绘画性抽象（Post-painterly abstraction）主义[1]绘画。三宅一生将此工艺视为一种未来的构想。他认为这不是废弃回收，而是一个将人们想丢弃的旧衣服进行再利用处理的项目。这种可持续发展的设计理念被延伸到了名为"星爆"（Starburst）的系列中。在此系列中，同样是由棉、法兰绒、羊绒、毛毡或针织衫制成的旧衣服夹在金、银或铜色

1　后绘画性抽象主义是由艺术评论家克莱门特·格林伯格（Clement Greenberg）创建的。1964 年，他为洛杉矶县艺术博物馆（Los Angeles County Museum of Art）策划的展览即以此为标题。

的金属箔片之间。这些金属箔片被热压密封在薄膜中。当它们被穿戴时，来自身体的压力会让箔片裂开、拉伸，从而显露其下，由碎金属箔片描绘出条纹的旧衣部分。在"创造事物"展览中还展出了一种新的服装缝合技术，其中包括利用热胶带黏合和切割。三宅一生再次提醒我们说："我们的社会已准备好随科技发展而发生巨大的变化。那时尚界是否还将要延续老一套的方法论呢？"（Miyake in Lee 2005：59）。

按玛丽·奎恩·沙利文（Mary Quinn Sullivan）（2002：150）的说法，三宅一生设计的功能性反映了他的哲学，即服装应该反映一个民族及其文化的具体需求，而不仅仅是支持时尚精英的突发奇想。奎

图 1.9

三宅一生的"21_21 设计视野"画廊，东京。建筑师：安藤忠雄。摄影：Ben Byrne。

恩认为，这就是为什么三宅一生决定在 1995 秋冬系列的"八旬老人"（Octogenarian）秀场上让 20 世纪 80 世代的女性来展示自己的服装。此类展示似乎传达出他的服装不仅不受时间影响，而且还不受年龄影响的理念。这或许也是许多作者将三宅一生描述为他这一代人中最乐观、最具前瞻性的设计师的另一个缘故。他无视限制，相反，他看到的是挑战，然后是解决方案和能变成现实的梦想。

2000 年，三宅一生获得丹麦乐堡（Tuborg）基金会颁发的格奥尔·延森（Georg Jensen）奖，并被《时代》（*Time*）杂志评选为"20 世纪最有影响力的亚洲人"之一（1999 年 8 月 23 日，亚洲版）。2007 年，泷泽直己离开三宅设计事务所自创品牌，藤原大被任命为新的设计总监。同年 3 月，三宅一生在东京开设了一个由安藤忠雄设计，名为 21_21 设计视野（21_21 Design Sight）的博物馆[1]（图 1.9）。作为一个设计中心，此博物馆将突破寻常的 20_20 的视野，探索出一条让服装普及之路，连接通往创作理念的新世界[2]。安藤忠雄在设计博物馆屋顶时，复制了三宅一生一布成衣系列中所强调的服装设计理念，仅用一块褶皱的钢板完成。除了屋顶之外，这座建筑还融入了许多日本领先世界的技术，比如日本最长的一块双层玻璃。该博物馆展出了许多当代艺术家、设计师和建筑师的杰作。这些艺术家和设计师追求的是让观众将视线重新投向日常事物和事件，让他们常常充满惊喜地接触到设计的乐趣。展览提供了寻找、发现事物，并使之成为时代中不可或缺之物的景象，使

1　位于东京港区六本木。

2　20_20 是日美正常视力的标准，意为双眼都可在 20 英尺（1 英尺≈ 30.48 厘米）处距离上看清物体。此处三宅一生将博物馆命名为"21_21"，表达了想突破常人视野的含义。

设计呈现为一种让我们日常生活变得生机勃勃的文化。正是通过此方式，三宅一生不仅强化了自己践行一生的哲学，也为下一代新锐设计人才提供了支持。

三宅一生对世界非常积极的看法，使其在时尚历史上留下了一个不可磨灭的印记。作为 1945 年广岛原子弹爆炸幸存者的他，于 2009 年在《纽约时报》上发表了一篇文章，支持时任美国总统奥巴马"致力于寻求一个无核世界的和平与安全"的演讲[13] 在此文中，他首次公开谈论了那场灾难¹对他个人生活的冲击，而这也让我们得以洞悉他应用于设计的哲学。用三宅一生自己的话来说，他"更倾向于思考那些可被创造的而不是被摧毁的，以及那些能带来美和快乐的事物。我（三宅一生）倾向于服装设计领域，部分原因就在于它是一种现代且乐观的创造形式"（Miyake 2009）。

[1] 三宅一生对运动中的服装这个概念非常着迷，1980 年，他首次与舞蹈家合作，为莫里斯·贝嘉（Maurice Bejart）设计服装。这些服装相当具有挑战性，因为其必须足够轻盈，使得舞蹈演员能够灵活动作，但同时又需要给观众留下深刻印象。

[2] 1991 年，三宅一生从时装界抽身出来，背着背包环游希腊，探索人们生活中真正需要的东西。1988 年，他首次尝试用高科技纤维制成的皱褶，并意识到这种应用可能就是当代时尚问题的答案。

[3] 早在 1974 年，三宅一生就创造出"一块布"（AOC）这个词，用来指代以和服这种具有二维属性的服装为基本元素进行的创作。

[4] 著有《日本的美术与工艺》，在该书中，他将欧洲的工艺和美术与日本不同的美学系进行了比较。

[5] 卡洛特姊妹会（Callot Soeurs）的 Madame Marie Callot Gerber、Jeanne Paquin 和 Paul Poiret 等人都在服装设计和制作中受到了和服的启发。

[6] 在日本神道教净化仪式中，神主会摇动一根绑有折叠纸的棍子；在传统的被褉仪式中，逝者的灵魂会由纸片代表，纸片吸收邪恶的影响，所以会被烧掉或漂流到河里。将纸折成鹤的形状，绑在长绳上被视为对死者的纪念，如在广岛就有大量纸鹤，也可作为表心祝愿或对疾病康复的祈祷（千纸鹤）。折叠的纸张也是武士和贵族生活的重要组成部分之一，因

1 指广岛原子弹爆炸。

为它被用作下属呈上的贡礼或书信。仪式上的折纸被用来制作新郎新娘的酒器。

[7]　到了八世纪左右，造纸术在日本已经成为一种本土世俗的工艺，同中国制纸方法及佛教脱离了关系。与纸一般使用纯树皮纤维（通常为桑树）制成相比，桑皮纸由于具有良好的柔韧性，随后在日本被广泛用于木板印刷、制作灯笼或绘制屏风。

[8]　在微纤维之前，三宅曾尝试制作"风衣"，该服装由藤原大设计，利用詹姆斯·戴森的通风设备，以环保、碳中和的方式制造出风，让衣服动起来。

[9]　文化服装学院是日本历史最悠久的时装学院之一，前身为 1923 年 6 月开办的文化女子缝纫学校。1936 年更名为"文化服装学院"，并开始出版日本第一本专门研究时装的内部杂志《装苑》。到 1941 年，学生人数已超过 3000 人。该校在 1953 年接待过法国设计师克里斯蒂安·迪奥（Christian Dior），1954 年接待过美国好莱坞设计师霍华德·格里尔（Howard Greer），1961 年接待过皮埃尔·卡丹（Pierre Cardin）。1964 年，时装学院与文化（学园）女子大学合并，其使命是确保日本时装的社会和文化发展。截至 2000 年，该校共有 270 名教职员，学生超过 5000 人，其中男性约有 1000 人。

[10]　前身为巴黎高级时装协会，成立于 1868 年，由巴黎地区的高级时装店和其他有量体裁衣业务的公司组成。它曾是一个专业机构，负责制定时装行业的政策（如版权保护），代表其成员组织和协调主要的时装系列展示，并作为媒体和时装行业之间的协调组织。1873 年，它加入了更大的法国时装、服装设计师和时装设计师联合会，并成为其中的一部分。

[11]　1970 年，三宅一生向美国版 *Vogue* 杂志的戴安娜·弗里兰（Diana Vreeland）展示了他的第一个系列，其中包括"以文身为基础的印花设计，这些文身与市中心（东京）的黑帮有密切的联系"（Holborn 1995：30）。

[12]　鬼冢虎设计了日本国内第一双马拉松鞋，在鞋的大脚趾与其他脚趾之间有一条缝隙，能最大限度地保证舒适度和通风。这也启发了包括马吉拉在内的其他时装设计师对运动鞋系列的设计。

[13]　每年 8 月 6 日是世界和平日，来自世界各地的数千人走过广岛和平桥，"和平桥的栏杆是由美籍日裔雕塑家野口勇设计的。每走一步都是向世界和平迈进了一步"（Miyake 2009）。

山本耀司

Yohji Yamamoto

图 2.1

山本耀司。摄影：Chris Moore/ Catwalking/ 盖蒂图片社。

我碰巧出生在日本。但我从来没有给自己贴上这样的标签。

——山本耀司

讨论山本耀司的早期作品（图 2.1）[1] 时，似乎不可能绕过川久保玲，尤其是在他们开始展示服装系列的最初十年中。先是 1976 年的东京，然后是 1981 年的巴黎，这两位设计师看上去有着相同的视野、传统、抱负和哲学。事实上，此时很难将他们两人的时装区分开来。

他们的作品反映了战后日本发生的社会变革。需要重申的是，在第二次世界大战期间及刚结束的一段时间里，日本经历了多年的困难时期。此时的贫困在许多人脑海中留下了深刻印象。如今年逾六旬的山本耀司和川久保玲都是在此时期成长起来的。战后日本人，特别是年轻人对新奇和商业化事物的渴望占据了主导位置。到了 20 世纪 70 年代，这种文化态度开始发生改变，日本人开始对更古老、更为熟悉，甚至可能是破旧的商品做出了反应，此时他们与一种更为人文的过去建立了联系。

在巴黎掀起的日本旋风

山本耀司和川久保玲将穷困之美带到了世界上最富魅力的舞台——巴黎 T 型台之上。在 1981 年两人合展的系列中，他们展示了象征着穷苦、匮乏和艰辛的服装——这些服装看上去就像是从一堆破烂中淘来的。这些服装是纯黑色的，外形不规则，口袋和扣子的位置也很奇特。它们尺寸显得很大，由于强调分层和包裹，外衣与身体之间的空间如同被增大了一般。（他们的）衣服的特点在于使用破损、撕裂和褴褛的面料，下摆参差不齐并且脱线；设计师无情地肢解了高级时装的制作惯例。他们的服装不仅预示了反华丽和反美学风格，更宣告了无性别和反消费主义。当设计师们要求西方世界从他们的黑色"裹尸布"中找出优雅，从未完成物中发现美，并在织物包裹的褶皱中看到力量时，观众们见到的却只是那些故意磨损和乱七八糟的服装。"解构风格"，这个通常用来描述在纯艺术背景下分解要素、传统和理念的术语，也能被用于描述此类服装。有人认为，这些日本设计师的服装所带来的视觉上的贫困，是以一种更为微妙和抽象的方式象征了他们对战后日本的历史地位的反响，在此背景下才能更好地理解他们 20 世纪 80 年代初在巴黎举办的系列展。

有人认为，1981 年他俩的联合系列中令人反感的服装其实是与时俱进地对 20 世纪 80 年代初全球经济衰退进行回应，不过它们仍然被国际媒体称为一场"时尚革命"。也有人认为，他们受到了政治性的批判——而在商业方面，或许这能解释彼时媒体对这几场早期时装秀的反应 [2]，时尚头条嘲讽性地叫嚷着其是"时尚界的珍珠港事件"，并将川久保玲形容为"捡破烂的人"。近藤多琳娜（Dorinne Kondo）暗示，当时依然存在反日情绪，而这也是他们的作品在媒体上遭遇如此严苛待遇的主要原因之一。山本耀司后来解释说："这是很难理解的，除非你生于 1943 年那个已被战争摧毁了的东京。我已经放弃，而这种放弃的心态也适用于整整一代日本人。我什么都不渴望，我不想成为任何人。有人尝试将这一切和佛教联系起来，但这样做也毫无用处。"[1]（山本耀司 2002：n. pag.[3]）然而，令人惊讶的是，山本耀司声称在成长过程中他并没有滋生出反美情绪，甚至对遭受原子弹轰炸也是如此。相反，他属于对日本战后暗含矛盾心情的一代（Foley 1997）。西方时尚史学家卡耐基（Carnegy）则对此有不同的看法，他认为"在西方人眼里，日本

1　此处山本耀司之意为有人试图借佛教因果报应的说法逃避现实。

前卫派设计师制作的服装显得很激进，而且几乎可以看作对他们国家过去的敬意，以及对他们那里日益增强的西方影响的挑战"（1990:20）[4]。

山本耀司和川久保玲的模特们身着黑色解构主义的服装，看上去就像"剃光头或是蓬乱肮脏头发的尸体一般"，苍白的脸庞"缺少妆容，除了唇有着令人不安的淤青"（Mendes and de la Haye 1999 : 234）。不消说，巴黎观众的反应是质疑，对模特充满挑衅的外表感到震撼。对于一个建立在视觉性的豪奢、唯美和奢华基础上的精英主义行业来说，这种前卫的服装展示既出乎意料，又深具威胁。卡拉·索萨尼（Carla Sozzani），世界上最有影响力的服装店之一，米兰科摩大道 10 号（10 Corso Como）的所有者 1 评论说："当我第一次看到山本耀司和 Comme des Garçons 的服装时，我感受到一种情感上的冲击……在那一刻，所有的东西都是穆勒（Mugler）和蒙大拿（Montana）式的，有着宽大肩部和浓厚的化妆，然而总是让人难以置信的女性化，总是通过让其裸露来展现身体的某一部分——比如肩膀、背部、颈部。"（Trebay 2005）研究时尚的社会学家川村由仁夜 2（2004a : 128）也曾评论道："尽管人们对他们的第一场秀的反应褒贬不一，但他们的挑衅已足以撼动法国时尚界。"山本耀司对"记者是如何用他们的批判和评论来刺激设计师而感到惊愕，但同时也为此感到惶恐"（Yuriko 1996 : 591）。他们学到了关于时尚媒体力量的第一课，并且也实现了他们的目标。

在接下来的秀中，他们持续带来暴击。在山本耀司 1983 春夏系列中：

---

1 意大利米兰的购物和餐饮综合大楼。它汇集了展示和销售艺术品，时装、音乐、设计、美食和文化作品的商店，由画廊主兼出版商卡拉·索萨尼于 1990 年创立。

2 川村由仁夜（かわむら ゆにや）。

在放大的电子心跳声中，模特们行进在大 T 型台之上，他们的脸被一层白色的颜料涂抹得面目全非，他们的头发被剃去或被用力地扎成大背头。这支冷酷、军人般精确行进的密集队伍不带一丝笑容……服装……有一些与肩部线条毫无关系的臂孔，裤子既非长裤亦非裙子，更像是一些只完成了一半的新型变异夹克，一些主要部分消失不见了。他们蔑视传统，正如他们蔑视人体的形状。(Brampton 1983)

1983 年 4 月，美国版 *Vogue* 杂志刊登了一篇关于山本耀司和川久保玲的专题文章，肯定了他们作为前卫设计师的影响力，他们的声望由此得到确立，并且也确保了他们的成功。大都会艺术博物馆的时装史学家哈罗德·科达（Harold Koda）将这种在山本耀司和川久保玲作品中体现出的新服装理念称为"贫穷美学"——此语恰如其分地描绘了该着装新规则。他将 20 世纪 80 年代的（时尚）潮流同 19 世纪 90 年代的进行了对比，从历史来看，后者也"将颓废视为一种美学典范"（Martin and Koda 1993：97）。

就意识形态来看，服装设计无疑在历史上向来都对社会、政治和经济不安定因素有所回应：在 20 世纪 70、80 和 90 年代，高失业率、青年革命、反战情绪、全球性的贫困和环境灾难等全球性事件给社会良知造成了极大的冲击，并成为后现代主义视觉艺术实践的内隐。虽然有着文化差异，但不管是朋克时尚还是山本耀司和川久保玲的作品都反映了这种实践。虽然英国的朋克时尚经常被人们拿来与日本的"晴着"[1]相比较，但不同的动机使它们完全不同。朋克时尚必须放在一代人的抗议背景下才可被讨论，而这种抗议依赖于挑衅、视觉的猥亵和硬核性行为（得以呈现）。而对于日本人来说，如果说服装能够象征抗议，那么这种抗议也是以一种更为被动和谨慎的方式加以实现的，近乎一种针对战后日本被限制的（国际）政治地位的失败主义式的反应。

不过，前卫设计师自己却坚决不愿被如此归类，山本耀司带着反抗情绪地回忆说：

> 我还记得，我抵达巴黎时对 Comme des Garçons 有着强烈的抵触。玲和我不得不争吵不休，因为她做了一个灵感取材自日本和服的系列，而我对此很反感。"玲，"我（对她）说，"我们不是纪念品设计师。日本设计师把日本的理念带到巴黎来，让我感觉不舒服。我不想向世界解释日本。"（Yamamoto 2002：n. pag.）

同三宅一生一样，山本耀司也认为"我碰巧出生在日本。但我从来没有给自己贴上这样的标签"（Baudot 1997：13）。两位设计师都同样有着三宅一生的作品中那种永恒的特质，有着他的人体模型中表现出的谦逊和克制，有着同样的神秘和静谧，以及同样的抽象品质。在东方（文化中），简单与复杂、天然材料与技术进步、感官的帝国和情感的节制之间，都存在着一种非同寻常的张力。这些矛盾在山本耀司的生活和作品

---

1 原文为"glad raps"，晚礼服，盛装之意，对应日文为"晴れ着"或"晴着"（均念作"はれぎ"）。

之中显而易见，而他做出了杰出的贡献，通过作品表达出他们的不确定性、他们的担忧和矛盾，从而改变了 20 世纪晚期的男人与女人的表象。

新品位的法规：反美学

没有什么比整齐划一外观更无聊的了。

——20 世纪 80 年代山本耀司
女装系列标签上印刷的宣传语

几个世纪以来，西方时尚顽固地执着于结构紧凑，剪裁合身，颂扬性感、魅力和地位的美德——这就是欧洲高级时装设计的主流。时尚史学家经常使用一个老掉牙的术语——"炫耀性消费"[conspicuous consumption，由社会学家托斯丹·范伯伦（Thorstein Veblen）率先在 1899 年撰写的《有闲阶级论》（*The Theory of the Leisure Class*）中提出]，因为此术语强调了通过服装来炫富在整个历史中所扮演的关键性的激励角色。看得见的奢侈品反映了个人在社会中的地位，他们在等级秩序中的位次，以及他们在社会阶级体系中的位置。范伯伦本人质疑这种能被直观感知的斗富的必要性，他认为物质上的炫富反映了一种"地位焦虑"。可以说，随着贯穿整个 20 世纪的中产阶级消费主义浪潮模糊了阶级之间的区别，这种 19 世纪的社会阶级精英主义观念逐渐失去了动力。正如历史所表明的那样，这种时尚日益增长的"民主化"，最终导致了现代主义理想和实践之间的矛盾。

那些定义现代主义高级定制时装的事物——设计的独特性、精加工技术、无瑕疵的表面、精致的裁剪和手工缝制——将主导地位拱手让给大批量生产的成衣时装（prêt-à-porter）。这种新式服装文化实际上就是对早期现代主义时尚的独家经销权的嘲讽。无疑，山本耀司和川久保玲强势的服装确立了 20 世纪 80 年代初的主流美学。时装史学家麦克道尔（McDowell）认为，日本设计师"对西方传统的服饰、时髦或审美理念几乎毫不让步"，他们的服装"既是哲学的陈述，也是设计的陈述"（McDowell 1987：178）。按科达（Martin and Koda 1993）的看法，一种新的反时尚形式业已出现。

将这场"时尚革命"置于历史和后现代主义的背景下时，人们还能类推出另一些有趣的东西。可以说，后现代主义时尚依靠的是一种视觉悖论——内衣变成了外衣，新的被旧的代替，得体的时装被完全不尊重地位和价值体系的服装所取代。这本身就成为一种自我反思运动——对个人和社会来说都是如此。我们看重的是什么？可以说，昂贵的割裂且撕破的服装就象征着一种经济上的非理性。这种服装能否成为一种社会反抗的方式？能否成为对当代社会过度商品化的嘲讽式模仿？西方人会这样看吗？当其被置于一个象征和哲学性的概念中时，对面料和成衣技术的实际解构，能反映出对过去价值观的解构吗？

在这一背景下，科达给这种新服装概念打上了"贫穷美学"的定义标签，似乎恰如其分地描述了新的着装规范（图 2.2）。可以说，这种来自日本的"贫穷美学"对国际青年设计师的影响既直接又隐晦。日本最大的时装收藏机构（拥有 1 万件服装），京都服饰文化研究财团负责人深井晃子女士认为，从 20 世纪 80 年代开始的国际潮流，即年轻女性开始穿着黑色街头时尚风长裙、黑色长靴、白色船袜、不化妆并剪成不规则的发型，就是受到山本耀司和川久保玲影响的直接结果。事实上，她认为这种后现代主义版"小黑裙"的引入是"他们在 20 世纪 80 年代对国际设计作出的最杰出的贡献"，因为它被全世界的女性当作一种经典

图 2.2

山本耀司 2006/2007 秋冬，多布料裤装搭配外套。
摄影：Pierre Verdy/ 法新社 / 盖蒂图片社。

造型而加以接受（English 1997c）。山本耀司和川久保玲用直接和间接的方式鼓励了年轻设计师中流行的典型"反时尚"后现代主义潮流，他们创制的服装违背了高级时装的所有准则——裙子或夹克除了用剪刀裁出的粗糙边缘外，没有任何褶边或光边；接缝随心所欲的不合身服装，在川久保玲设计的某件服装中，衬垫袋被放在最不传统的地方：在胸部和肩膀之间、腹部以及衣服后部的肩胛骨处。毫无疑问，这些设计师成功地解构了 20 世纪 80 和 90 年代的女性形象，不仅是在风格上，还挑战了 80 多年来主导 T 型台的模特的迷人形象。他们毫不妥协。与此同时，他们还创作了一系列男装，极大地改变了男装的导向。同女装一样，男装也变得无章可循。他们挑战商务西服套装的外观，因为其总是与商业成功和企业形象联系在一起而不强调个人形象。他们颠覆了日本和欧洲的所有服装范式。

尽管山本耀司和川久保玲的作品最初被视为另一种形式的反美学，但他们对 20 世纪时装演变的贡献深远。他们朴素的作品强调了文化、概念化和实验可以像艺术一样，成为构成时尚所必需的一部分的观念。"Y"——山本耀司——风格[1]探索服装史上所有最为禁欲的变化，并对此大加赞美，同时也对永恒和瞬间之间暧昧的结合不断发出质疑。山本耀司的作品弥合了"经典"和"当代"形式之间的鸿沟，蕴藏着丰富的历史借鉴，并让其在崭新的外观下秘密地延续。面对传统典雅的价值观不可逆转地衰落，山本耀司的反应则是将其移植到一个坚定的当代美学和技术环境中。

---

1 "Y"为山本耀司（Yohji Yamamoto）名字英文首字母。

值得注意的是，1983 年，由琼·C. 希尔德雷思（Jean C. Hildreth）策划，在亚利桑那服装学院和凤凰城美术馆举办的"时尚新浪潮：三位日本设计师"（A New Wave in Fashion：Three Japanese Designers）展成了山本耀司、川久保玲和三宅一生作品展览的基石。它成为许多后续展览的灵感来源，并"将作为日本设计师的山本耀司置于一个革命性、非典型的服饰叙事中"，就像保罗·波烈（Paul Poiret）的"蹒跚裙"（1911）和克里斯蒂安·迪奥的"新风貌"（1947）一样[1]（Hildreth 1983：40）。按亚历克西斯·罗马诺[2]（Alexis Romano 2008）的说法，这也为设计师们赢得了属于"前卫"，并且与"西方"时尚截然不同的声誉。随后，在 2007 年于辛辛那提美术馆及 2009 年于华盛顿纺织博物馆举办的美国系列展览中，坊间也持续着类似的论调，将这些设计师与激进的日本设计关联在一起。

这些展览共同强调了这样一个理念，即，作为后现代主义时装设计师，他们提出了激进的、挑战了服装传统意义的概念。他们的作品清楚地表明，强调服装性别天性的西方规范化和定制服装概念正受到质疑。他们更强调对形式进行雕塑性审视，更重视面料的本质和触感，以及身体和布料之间的互动空间；所有这些特质都与日本传统服装，也就是和服相一致。这些服装都很宽松，未经裁剪以减少或消除性别元素。通过瓦解高档时装的传统，他们也否定了通常都与装饰及细节相关联的魅力

1　保罗·波烈为 20 世纪初著名的法国时装设计师，他推出的蹒跚裙又称"霍布尔裙"（hobble skirt），是一种腰身宽松，膝部以下收窄，让人只能小步行走的女裙，充分体现了女性魅力。克里斯蒂安·迪奥，法国的世界顶级时装设计大师，"新风貌"（New Look）是当时记者对他 1947 年时装首秀的命名。

2　亚历克西斯·罗马诺，时尚界、视觉文化领域的作家、讲师和策展人。

图 2.3

2009 年 3 月，山本耀司设计的黑色长款连帽大衣搭配红色鞋子。
摄影：Chris Moore/Catwalking/
盖蒂图片社。

的观念，并以此弱化了常通过明显的炫富来展示社会地位的元素。至 20
世纪末这些设计师帮助人们在款式、展示和概念方面彻底改变了时尚的
面貌（图 2.3）。

黑之色彩

黑色既谦逊，又傲慢。

——山本耀司（in Menkes 2000a）

黑色在山本耀司和川久保玲的早期作品中占据了完全的主导地位。对他们来说，它呈现了一种非色彩的状态——与其说是存在，毋宁说是一种不存在。在西方世界，黑色在正装和设计师服装中往往扮演着主导性的角色。在《时尚中的黑色》一书中，门德斯（Mendes）描述了巴伦加西亚是如何"发现黑色是他那些跨越时尚和纯艺术界限的出类拔萃的作品的完美载体"的，并指出他的服装"宛如强大的抽象雕塑"（1999：12）。1938 年 10 月，*Harper's Bazaar* 将巴伦加西亚的作品描述为"这里的黑色黑得如同一记直接击中你的重拳"（Mendes 1999：12）。对西方人来说，黑色代表尊严和怜悯，但对日本人来说，黑色象征着诡秘、隐蔽和狡猾——一种在黑暗中不可见的色彩。山本耀司解释道：

> 这并非严格意义上的纯黑，而是反复渲染到接近黑色的靛蓝色。武士必须要能将自身投入虚无，"无"的颜色和形象就是黑色。但农夫们喜欢黑色或深色的靛蓝，因为靛蓝植物容易生长，而且这种染料对身体有好处，还能防虫。（Yamamoto in Koren 1984）

从 20 世纪 80 年代早期开始，黑色便成为街头服装和晚装的颜色，它被看成一种理性和精致的时尚新方向，并被描述为是面向严肃的、知识分子的客户群体。1981—1982 年，黑色服装变得最为畅销，迪耶·萨迪奇（Deyan Sudjic）在《星期日泰晤士报》（1986 年 4 月 20 日）上写道，川久保玲的服装"是单色极简主义浪潮的幕后推手，将伦敦、纽约、巴黎和东京的所有时尚聚会都变成了一面纯黑的墙"。

有趣的是，在山本耀司的整个设计生涯中，特别是在 20 世纪 80 年代，他创作的大部分服装都是黑色的，因为他认为鲜艳的颜色会让他很快就感到厌倦。他还主张黑色是"智能的当代色彩"。苏西·门克斯（Suzy Menkes）称他为"黑色诗人"（2000a），并强调说：

> 通过证明黑色——激进、反叛、阴郁、浪漫或诱惑——的美丽，山本耀司开创了自己的事业。与大多数设计师相比，他是黑色的诗人，是时尚界的黑色电影导演。

自 1969 年从文化服装学院毕业后，山本耀司就将黑色作为自己的标志颜色，他解释道：

> 黑色既谦逊，又傲慢。黑色是慵懒而随和的，但又神秘。它意味着很多东西都能搭配在一起，但它在许多面料上却有着不同的表现。你需要黑色来制作廓形。它可以吞噬光线，也可以让东西看起来很清晰。但最重要的是，黑色说……不要打扰我！（in Menkes 2000a）

山本耀司的黑色街头时装系列，已演变成年轻女性的制服，有时让它们点缀一些红色——这是一种"攒聚"色彩，能让黑色看上去"比黑更黑"。山本耀司的作品总能吸引那些真诚的知识分子——它的感性，它的仪式感，它戏谑的异想天开。他的作品也成为艺术家群体和较保守的建筑师群体的默认制服，他的作品也是 20 世纪 50 年代波希米亚风格的延伸。山本耀司有句话经常被人引用："人们穿我的衣服以发表声明。"黑色服装带有一种"民主"。同三宅一生一样，他的目标是追求经久不衰的时尚，而非追求时尚的新奇。

　　山本耀司被描述成是一个受存在主义哲学推动的设计师，他的作品可以引申出用一种将形式与意义、记忆联结在一起的智识主义。或许这也就是他选择在索邦大学（Sorbonne University）展示其系列（设计）的原因之一。在他的自传《自言自语》（*Talking to Myself*）（Yamamoto 2002：n. pag.）中，山本耀司宣称："在我看来，肮脏的、玷污的、枯萎的、破损的东西都是美丽的。"日语中"披布"[1]原指一种反风格的（衣着）形式，而且也被视为山本耀司服装制作中一个不容否认的元素。据山本耀司说，人们实际上可以感受到这种"披布"——它的混乱、褴褛和凌乱——就像在反映穿着者精神上的贫乏或伤痛。换言之，这种衣物的凌乱模拟了穿着者的脆弱情感。这种情感、知性和审美的融合，鼓励了许多观众将他的系列展看成一种阴郁的行为艺术。山本耀司是故意做旧衣服的大师——他的作品是对精英主义的抗议，是被折磨的理性主义和思想大杂烩的案例。它标志着民粹主义文化和激进设计的完美融合。黑色即魅力（迷人的），节制即成功，极简主义即是赞誉，"我相信我的衣服是和宗教宗派无关的，是无国籍的。它们不属于任何国家、宗教或文化。它们是局外人。"（Yamamoto 2002：n. pag.）

　　贯穿山本耀司设计生涯作品的，是一种作为心理保护的黑暗观感——无论是考察他对黑色的使用，或是简单观看他在材料选择上的沉重感，抑或是端详他的服装将人物包裹起来的方式，都是如此（图 2.4）。通过布料聚拢褶皱然后层叠套在裙上，或是通过像被裹尸布蒙住头的寡

1　原文为"hifu"，根据上下应为日文"被布（ひふ）"。这是一种穿在和服上的外套，流行于江户时代后期，为现代和服大衣的"祖先"。

妇一般的模特，将这种死气沉沉、阴郁的外观加倍夸张。这种惆怅在山
本耀司的言论中也有所回应："我（山本耀司）常说，男人从未把女人拥
在怀中，他们只是抱着一个他们想象中的女人。爱情究竟是现实还是想
象……或者说是想象和现实？"（Yamamoto 2002：n.pag.）在 2003 年
10 月的秀上，山本耀司展示的是侧面收拢的人造纤维裙，上面有棉质条
纹衬衫补丁以及超大码衬衫，其中一件衬衫上有戏剧性的文字："不要碰

我。"宫永爱子[1]解释说：

在上一辈人中，让·保罗·萨特［在 20 世纪 50 和 60 年代］曾极受欢迎。从法文翻译过来的一系列著作曾在每家书店都被摆放在显眼的位置。他的哲学告诉那些在传统和西化之间感到迷失的日本人，过去同未来之间的连续性就是一种由人们努力带来社会创造的行为。许多知识分子试图根据对萨特思想的诠释在过去和未来之间建立一种融合。然而到了 20 世纪 80 年代，年轻人不再意识到传统与西化之间的这条鸿沟。他们不关心起源。萨特式的存在主义主题（对他们）没有任何吸引力。时尚蓬勃发展，并在碎片化的视觉信息中捕捉到了这种传统与西方化的融合。(Miyanaga 1991：10)

黑色应用于服装之上，其历史由来已久。在西方社会，从 19 世纪初，所谓的毕德麦雅[2]（Biedermeier）时尚和艺术时期（约 1820—1840 年）起，黑色就被指定为正式晚装所使用的颜色。到了 20 世纪 20 年代，随着香奈儿小黑裙的问世，黑色就流行于适合 5 岁以后的服装。进入 20 世纪 50 年代，黑色变得与叛逆，以及艺术、知识界的边缘人联系在一起，但 20 世纪 80 年代以来，由于受到日本设计师的影响，黑色开始进入日常领域。山本耀司在重新调整过去三十年中黑色在社会中所扮演的角色方面，起到了比其他任何设计师都大的作用。

....

1　宫永爱子（みやなが あいこ，Aiko Miyanaga），日本现代美术家。

2　"毕德麦雅时期"一词来源于 1815—1848 年的德意志邦联诸国，现则多用于文化史中指代 19 世纪上半叶中产阶级艺术时期。

服装的记忆和意义：贫穷美学

我喜欢旧衣，旧衣如旧友。

——山本耀司（in Chenoune 1993）

在回想之后，山本耀司表示，在 20 世纪 80 年代，他的"贫穷美学"曾深受德国摄影家奥古斯特·桑德（August Sander）作品的启发。桑德最著名的是他揭示穷人尊严的能力。他拍摄的对象来自生活中的各行各业，他还用六百多张德国民众的照片创建出了一个（摄影的）分类目录。桑德从战争间歇期间[1]就为那些无名之众记录拍摄照片，其中许多都是他骑着自行车在乡村穿梭时拍下的。山本耀司从（他那些）穿着褪色破烂工作服、在肮脏田间工作的农场工人，以及穿着连衫裤工作服、粗蓝布背带工装裤和工装连衣裤的铁路工人的形象中获得灵感。他们身上散发着一种值得尊敬的庄严气息，这也是山本耀司试图在自己的作品系列中加以效仿的。山本耀司相信，这些人的衣服鲜明地反映了他们的生活，并且衣服与穿着者融为一体，成为他们的一部分，完全从属于他们的个性力量。他在维姆·文德斯[2]1989 年的纪录片《都市时装速记》中是如此解释自己的观点的："20 年前，当我还年轻的时候，我曾经希望我能描绘出时间。我喜欢二手衣服，喜欢那些老旧、破损的东西。"他将自己的作品描述成与西方时尚的商业主义"相对立"。他创作的服装有着普遍

1　指从第一次世界大战结束到第二次世界大战爆发的德国魏玛共和国时期。

2　维姆·文德斯，当代德国著名导演，新浪潮电影代表人物之一。《都市时装速记》是他受巴黎蓬皮杜艺术中心委托拍摄的有关山本耀司的纪录片。

的吸引力，具有永恒的品质——是将要伴随一生的衣服。他将一件用以保暖的旧大衣（图 2.5）比作老友或家庭成员，而两者对他而言都不可或缺。

> 我喜欢旧衣……旧衣如旧友……一件大衣之所以真正美丽，是因为你冷到不能离开它。它就像旧友或家庭成员。而我对此种关系非常羡慕。(Chenoune 1993：293，305)

有些人认为，山本耀司的衣服具有一种中世纪的严厉，具有二手货的外观，经过长时间使用后就像那些在我们的衣柜中，已经随着时间的流逝而带有斑驳铜绿的特别收藏品一样。但另一些人则坚定地认为，他的服装只是单纯反映出对新事物的不屑。

在视觉艺术中，摄影和自然艺术品被艺术家们尝试用来捕捉类似的时间瞬间，捕捉那些人类存在及不存在的痕迹。"照片既被看作是事实，也被看作是幽灵或是阴影。它们是我们填补现代文化中记忆空白的不完美手段。"(Lippard 1997：56) 照片可被用作生命及记忆脆弱和短暂本质的参照。艺术家克里斯蒂安·波尔坦斯基[1]（Christian Boltanski）一生中的大部分时间都在使用这种空灵的材料——照片、灯泡和蜡烛——来审视和唤起记忆、损失和死亡。波尔坦斯基用火车站的无主遗失物品来纪念未知的物主。这些私人物品与被埋葬的记忆联系一起。它们旨在提醒我们回忆的体验。就像山本耀司一样，波尔坦斯基也在挑战构成艺术

1　克里斯蒂安·波尔斯坦基，法国的雕塑家、摄影师、画家和电影制作人，以其摄影装置和当代法国概念风格而闻名。

图 2.5

山本耀司，2009 年 1 月，巴黎时装周男装，男式针织棕 / 灰色毛衣搭配灰色长裤和大衣。摄影：Karl Prouse / Catwalking / 盖蒂图片社。

作品的基本假设——利用旧衣服或看似平凡的元素来解决 20 世纪生活中一些最基本及最令人不安的矛盾。

类似地，20 世纪 60 年代的意大利艺术运动——贫穷艺术[1]（Arte Povera）也试图参与到日常生活中。其中，雅尼斯·库奈里斯（Jannis Kounellis）、马里奥·梅尔茨（Mario Merz）和朱利奥·鲍里尼（Guilio Paolini）等人用木屑、破布、泥巴或煤等作为基本元素创作出集合艺术，

1　贫穷艺术，起源于 20 世纪 60 年代晚期意大利的简约艺术形式，以多使用便宜及易得的材料如石头、报纸等为特点。

以表明他们拒绝被外在光鲜、圆滑和引人注目的表面所诱惑，而更情愿选择卑微之物。将服装作为手段，在作品中唤起人们的情感反应，并将艺术与日常联系在一起，也成了许多后女权主义艺术家作品中不可或缺的一部分。安妮特·梅萨热（Annette Messager）就将破旧的衣服放在玻璃后的木制展示盒中，像绘画一样将它们挂在墙上。她在 1990 年创作的"服装史"（Histoire des robes）系列是对女性的肯定，并戏剧性地唤起了一种忧郁和认同丧失的感觉。她这些有感染力的作品同山本耀司的作品一样，既私人又具有普遍性，利用熟悉的物品，在某种程度上以用崭新的视角看待我们的世界来挑战我们。法国时尚记者弗朗索瓦·博多（François Baudot）在他 1997 年出版的关于山本耀司的书中率先指出了山本耀司作品创作的这一历程。

不过，对于时尚与艺术的关系，山本耀司有着自己的看法：

> 要创造出好东西，艺术家就必须孤注一掷，他是在探索外在的极限，一旦超越，所有一切都会崩溃。艺术总是令人震惊，因为它是在与那些可被接受的事物对抗。这就是艺术家和伦理之间的关系。但在我的行当中，还需要考虑另一个因素：衣服是每天都被人们所购买和穿着的，因此它们真的不能被考虑成艺术品。(Huckbody 2002)

1998 年，当唐娜·卡兰[1]（Donna Karan）向山本耀司颁发纽约时

1　唐娜·卡兰，美国时装设计师，服装品牌 DKNY（Donna Karan New York）的创建者。

尚集团 [1]（the Fashion Group New York）的"明星之夜"（Night of the Stars）奖项，她向全世界宣布，自己是设计师，山本耀司是艺术家。而山本耀司则回答说：

> 她这么说是对我的赞美，但我认为自己是一名设计师，一名时装设计师。我并没有赋予艺术家什么特殊含义。设计师和艺术家之间没有什么区别。或许，我可以说设计师是艺术家的一种新型流派。因为有时候对我而言，所谓艺术这个词听起来非常古怪。（Huckbody 2002）

尽管如此，博物馆策展人仍旧把山本耀司的作品当作"高端艺术"来介绍，忽视它们的服装功能。他作品中的形式特质反而得到了强调，被当成抽象的雕塑作品般对待。从"形式追随功能"（Form Follows Function）（Fashion Institute of Technology, NYC 2003）和"风格化的雕塑：来自京都服饰文化财团的当代日本时尚展"（Stylised Sculpture：Contemporary Japanese Fashion from the Kyoto Costume Institute）（Asian Art Museum, San Francisco）两个展览中可以看出，对这些服装的描述刻画都被放置在"天才艺术家"的语境下。同样，在维姆·文德斯 1989 年拍摄的纪录片《都市时装速记》中，山本耀司也被描述为英雄般的艺术家。在 2006 年洛杉矶当代艺术博物馆举办的名为"皮肤与骨骼：时尚与建筑的平行实践"（Skin & Bones：Parallel

---

1 原文如此，现为国际时尚集团（The Fashion Group International）。

Practices in Fashion & Architecture）的展览中，策展人布鲁克·霍奇（Brooke Hodge）将包括扎哈·哈迪德（Zaha Hadid）和弗兰克·盖里（Frank Gehry）在内的建筑师的作品，同时装设计师作品中内在的空间与人体的概念进行了对比。为此，她使用了山本耀司 2006 秋冬季作品作为案例，展出一种在黑色丝质绉绸中，用水平条状织物布条制成的模仿人体肋骨，实现了笼式胸衣结构的服装。

　　毋庸置疑，山本耀司给他的服装注入了一种此前在巴黎走秀台上从未出现过的人性化之感。但这是一种东方式的，而非西方式的人性化之感。举例而言，佛教哲学会一视同仁地看待这两个问题：设计中的对称性被视为完美的象征，未被认知的状态则被视为人类本性。与茶道会礼赞不完美、不齐整与不对称的道理类似，山本耀司的服装也是如此。在西方人看来，他"通过重新定义服装外观设计所传达出来的迷人信号，通过重新定义服装与男性或女性身体的关系，从而扰乱了那些服装创造自己魅力的法典，最终彻底地重新诠释了美与丑、过去与未来、记忆与现代的各自贡献。"（i-D 1999）

男装与身份的双重性

我想，我的男装穿在女人身上一样好看，女装亦是如此。

——山本耀司

　　同意大利设计师乔治·阿玛尼一样，山本耀司和川久保玲都被归于20 世纪 80 年代后期对国际男装"新风貌"做出重要贡献的设计师行列。

1984 年，阿玛尼生产的男士西服套装是流畅且严谨的低调杰作——白衬衫、窄翻领、窄肩、三颗纽扣以及紧贴膝盖的长裤，配上锃亮的黑皮鞋。

山本耀司和川久保玲则朝前迈进了一步。毫不夸张地说，他们对传统的西式商务套装进行了解构。他们首先取消了被视为男性体形试金石的垫肩。通过改变比例和容积，他们希望能让西装和夹克变得更轻盈、更舒适。他们不仅去掉了衬里和垫肩，还让肩部变圆，改大了袖孔，放低了纽扣的位置，延长了翻领。他们那种不对称的剪裁制造出了一种"视觉不平衡"，使衣袖变长而裤子变短，领口、下摆歪斜，并且让撞色接缝在服装上泛滥成灾。衣服上有着奇怪的口袋盖以及错位的口袋，让人产生一种不合身的二手衣服的观感。这些"再定义"的男装形式首次出现于山本耀司 1985/1986 秋冬系列中，这些以"非结构化"为特色的男装，配以宽松的褶皱长裤——近似吊裆的土耳其哈伦裤[1]（Turkish harem pants）。宽松的西装外套失去了它们锥形腰部和建筑般的扇形。当衬里和填充物被移除，袖子以不同的方式镶上时，男性廓形发生了戏剧性的变化。新时代的西服有着与众不同的解构主义特征：衬衫领子被永久折皱，缝线用撞色显现出来，给人一种半成品服装的感觉。

从 1987 年起，山本耀司就开始使用不同的织物，比如用纤维胶和绉纱制成的柔软、有弹性的面料，让早期无结构服装中具有特色的"四四方方"的丰满感得以软化。按切诺伊（Chenoune 1993：316）的说法，早期的系列以"花哨的白衬衫领开始，有时镶上凸花花边蕾丝，

1　土耳其哈伦裤，又称后宫裤。

然后以一种精致但严格刻板的方式锐化侧面，勾勒出合身、阴郁的线条，以此制造出一种双排扣大礼服的效果，辅以短小的及踝长裤"。虽然这些重新定义的形式预示着舒适和简洁的方向，但或许更重要的是，山本耀司将这种独特的美学视为一种新"服装典范"的反映。他说："人们并不是在'消费'这些服装，他们可能会与这些服装相伴一生……这才是生活的真谛。真正的衣服，而非时装。"（Chenoune 1993：305）在20世纪90年代初，山本耀司提出，在他还从事时尚方面的工作期间，男性的服装可能不会发生根本性的变化，仍然会以剪裁合身的外套和"男裤衬衫"为基础。他认为只有在未来，在他的时代之后，男人才可能会开始穿一体式衣服、连衣裙或裙子。

在山本耀司的职业生涯中，他一直被誉为剪裁大师，在他的男装系列中不断创作出更柔和、更有褶裥外观的作品（图2.6），并带来了流行于艺术界的黑色西装套在白色T恤上的组合新潮流。山本耀司作品的基本形式是古典的："他的双排扣西装剪裁得不对称。后面的剪裁未居中，两条后摆长度不一。以此方式，他通过轻微差异置换成了自己的服装。"（Vinken 2005：109）根据他的一位推广人员——劳伦斯·德拉马尔（Laurence Delamare）（English 2005a）的说法，山本耀司的作品经常通过夸张的形式来嘲讽时尚体系，并且有着坚定不移的设计理念，即赞美贫穷美学。山本耀司使用深色的水洗、未压制的面料。他还经常将红色的作品与黑色并列。据山本耀司说，这能起到"呐喊"的作用，还能形成高度的对比和活力。在他的职业生涯中，无论是男装还是女装系列，山本耀司都一直在参考红色的用法。在他手中，红色不管是在腰带还是在下摆出现，都给服装带来了"振奋"的作用，并且制造出一种视觉中心的效果。

　　在过去的 40 年中，男士外套和长裤已从过去那种紧身、对穿着者来说似乎过短的样式，演变为无结构、层次分明并且宽松的工作服。在最近的系列中自然的垂褶裙已经完全取代了长裤，而山本耀司对此早有预见。在他 2002 年的男装系列中，山本耀司将长裙引入商务领域，并在裤腿上拉上了磨损的线头。毫无疑问，企业男装的最后一道防线已经

图 2.6

山本耀司，2008 春夏男装，鸟羽刺绣，系带裤脚的裙装长裤。摄影：Pierre Verdy/ 法新社 / 盖蒂图片社。

被摧毁。山本耀司的混搭服装不能被视为东方或西方的服装，它是一种双重身份的服装。

其实早在 1983 年，山本耀司就对男女服装的随意性发表过意见。这种雌雄同体的意象让许多西方观察家感到困惑：

> 我想，我的男装穿在女人身上一样好看，女装亦是如此……越来越多的女人购买男装。这种情况到处都在发生，而且不仅是我的服装……当我开始设计时，我就想为女性制作男装。但那时还没有买家。现在有了。我一直很困惑，到底是谁决定了男女的衣服应该有区别？或许是男人决定如此？ (in Duka 1983 : 63)

他用作品对女性阳刚面与阴柔面斗争的矛盾本质发表了评论。在这种二元性别的基础上，他还能为其增添内在矛盾，为女性设计不会暴露身体任何部分，显得无比纯洁或如修女一般，但同时具有挑逗性的服装。山本耀司（2002 n. pag.）回忆说，他的灵感来自法国战争题材老电影，其中女演员穿着军装出演。"我发现那实在太性感了。身体以一种异常困难的方式受到保护和覆盖，所以你不得不问自己：'下面是什么？'当你不自由时，你的性欲就会变强。"山本耀司这种敏锐的观察和细微玄妙的性暗示再次与西方观念背道而驰。这位设计师表示："玩偶……这就是许多男人想要女人成为之物……只是玩偶。"

山本耀司作品中的这种内在的二元视角延伸到了他对面料的选择和使用的结构方法之上。同三宅一生和川久保玲一样，山本耀司在选择面料、实际织物时，都是先"感觉"它们，然后才转到形式上。山本耀司的所有服装，无论是男装还是女装，其结构都始于肩胛正上方的两处，因为从此处开始缝制衣料的悬垂性最好，能让材料如同拥有自己的生命一般。待在巴黎的前十年间，山本耀司和川久保玲都拒绝为高级时装系列做设计。相反，他们想证明，只要采用好面料和结构技术，任何成衣时装[1]都可以与专业技术打造的高级定制时装系列媲美。反过来，这又会否定地位差异。这种对民主时尚的强调，就是山本耀司整个设计哲学的支柱。

从历史上看，礼仪服装与日常服装之间固然已经产生了分野；而在 1820 年之前，常服与之则没有明显的区别。山本耀司（2002：n. pag.）认为，通过让服装本质实现民主化，而不是将其构想分成盛装或便装，他就能回归传统。

> 从一开始我就想证明，简单的棉裤和华丽的丝绸晚礼服，都像货币般是同等的……没有等级之分。在我的理想中，服装就是一堆抹布烂布。我的意思是，衣服并不能让人变得美丽或迷人……

在经历了最初与黑色的互动之后，山本耀司随后——至少暂时如此——选择了赤裸（光秃秃）的白色，并且接着开始创作光滑、极简、未来主义的白色服装。通过他精湛的剪裁，这些服装拥有了高品质，并且优美的曲线暗自契合 20 世纪 60 年代安德烈·库雷杰斯（Andre

---

1　成衣时装，指相对于量体裁衣式的定制服装，按一定规格、型号标准批量生产的服装。成衣时装可进行规模系列化、质量标准化、包装统一化的批量生产。

Courreges）和皮尔·卡丹[1]的服装（的影响）。在山本耀司看来，白色是最为现代的颜色。

山本耀司以向观众展示不同层次的矛盾意义而闻名。虽然，他从事的是销售昂贵的时尚服装，但自打 2000 年以来，在山本耀司的设计系列展示中再三暗示的主题，就反映了他对年轻女性被非常粗暴的推销及营销策略所诱惑的担忧。在当年 10 月的系列秀上，他展示了飘逸的长裤套装，这些裤装搭配吊带上衣，看起来就像一个巨大的零钱包。这些服装明目张胆地通过它们表达意义，对女性应定义自己的方式表达了看法。

再论高档定制时装

你想要高级定制时装？这就是！它并不难！

——山本耀司（in Irving 2001）

从传统和服的结构平面到山本耀司对传统布料的忠诚，人们可以看出传统在他作品中所扮演的重要角色。他对材料抱有工匠的态度，每一系列都始于面料，然后才是让系列成型。就像薇欧奈一样，山本耀司以他扭曲、拼接面料和创造褶裥的能力而著称；他能制出外形看上去就像折纸艺术品[2]一样的重重叠叠的服装。同时，山本耀司也以自己创新使用高科技纺织品而闻名。他的创造性还体现在他对非常规材料的使用上：

1　皮尔·卡丹、安德烈·库雷杰斯以及帕科·拉班（Paco Rabanne）均在 20 世纪后半叶被誉为"太空时代"的著名设计师。

2　原文为"origami"，即日文"折り紙（おりがみ）"，此处指的是日本传统折纸艺术。

比如 1983 春夏的剪纸样式连衣裙，裙子用白色棉布制成，类似几何方块；他的羊毛毡裙让人联想到经过改进的巴伦西加亚的成形服装，其本身唤起了人们在和服背部那种具有雕塑感的结构上所感受到的吸引力；他为 1991 秋冬系列设计了用铰链链接木板条制成的背心和裙子（彩图 17），于 1992 年再次应用于男装——这是对帕高·拉巴纳（Paco Rabanne）在 20 世纪 60 年代所进行的塑料链接裙实验概念的延伸。根据文肯[1]（Vinken 2005: 116-117）的说法，男装就是盔甲的一种隐喻，而锁甲则需要一丝不苟地用二十多片木材精心制作而成，同女装设计师的做法非常吻合：

> 两腿的夹板被大量的螺钉连接着，标志着脚踝的位置：这些螺钉对应着小腿和大腿（的位置），让人想起奥斯卡·施莱默[2]（Oskar Schlemmer）绘制的芭蕾舞图。纯轻木在完全未被加工的状态下，比丝绸更精致，让人联想到高级定制工作室：以及杰作的目标的突出特征。（invokes the atelier; the project-character of the piece.）

在另一方面，山本耀司曾解释说，他"想做件一生只穿一次的服装，当它被穿着和暴露在阳光及雨水中时，就会衍生出一种天生、偶然的美"（Fukai 1995 : 146）。这是基于一种被撕毁的服装的解构主义观念，与巴黎高级时装所使用的刻意构造方法论相对立。

---

1 应为芭芭拉·文肯（Barbara Vinken），德国文学学者和时尚理论家，自 2004 年起担任慕尼黑大学普通文学和浪漫主义语言学教授。

2 奥斯卡·施莱默，德国画家，雕塑家，设计师和编舞家。

山本赞赏时尚界那些最伟大的人物——阿瑟丁·阿拉亚（Azzedine Alaia）、让 - 保罗·高缇耶、马丁·马吉拉和川久保玲。在高级定制时装设计师中，山本耀司认可伊夫·圣·罗兰（Yves St Laurent）在年轻时的所带来的时尚革命，因而对他异常尊重。他对加利亚诺的精灵古怪赞不绝口，并说 KL[卡尔·拉格斐(Karl Lagerfeld)]"就像一个国王"[1][5]。英国皇家艺术学院的温迪·达格维（Wendy Dagworthy）教授认为，日本人对西方的强烈吸引力就像西方人对内敛冷静的日本人的吸引力一样强烈："他们对西方的时尚和文化有着明显的热爱。我最喜欢的山本耀司的系列是他在 20 世纪 80 年代举办的、以向 20 世纪 60 年代的皮尔·卡丹致敬的方式展出的一个系列；上面用了切割出来的孔洞成形——形状非常漂亮。"（in O'Flaherty 2009）

山本耀司有着真正的后现代主义形式，同时对西方和东方的历史加以借鉴。20 世纪 90 年代早期是山本耀司设计生涯中一个矛盾的时期，由于被比利时解构主义设计师马丁·马吉拉超越，他在（时尚设计）前卫派的领军地位也有所下降。根据深井晃子的说法，山本耀司参考欧洲设计的次数远超其他日本设计师。他在这一时期最著名的服装廓形反映了维多利亚时代晚期的巴斯尔裙[2]（1986—1987）（该服装略后的版本见彩图 4）和 1910 年爱德华时代的松叠褶裙（1993—1994），这两个时

1　阿瑟丁·阿拉亚为出生于突尼斯的服装设计师和鞋履设计师；让 - 保罗·高缇耶为法国高级时装设计大师，2003—2010 年担任爱马仕的设计总监；马丁·马吉拉，比利时设计师，1997—2003 年担任爱马仕的设计总监；伊夫·圣·罗兰为法国时装设计师，被认为是 20世纪法国最伟大的设计师之一；约翰·加利亚诺为英国时装设计师；卡尔·拉格斐为德国时装设计大师，从 1983 起担任香奈儿的领衔设计师兼创意总监，直至去世。

2　巴斯尔裙（Bustle）是一种流行于 19 世纪后期的西方女子裙子样式，特点是在裙内腰部以下穿戴裙撑，使后臀凸起，外套的裙子也在臀部添加大量布料织物作装饰，使臀部形成上翘高挺的视觉效果。

代也是以西方社会对东方服装抱有兴趣而闻名。在 1995 年的时候，山本耀司在和服系列中重新审视了自己的文化传统，同时也向 20 世纪 50 年代和 60 年代的欧洲设计师致以敬意。他以和服为灵感来源的风衣和衬衫深受纯几何形状的影响。他使用绞染技术制作出了压皱的带色圆圈。在很长一段时间里，山本耀司都不想"做"带日本元素的服装，因为他认为这只是一种制造"纪念品"的方式，但事到如今他决定面对自己的恐惧，打破自己的禁忌。1997 年，山本耀司以 20 世纪 50 年代巴黎高级定制时装，包括香奈儿风的西装和受迪奥影响的大衣为灵感推出了一个系列，从而再度回到公众视线之中。在 1997—2001 年，他一直在玩弄高级定制服装的概念。"你想要高档定制时装？这就是！它并不难。"（Irvine 2001）山本耀司在此恢复了他对香奈儿、迪奥的魅力以及佩恩标志性视觉影像所抱有的浪漫情怀——参考了这些他刚到巴黎时所反对的东西。一些记者认为，这不啻于向那些正在进行中的如音乐剧般的高档时尚游戏厚颜无耻地竖起中指，而其他一些记者则有不同看法。1996 年，设计师阿瑟丁·阿拉亚就在《女装日报》中评论道：

> 这是为今天而做的高级定制，它美丽得惊人。山本耀司在这个系列中展示了所能想象到的最好的衣服，它包含了一切：深度、想象力、工艺。从外套的剪裁到袖口的深度，再到大胆、雕刻般的银色珠宝与黑色的对比，所有的一切都以不常见的艺术水平呈现。而山本耀司甚至在装饰花边时带有一点幽默。

在 1997 年晚些时候，在他的"向迪奥致敬"（1997 秋冬系列）时

图 2.7

山本耀司，1997 年 1 月，东京伊势丹百货商店，向迪奥致敬展中的人体模型。
图片来源：作者。

装秀中，充斥着故意的不合身的服装，诸如有着不平整的下摆、透明的
裙子和剪纸状的边缘 (图 2.7)。恰逢迪奥正在寻找新的首席设计师之际，
这个"假装正经"的系列不失为对迪奥的一种解构式的致敬。迪奥的服
装向来以其技术专业和精加工的细节而闻名，而山本耀司正是（以这种
方式)对其著名的方法论进行了批判。他解构并重现了迪奥 1947 年的"新
风貌"，用剪裁精致的腰身和量身定制的配件打造出沙漏形的廓形。巴黎
的观众没有将此系列看成是对记忆中昔日著名设计师的侮辱，而是勇敢
地为山本耀司起立喝彩。这一事件吸引了全世界媒体的极大关注。回想

起来，侯赛因·卡拉扬[1]等设计师曾表示，他们相信日本人有时会让西方出尽洋相。尽管有这样的诠释，但山本耀司 2003 年的系列确实是向伊夫·圣·罗兰致敬，并且对这位法国设计师的创造性表示了敬意。

就像许多当代欧洲顶尖设计师用戏剧化、新奇和派头来支撑他们的系列秀一样，山本耀司也举办了（这种）华丽炫耀的秀。饱满的波尔卡圆点裙开始在 T 型台上旋转，搭配着一个隐藏的机械装置。黑色的服装像松开的紧身内衣般，在背后用带子轻巧地系上，配上桃红色的手套、深色的眼镜和网球鞋，混搭如奥黛丽·赫本。在索邦大学，他把降落伞展开，让它变成了一条裙子；他在一个巨大的舞台上展示他的运动装系列，在这场核心是大衣的秀中，模特们在街头商贩市场般的后台几乎要被冻死。山本耀司对克里诺林裙衬[2]和它们所制造出的空间体量非常着迷。他作品中最煞费苦心的就是 1998 秋冬系列展中，由模特裘蒂·洁德（Jodie Kidd）展示的、有着骇人听闻的尺码——周长达 12 米的裙子，并且帽子也同样大小。需要四名助手带着撑杆来支住下部结构。山本耀司希望借此表达出对当代时尚的过度作风的讽刺。他 1999 春夏的新娘或婚纱秀（Le Mariage）被搬到巴黎红磨坊，排演成脱衣舞的形式。其中一件有着珍珠母色的丝质维多利亚式克里诺林裙，按诸多时尚记者描述，这件服装配有完整的拉链口袋、带有一张破损的照片，在最显著的位置甚至还有一束印花布假花束，然后被模特脱下丢在一旁，露出里面的修身连衣裙和裤子。《先驱太阳报》（1998 年）报道说，在 T 型台上

1　侯赛因·卡拉扬，英国时装设计师，目前在维也纳应用艺术大学任教，见后文。

2　克里诺林裙衬，一种用鲸须、细铁丝或藤条作轮骨，用带子连接成鸟笼状的裙撑。19世纪中期，深受以法国欧仁妮皇后为中心的宫廷女子和社交界上流女子的喜爱。

交换的不是誓言而是外衣，使得跨性别的新郎和新娘形象进一步模糊了性别区分，他们提出：

> 当然，这种精心设计的穿衣和脱衣游戏只是一个噱头……但它强调了体量和外形的游戏，这正是这个特别系列的核心所在……它传达了一种完全的快乐……他（山本耀司）对美的独特定义让人着迷。

该系列作品获得了观众的全场喝彩。正是这场走秀让山本耀司再次考虑了自己的工作方向。"婚纱秀（让我）很痛苦，"山本耀司曾如是说，"我对自己说：你已经变成娱乐明星了。你必须回到成衣领域中。打那之后，我感到十分不确定。作为一场走秀它看起来很成功，但对于商业来说却很困难。"（in Menkes 2002b）讽刺的是，这场走秀被《独立》（Independent）杂志的苏珊娜·法兰科（Susannah Frankel）誉为"近20年来最伟大的设计师系列"（2006），这也是许多观众的共识。因此，它后来又于2001年在伦敦维多利亚和阿尔伯特博物馆的重要展览"激进时尚"（Radical Fashion），以及2006年在洛杉矶艺术博物馆中的"打破模式：来自永恒系列的当代时尚"中展出。

新方向：运动休闲装

特别是运动鞋，简直是完美的搭配——将高跟鞋与日本时尚结合的念头实在荒谬。

——克莱尔·威尔科克斯 [1]（in O'Flaherty 2009）

2001 年以后，对运动休闲装的兴趣一直主导着山本耀司的想法——一种舒适而自由的服装。他将现代运动服的结构和加工细节融入其中，以便在兼具保护和耐用功能的同时还能唤起一种后现代主义的时尚感。与运动鞋巨头阿迪达斯合作的缘由是山本耀司发现的，全世界的年轻人都在穿"丑陋科技"的帆布运动鞋。他对阿迪达斯的鞋产生了浓厚的兴趣，研究了他们的档案，并为他们重新设计鞋面。让自己的想象力自由发挥，他制作了带尼龙搭扣的高筒女靴、男式天鹅绒翼尖鞋以及红色、海军蓝或军绿色的帆布越野靴。 在山本耀司设计的阿迪达斯标志中，三条平行杠要么从顶面略微突出，要么一直向下延伸到鞋侧。他的混搭款则比较保守——舒适又时髦。第一批产品 10 万双，售罄。其他产品包括高跟胶底帆布鞋、运动衫燕尾外套和防风套装。基于更具有流行吸引力的理念，山本耀司的 Y-3 系列（图 2.8）不仅对他的同龄人有着吸引力，而且对年轻人也是如此。山本耀司已经变成一个运动品牌——一个代表着真我、叛逆正统和神秘酷感的品牌。山本耀司留在阿迪达斯运动服上的签名已经变得比体育明星的签名更有价值（Irving 2001）。最初，运动服装和高街时装的结合看上去不太"搭"，但考虑到不同世代的消费者正在寻找不同的商品，（于是）"这再正常不过了。特别是运动鞋，简直是完美的搭配——将高跟鞋与日本时尚结合的念头实

---

1 克莱尔·威尔科克斯（Claire Wilcox），维多利亚和阿尔伯特博物馆（Victoria and Albert Museum）的高级时尚策展人。

在荒谬"（Wilcox in O'Flaherty 2009）。

山本耀司将自己对服装同身体与生活方式的简朴观念介绍给新一代。2003 年，他的 Y-3 旗舰店在东京六本木新城开业。2007 年，第一家独立的 Y-3 专卖店在迈阿密开张。同年，Y-3 参加了巴塞尔的国际当代艺术展。2008 年 2 月，Y-3 专卖店在纽约开业。为了当年的春夏系列，山本耀司在纽约举办了一场令人惊喜的时装秀，高调推出他色彩斑斓的防风大衣、七分裤和系扣连衣裙系列。秀场被定在西区画廊街旁废弃的铁轨下，Y-3 的制作人艾迪安·拉索（Etienne Russo）组织了一场长达 30 分钟的模拟暴雨秀，伴随着隆隆雷声和打在屋顶上的雨声。山本耀司还与马汀博士（Dr.Martens）、意大利鸳鸯（Mandarina Duck）合作，并与奢侈珠宝品牌御木本（Mikimoto）合作推出全新的暴风雪（Stormy Weather）珍珠系列。2009 年 9 月，Y-3 推出了色彩鲜艳、讲究的高光帆布鞋，并在男款和女款中都使用了网眼。山本耀司还以 2010 年南非世界杯足球赛的参赛队队服色为主题，推出了透明衬衫、围巾和用激光切割网布制成的筒状连衣裙、高概念训练鞋和裆部极低的哈伦裤。

回想：与自己对话（自言自语）

对我来说，回顾只是你所有犯过错的证明。

——山本耀司（in Trebay 2005）

在入行二十周年之际，山本耀司出版了一本名为《自言自语》

（*Talking to Myself* 2002）的有关他时尚工作方面的回忆录 [1]。回忆录装
帧时，将书脊缝线暴露在外，而装帧的线头也纠缠在一起，杂乱无章。
由于此书限量印刷，同时还构造出了一种沿着未装订的书脊解构装帧的
形式，因此毫无疑问，书本身就能成为收藏家的藏品。更具刺激性的是，
（装订书）绳子的片段和磨损的毛边构成了一种表面织构，仿佛他的一些
男式西装的纹理。根据门克斯（Menkes 2002b）的说法，本书旨在向
日本人——山本耀司认为他们仍将时尚视为"低级艺术或表达"——解

1　原文如此，实际为山本耀司的作品集成。

释何谓时尚，以及他（关于时尚）的哲学。

　　经过 20 年被时尚编辑、杂志和报纸的记者及评论家们（品头论足的）报道——一些人说对一些人说错——山本耀司决定用这本书将他对自己的思想、作品、生活和遗产的看法留存下来。就文本而言，它坦诚到了残酷的地步；就视觉效果而言，它深入地提供了时尚摄影师对山本耀司服装不同的定义和诠释。保罗·雷韦尔西（Paolo Reversi）用单色电影的手法展现了山本耀司在工作室里工作的场景，与大卫·西姆斯（David Sims）以史蒂娜·坦南特（Stella Tennant）为模特的前卫照片、萨拉·穆恩（Sarah Moon）拍摄的柔和、空旷的照片以及尼克·奈特（Nick Knight）在 20 世纪 80 年代中期拍摄的高色彩饱和度的商业照片形成了鲜明对比。山本耀司与摄影师尼克·奈特、造型师马克·阿斯科利（Marc Ascoli）及平面艺术家彼得·萨维尔（Peter Saville）合作，在两年时间里制作了一年两期的目录画册，用来记录他的作品。特别值得一提的是奈特为山本耀司黑色服装平拍摄的图片（1986 秋冬）：服装上面装饰着红色的薄纱，摆弄得就像是在模仿 19 世纪加了巴斯尔裙衬的克里诺林裙。模特身穿具有线条感的黑色长裙，戴着鸭舌帽向下看，其轮廓构成的生动画面引人惊叹。再加上模特身后具有爆炸性、突出形式和质感的巴斯尔裙衬，使得这张图片已经成为时尚史中的经典照片之一。与三宅一生同佩恩的合作一样，此次合作让山本耀司的作品呈现于一个特定艺术家所营造的环境之中，在此，照片的对象简化，形式被抽象化，营造出了一种高度宏伟的感觉。

　　山本耀司发现他的作品回顾展让他感到不安。2005 年，他的作品在三处场馆展出——佛罗伦萨、巴黎和安特卫普。在佛罗伦萨的碧提宫

（Pitti Palace），通讯记者看到了他的作品在没有玻璃罩的保护下与现代艺术陈列馆（Galleria d'Arte Moderna）中的历史藏品放在一起展出，以此方式突出时尚设计和纯艺术之间的关系。100件服装被分散在30个房间中，而这些房间里同时陈放着19世纪和20世纪的藏品。据盖伊·特雷贝（Guy Trebay 2005）报道，山本耀司对此评论说："对我来说，回顾只是你所有犯过错的证明。"特雷贝继续讲述道："'面对这些过去的东西是很艰难的'，山本一边说一边耸肩，这是他典型的肢体语言之一，'就像让当时的情绪回过头来，爬到我肩上一样。'"他对这次展览很不满意，因为他觉得自己的服装在艺术作品旁边显得很沉重。在巴黎的时尚与纺织博物馆（Musée de la Mode et du Textile）举办的展览名为"仅有衣物"（Juste des vêtements），展览陈设在与卢浮宫相邻的博物馆的两层楼中。这场山本耀司的作品展重点放在了服装的实际概念化和制作之上。一楼用一堆螺栓状的布料再语境化了他的工作室——一间散落着草图和布料碎片的小型办公室。角落里播放着维姆·文德斯的纪录片电影，为山本耀司早期的工作和灵感提供背景。除此之外，（周围）还填充着博物馆收藏的古董、书籍和历史服饰及物品。在楼上有一个大型的玻璃展柜，里面陈列着十几件山本耀司在20世纪90年代和21世纪初期完成的服装。其中许多服装都是在向欧洲设计师致敬，包括薇欧奈、格蕾夫人、香奈儿和迪奥。一顶顶华丽的帽子摆放在高低不一的帽子架上，制造出一个令人愉悦的场景，而最后展出的服装色彩艳丽得令人叹为观止。该展览是由博物馆策展人奥利弗·萨亚尔（Olivier Saillard）和山本耀司的时装秀助手二瓶正雄[1]合作完成的。最后一场展览是在安特卫普的时尚博物馆（Mode Museum），展览名为"梦想商店"（The Dream Shop），为该博物馆首次专门为一位设计师举办的展览。值得注意的是，这也是一个开创性的展览，观众可以当场试穿一些展出服装：

> 在这里，参观者沉浸在山本耀司服装的实物之中：从20世纪80年代末直到此次展览的80多件的服装中，他们可以在一个白色的、带有霓虹灯的、梦幻空间般的更衣室中试穿20件左右。这种互动体验挑战了博物馆和保护的基本规则……在"梦想商店"中，观众将衣服视为消费品，将博物馆的观赏体验转变为一次商业消费体验。
> (Romano 2008：6-7)

让博物馆观众作为互动的消费者参与其中，（使得）这场展览成为对传统的博物馆实践实现重大突破的象征，而设计师本人也对这一壮举赞赏有加。

许多时尚作家特别是女性作家，认为在山本耀司的服装系列之美中似乎隐藏了一种低调的忧郁。门克斯（Menkes 2007）表示："他的系列黑暗甜美，然而还是充满了优雅。"《纽约时报》的凯西·霍林（Cathy Horyn）对他的某场秀评论为："山本耀司的秀有一种让人惊异的温柔——模特们穿着深色男性化、层层叠叠的漂亮白衬衫，有些还带着宽大的蕾丝袖口，这是一种似水流年的感觉。"（2006b）而她对山本耀司的另一

---

1 二瓶正雄，原文为"Masao Nihei"，日文"二瓶マサオ"，他是三宅一生、山本耀司、川久保玲时尚秀的舞台及展览照明设计师，书中提到他为山本耀司的助手并不准确。

场秀则评论为："让我们想起浪漫的无限诱惑。"（2007a）不过，尽管他的许多展览都在强调精神方面的节制和厚重，以及转瞬即逝的放纵，但他最近的大多数作品在很大程度上都依赖于街头时尚风的影响。他那些优雅的服装取得一种平衡，看上去就像安详、漫不经心风格一般。这种能轻松地被法国人展现出来的若无其事感，本质上也是优雅和品味的某一内在方面。

山本耀司以设计的纯粹主义者和隐士知识分子而闻名。《纽约时报》的时尚作家盖伊·特雷贝（Guy Trebay）将山本耀司形容为"含蓄、疏远和沉闷……时尚界中荒诞的悲观主义者……神秘的局外人"（2005）。但他是一位始终如一地在服装中寻找美的设计师，他用不对称的方式给身打褶、包裹身体，并在材料的纹理组织中而不是应用装饰中发现美。他以长而宽松的造型与西方对女性形体概念截然相反而闻名。同样地，在 2005 年的系列中，山本耀司那些典型日式造型的服装仍依赖于分层、额外的盖袋、吊带、衣结和安排得不合逻辑的口袋、不对称的细节、错位的袖子和可调节的腰围。他以一种微妙的方式探索新的穿衣方式，创造出一种反体系或者说反商业的时尚宣言。

对山本耀司来说，在东京这个将大众文化、新奇事物和国际都市化当作生活方式的地方长大，他觉得自己生活在一个既非日本也非欧洲的跨文化空间里。他早期的服装被看作是对暴食时代 1 的反叛。随着时间的推移，山本耀司对设计的态度也在改变。1984 年，他承认："我的工作方式是一种独立的、自我主义的方式。这种人喜欢跟现有的工作方

----

1 原文为"age of gluttony"，指西方发达国家饮食中过度摄入盐、糖等带来的时代问题。

式对着干。我是用设计来反对的。我与之斗争。如果我丧失了这种感觉，如果我的作品被接受，或许我就会失去动力和我设计服装的意义。"（Koren 1984：98）1999 年，他又承认："从我年轻的时候开始，我已有了稍稍的改变……当我第一次来到巴黎时，我只是简单地说反对、反对、反对。反对传统，反对常识，反对保守的美，但如今则不同。"（Foxe 1999）到了 2002 年，他说："我认为衣服应该从背面，而不是从正面来做……我想通过时尚来达到反时尚……这就是为什么我总是在朝着自己的、与时尚并行的方向前进。因为你若是没有唤醒沉睡之物，那还不如走在老路上为好。"（Yamamoto 2002：n. pag.）

回顾过去，深井晃子形容山本耀司的作品有着"独特的剪裁风格，运用了出色的高级定制技术，但诸如不均整这种日本美学，一直支撑着他的设计"。她还表示，山本耀司很少跳出西方概念的圭臬。或许，这暗示了一个事实，那就是山本耀司后来展示的系列比三宅一生或川久保玲的系列受到了更多欧洲设计师的影响（彩图 5）。

近来的系列

人们穿我衣服以发表声明。

——山本耀司

到 2009 年，山本耀司的帝国已包含七个产品系列：Y's, Yohj Yamamoto, Noir, Y Yohj Yamamoto, Y's Mandarina, Coming Soon, 以及同阿迪达斯 Y'3。除了他设计的系列，山本耀司还提供许多更为平价的系列、配饰及一款香水，而针对年轻人的系列则由女儿山本里美[1]接手。

在 2009 年 2 月，山本耀司以厄洛斯（爱情）[2]与死亡的相似性为主题制定了系列作品（Shackleton 2009）。他说："悲伤也可以是性感的"，"展示阴影的同时就是在展示光明"（同上）。这种留恋、忧郁的情绪主导了展秀，其中的模特都是真人，"当他们不断地试图表达自己时"，他们的"痛苦和挣扎就会刻画在身上"（同上），每场秀中都有一个负责传达信息的角色，通常是一位老先生。山本耀司很自豪，因为他的作品显示出了一种"沿着相同方向的长期服从"——这是他从尼采的话语（《善恶的彼岸》，1886 年）中摘录的词语。山本耀司的话语中回荡着一种存在主义的情怀，"我在绝望中醒来，在妥协中入睡"（同上）。

人们常说，在时尚界时机就是一切，但山本耀司却以不在巴黎成衣时装周中展示他的时装系列而闻名。他总是充满惊喜地"偷跑"，在其他巴黎时装联合会[3]（Chambre syndicale de la couture parisienne）主办的秀展开幕前夕就举办了自己的时装秀。他 2003 年在巴黎歌剧院举办的春季系列，其展出的时间比通常时间表提前了三个月，同样也比高级时装秀的安排要提前。虽然他不是一个高级时装设计师，但他技术精湛的服装表明，他可以成为任何他想成为的人。按凯西·霍林的说法，

1　原文为"Limi Feu"，为山本耀司女儿山本里美（やまもと·りみ）创办的品牌名，源自她自己的名字的罗马拼法"Limi"和法语中的"火（Feu）"，亦被称为"里美火"。

2　原文为"Eros"，西方神话中的爱神。

3　为巴黎时装周的主办机构。

法国……在昨晚上演了一场美丽的春季成衣系列秀……（他）向
那种让巴黎充满神秘和灵感的"难以言喻的特质"[1]致敬……燕尾服搭
配长裤和外套，肩部巧妙地隆起，似乎是在向圣·罗兰致意，但脖
子上系着的透薄的黑衬衣则是一种明确的姿态……他还微妙地（狡
猾地）引用了艾尔莎·夏帕瑞丽（Elsa Schiaparelli）的戴面纱的士官
帽，让人联想到第二次世界大战时期的临时帐篷，同时他也参考了
克里斯汀·迪奥及标志着欧战胜利纪念日[2]后时尚回归的小肩和长裙。
（2002）

在 21 世纪初期，社会政治动荡影响了巴黎的时尚和整个社会。自
2001 年 9 月 11 日以来，恐怖袭击、战争和骚乱的消息就占据着国际新
闻头条和全球事务的焦点。2005 年 10 月，几位时尚编辑和古德曼百货
公司（Bergdorf Goodman）采购员从米兰抵达巴黎，结果在戴高乐机场
因炸弹袭击的恐慌而滞留。因此，他们错过了系列秀的开幕时间。在那
个 10 月，山本耀司在他时装秀中给人们展现由天真无邪的儿童万圣节服
装、玩具士兵、恶魔、恐龙和悲伤的小型小丑组成的游行队伍，让许多
观众脊梁发冷。这种宛如怪异大杂烩的漫画式开场白营造出了一种不安
的气氛，而接下来是套在黑色牛仔裤上的燕尾服外套，搭配着拖在地上
长长的鱼尾巴，带有夸张荷叶边的迷彩晚礼服，以及用粗长的丝线系起
来的黑白撞色礼服，这些线还在模特的头上和身上缠绕了几十圈（彩图

1　原文此处为法文"je ne sais quoi"。
2　1945 年 5 月 8 日。

6）。在接下来的几年中，政治动荡带来的焦虑在许多系列秀中变得非常明显。在 2006 年 10 月的秀场上，维克托与罗尔夫用面具遮住了模特的脸，抹去了她们的性别；高桥盾将模特的头完全包裹在眼部没有开口的布兜帽里，在鼻子和耳朵之间垂挂着金属朋克链；山本耀司的模特则戴着大到能将脖子遮住的帽子。

大约就是在此期间，即 21 世纪头十年中期，卡尔·拉格斐做出了如此这般的评论："如果你读过日报，你就没有心情去看什么粉色和绿色。我们现在必须面对的是整个世界的连接。"拉格斐的那些非常长、深色、层次分明的衣服，呈现出不祥的黑色，为他的其他系列奠定了氛围。山本耀司和马克·雅可布（Marc Jacobs）也都采用了厚重的、有层次的造型，结实的面料和厚实的腿套，将身体完全掩盖起来。颜色则是从砾石灰到木炭黑，灰色调占据了大部分系列的主导地位（English 2007：151）。

2008 年 9 月，道琼斯指数下跌 777 点——这是纽约证券交易所有史以来最严重的跌幅，预示着全球经济衰退，而山本耀司则成为此时的风云人物。他那几乎与纯黑大衣和西装毫无区别的阴郁系列——此次是用白色缝线将薄纱破布缝制而成——被形容为"看上去就像为华尔街的葬礼队伍准备的"（Wilson 2008）。即便如此，三十多年来，山本耀司的作品一直以亲切感和不朽感为基础唤起人们诗意般的记忆。他试图制作与穿着者相关的服装，这些服装能唤起穿着者的亲密无间，或反映出对穿着者想要传达的东西的理解。他的衣服向艺术家、知识分子和职业人士倾诉。一些作者认为，山本耀司在男装上的影响比他在女装方面的影响更大，或许比他同时代的任何一位时装设计师都要大。山本耀司在回顾其漫长的职业生涯时，略带一丝潜藏的幽默承认："我一生中所想做的，就是每天在工作室里静静地做衣服。"（in Trebay 2005）

[1] 山本耀司 1966 年毕业于东京庆应义塾大学法学专业，1966—1968 年就读于著名的东京文化服装学院，1968 年获得奖学金赴巴黎学习两年时装。1972 年，他创建成衣时装公司，并于 1976 年在东京、1981 年在巴黎展出了他的第一个系列。1984 年，他推出男装系列，1988 年在东京成立山本耀司设计工作室。

[2] 1981 年 4 月，他们在巴黎的第一场秀在洲际酒店举行，当时只有 100 人参加。

[3] 参见山本耀司的《自言自语》（*Talking to Myself*，2002），无页码，n. pag.

[4] 卡耐基的这种看法在 2009 年《金融时报》的马克·奥弗莱厄蒂对山本耀司的采访中得到了印证。当时山本耀司谈到了他对日本西化青年、六本木的大型商场（"他们看起来都像迪斯尼乐园"）以及西方对日本传统文化的破坏的憎恶。（O'Flaherty 2009）

[5] 山本耀司在东京文化服装学院受到了小池千枝的亲炙，而小池千枝在年轻时与伊夫·圣·罗兰是巴黎时装学院的同窗。

3 ——————————

川久保玲与
Comme des Garçons[1]

Rei Kawakubo and Comme des Garçons

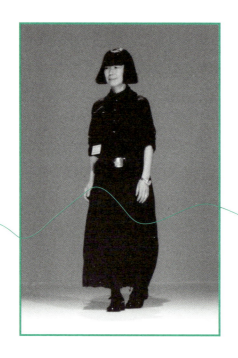

图 3.1

川久保玲，1995。摄影：Maria Chandoha Valentino，MCV Photos。

何谓前，何谓后？

——川久保玲

----

1 Comme des Garçons，也称 CDG，是川久保玲创立的品牌，原文在法语中意为"像小男孩一样"，这也是川久保玲对自己服装品牌的定位。

川久保玲 [1] 已经成为过去 30 年中最具影响力的设计师之一，几乎所有重要的时装设计师都将她视为灵感的源泉（图 3.1）。根据时尚记者克劳迪娅·克罗夫特（Claudia Croft）（2008：n. pag.）的说法，路易威登（Louis Vuitton）的马克·雅可布认为："每个人都被 Comme des Garçons 所影响。"克罗夫特断言，川久保玲"非常与众不同。她真的是位设计师中的设计师"，她还引用《纽约时报》的凯茜·霍林的评论说，川久保玲"是当今最能本着艺术家精神工作的设计师"（同上）。包括亚历山大·麦昆、约翰·加利亚诺、赫尔穆特·朗、马丁·马吉拉、安·迪穆拉米斯特、吉尔·桑达（Jil Sander）、缪西娅·普拉达（Miuccia Prada）和唐娜·卡兰等在内设计师都承认受到过她的影响。

川久保玲在 1969 年创立了自己的品牌，1973 年在东京南青山街区正式成立 Comme des Garçons 公司。1980 年，她在巴黎开设了自己的精品店，并在 1981 年同山本耀司一起展示了她的第一个系列，以此打入了巴黎的国际时装界。这两位设计师都是战后日本的产物，他们成长于一个在 20 世纪 30 至 40 年代陷入经济困境的国家，此时日本正遭受经济萧条的影响。在他们童年时，日本是亚洲最贫穷的国家之一，这几十年通常被称为"暗谷"[1] 时代。在经历了战争的灾难后，日本人勉强拾起他们社会和文化的碎片，并试图重建家园和城市。

1　原文为 "kuraitani"，即日文 "暗い谷（くらいたに）"。

女权主义在战后时期的日本

……[日本] 妇女注定是 "母亲" 或 "妓女"。

——薇拉·麦凯（Vera Mackie）（2003：144）

在 1945 年后，日本社会和政治被美国占领军全面监管，而他们占领日本的诸多目标之一，就是让日本选举制度民主化，这让日本女性在历史上首次拥有了投票权。在接下来的几十年中，日本社会风气和意见缓慢地发生了变化，在这个以父权和保守为根本的社会中，妇女也开始对这些变化逐渐作出反应。重要的是人们必须承认，日本妇女在争取解放和平等的斗争中，与许多其他社会有着共通之处。因此，日本女权主义者对于妇女面临的问题的研究，最初主要是依赖于 20 世纪 70 年代初从法国、美国和英国等国翻译过来的学术文献。根据薇拉·麦凯（Vera Mackie 2003：144）的看法，1970 年 9 月田中美津（Tanaka Mitsu）发表的文章《从厕所中解放》是一个例外，这篇文章也成为 "斗争的妇女" 团体宣言的一部分 [1]。这篇文章慷慨激昂地谴责了（日本）性吸引力的刻板印象，根据这些刻板印象，[日本] 妇女注定是 "母亲" 或 "妓女"。麦凯认为，这种两极分化的态度建立在性支配与从属的前提之下，并随之加重了对妇女的压迫（Vera Mackie 2003：145）。

虽然日本社会和文化中包括传统、价值观和社会结构在内的某些方面给可能的妇女解放运动发展设置了民族主义的障碍，但其他因素如国

---

1 《从厕所中解放》原文为 "Liberation from the Toilet"，日文为 "便所からの解放"，"斗争的妇女" 原文为 "Tatakau Onna"，即日文 "戦う女／闘う女（たたかう・おんな）"。

际经济、政治和广泛的媒体传播等，还是促进了这方面的进步。田中和子（1995：348）认为："日本女权运动改变了其特点，从以改变妇女对自身作为女性的意识为目标，转变为寻求社会制度的明显变化。"到了20世纪70年代中期，早期的日本女权主义者往往变得年龄较大，多为职业女权人士或当时存在的政党中的活动家。到了20世纪80年代，以问题为导向的活动成为女权运动中的辩论主要焦点，争论的问题包括性别与教育、大众媒体中的性别歧视、就业机会均等以及通过全国和地区性的主要妇女协会和研究团体促进妇女研究的重要性，等等。

身为教授的女儿，川久保玲在20世纪60年代进入东京庆应大学学习文学和哲学，她对这些知识分子中有关妇女在社会中的地位和定位的辩论了如指掌。可以说，这也是她一直用时尚质疑对女性的刻板形象和观念的因素之一。川久保玲的作品所传达的意义中往往折射出一种潜在的女权主义意识形态。她的服装试图摆脱社会的限制和惯例，向西方对身体的刻板印象以及服装之美和魅力的理想概念针锋相对地提出此种女性角色定位，可以通过服装拥有尊严和坚毅等概念来代替。川久保玲和山本耀司都对战后日本年轻一代在文化上特别盛行的美国流行文化作出了批判，并试图通过他们的作品重新建立起对传统文化品质的尊重。

1981年，川久保玲和山本耀司在巴黎的首次联合系列公然漠视西方基于性差异、性商品化和性剥削的传统做法而震惊了时尚界。[2] 虽然他们的作品特别是在早期有明显的相似之处，但随着时间推移，评论家们开始感受到他们两人的作品相互间的差别。作为一个不接受公认的家庭角色的日本女性，川久保玲对职业的选择常会受到怀疑目光的打量。栗原奈名子在1993年的纪录片《变化的涟漪》（*Ripples of Change*）中指出，日本女性选择就业被认为是自私的，是在逃避家庭中母亲的角色。在一次少见地接受时尚批评家平川武治的采访中，川久保玲解释道：

> 当我年轻时，女子大学毕业生和男人做同样的工作很少见。当然，女人和男人挣得也不一样。我对这种情况进行了反抗……我从未失去反抗的能力，我很愤怒，这种愤怒成为我的力量……（1990：21）

山本耀司和川久保玲都曾表示，他们是为那些参加工作且不依靠身材来吸引异性的独立女性而设计。他们摒弃了以年轻漂亮女性为模特的传统，转向非传统、成熟和"寻常"的女性。据威尔科克斯（Wilcox）所言，他们的作品"持续地探讨了围绕着体形、感官享受和服装的性别二元的问题"，并且"经常被解释为女权主义的表达"（2001：31）。特别是山本耀司，他父亲在第二次世界大战中丧生，他被身为裁缝的母亲抚养大。为了养活儿子，这位女裁缝需要长时间工作。因此，"他将为劳动妇女服务当作自己的使命"（Shoji 2005）。20 世纪 60 年代中期，当他在文化服装学院学习时装时，（身边的）年轻女性远多于男性，比例高达 100 ： 1。庄司香织[1]（kaori shoji）认为："正是在文化服装学院的岁月激发了山本耀司的灵感，让他将美和功能性注入女装。"山本耀司也曾吐露心声说："我不知道哪个女性是不工作的。我的女性观完全是从我母亲身上和在文化服装学院中形成的。"（同上）看上去，山本耀司早年的

---

1 日文为庄司かおり，日本出生纽约成长的评论家，擅长日本文化，例如艺术、时尚、电影等领域。

艰辛对他的想法有着相当一段时间的影响，"我可能是在制作工匠意义上的时装，但我讨厌时尚的世界。时尚更多应是帮助女性减少痛苦，让她们获得更多的自由和独立"（Riedel 2004）。

山本耀司（Yamamoto 2002：n.pag.）从他母亲那里学到了许多关于服装制作的知识，同时也了解到许多妇女不得不忍受的巨大苦难。他厌恶母亲的顾客们，她们就是社会中那些富有的、被地位驱动的女性的缩影，身着高跟鞋和紧身服装的她们就像妓女一样。很小的时候，他就观察到"社会被男人控制，女人生活在低下的环境中"。正是这早年间的顿悟，让他坚定了通过赞美女性来成就一番事业的愿望："我知道职业女性是独立的，不仅是在经济上，更是在精神上。"正是出于这些原因，"地位"一词和这两位日本设计师格格不入，他们永远不想让自己被划入精英高级时装设计师的行列。

可以说，这两位设计师都是他们自身、社会和文化环境的产物，他们不愿意为了商业成功而让自己的理想妥协。对他们来说，他们的作品代表了尊严、力量和丑陋之美。他们以勇敢的姿态处理贫穷和性别的刻板印象，这些问题在他们早期的作品系列中扮演了重要的角色。

尖端设计

我在寻找不存在之物。如同在研究禅宗公案 [谜语]^1。

——川久保玲

在 1981 年声名狼藉的巴黎时装秀上，"川久保玲展示了毛衫袖口围在脚踝上的长裤、变成披肩的束腰外衣、超大号的大衣以及用孔洞构造的无定形脱胶针织衫"（Quinn 2002：145）。日本"黑色"时装以破损、撕裂和破烂的面料，以及不平整和未缝合的下摆为特点——然而这种随机的无序感是经过精心设计的，给人以自发的印象。大而宽松的服装，如比例过大的外套或大衣，都是通过一种不典型的方式加以构造的，纽扣或细节减到最少。从街头获得灵感的服装有着长袖，线条直而简单，有时还用布料打结绑在一起。值得注意的是，由于他们史无前例的影响力，20 世纪 80 年代初出现了一种新的反时尚形式，并成为主流审美。

1983 年 3 月，川久保玲推出了一个系列，其中包括大衣裙^2，裁剪得又大又方，没有明显的线条、形状或廓形。许多衣服的领口、纽扣和袖子都有错位，面料也不匹配。服装中更多的是用打结、撕损和割裂面料来制造出混乱。这些面料经过起皱并编织成不同寻常的纹理。

1　原文为 Zen koan，应为 Zen Kouan，即日文"禅·公案（ぜん·こうあん）"，括号中谜语为著者所加。但禅宗公案远比谜语要复杂，禅宗公案是指禅师在示法时，启迪众徒，以使顿悟的问答、行为等，由于禅宗讲究"不立文字，明心见性"，因此在外人看来，公案充满了深奥玄机。

2　一种开襟明钮女式长服，通常有类似大衣的领子、门襟和前扣，采用春装或秋装面料制作，前英国王妃戴安娜是这种服饰的忠实拥趸。

鞋子是由稻田拖鞋或方头胶鞋组成的。(Kawamura 2004a：138)

从历史上看，这种穿衣方式已有先例——换言之，就是为了"盛装打扮"而进行服装降级的装扮[1]。在 18 世纪的英国也出现过类似的现象，当时的地主豪绅相当刻意地模仿他们仆人的便装。然而，在 20 世纪这构成了一种不同的社会范式和新的视觉伦理。对一些人来说，面料、加工技术、褶裥等字面意义上的解构象征性地反映了对过去价值观的解构（图 3.2）。对另一些人来说，两位日本设计师所呈现出的这种新的服装文化，刻意嘲讽了早期现代主义的欧洲时尚的排他性。它也可以被视为是对现代社会过度行为的一种公然抗议。如果我们将服装理解为只是一种达到目的的手段，那么最重要的是传递出的信息而不是最终的结果，（在这种情况下，服装的）意义才是最大化的。这种思维方式预示着时尚界的概念主义的降临（出现）。

在本章，（我们将）通过讨论支撑川久保玲的思想和设计哲学的主要概念，来追溯她在造型、结构、制作、展示、营销和分销等方面挑战传统理念、质疑现状的历史。其中包括了她关于性别中立和男/女话语的先端理念；她的解构和重构；她风格、材料和理念的再语境化；她的成功策略；她"为新而新"的驱动力，其中也包括建筑空间；以及她的香水帝国的崛起。

---

1 此处原文为 dressing down in order to 'dress up'。作者在这里玩了一个文字游戏，dressing down 另有训斥、痛骂之意，言下之意，川久保玲"训斥、痛骂"时装的目的是"盛装打扮"，个中讽刺意味不言而喻。

图 3.2
Comme des Garçons，被解构的百褶裙，1999 年。

性别中立

许多设计师是在迎合那些他们想象中男人希望看到的女
性……我认为做一些 [不同的] 事情是需要勇气的……

——川久保玲

就像三宅一生，山本耀司和川久保玲都坚持认为和服对他们的作品
有着深远的影响。他们一致认为，面料与身体之间的空间才是最重要的。

这否定了修身的西式服装中明目张胆的性意味（性别含义），并且（在时装中）引入了分层或者宽大服饰的可能性，使之成为一种属于自己的塑形（雕塑）形式。川久保玲对她灵感源自和服，"性别中立"的结构设计作出这样的评价："时装设计不是为了暴露或突出女性身体的形状，它的目的是让人成为他 / 她们自己。"（Jones 1992）在她 1997 春夏的"衣服变成身体"的作品展中，这一点表现得尤为明显，此展也通常被称为"囊肿"（Bump）系列（图 3.3）。同样地，在 2010 年的系列中，川久保玲在衣服中加入了填充部分，从而让身体的轮廓，包括肩膀、背部和臀部产生了变形，让真实的衣服批判了完美的女性形体的概念。看上去，川久保玲将这些扭曲变形视为"真实"的例证，而非"自然"。"身体成为衣服，衣服也成为身体。"川久保玲如是解释说。这与后现代主义的实践非常一致，是在以自我批判和自我反思挑战公认的生活和社会规范。性吸引力是否总应由体形决定？凯特·贝兹（Kate Betts）在《时代》杂志上提出，川久保玲邀请人们对她的作品进行开放式的解读，但同时也暗示了她 1997 春夏的"囊肿"系列呼吁观众在某种程度上尝试进行自我认知(2004)。因此对川久保玲在 1983 年发表的评论无须感到讶异，（当时）她说自己把纽约街头的无家可归女看作"理想的女性"来打扮，而在 1984 年，"自食其力"的女人则是她的典型客户。另一个经常被人们引用的说法是，川久保玲在 20 世纪 90 年代曾表示，她是为"用头脑而不是身体吸引男人的强势女性"设计服装。这种内在的女权主义批判，在她的言论和作品中都体现得很明显，也在 20 世纪 80 年代和 90 年代诸多不同形式的艺术和设计实践中，以及文学、媒体广告、电影和戏剧等中间都得到了回应。[3]

图 3.3

Comme des Garçons,"身体遇见服装——服装遇见身体"系列，鹅绒和羽毛填充的尼龙，1997 春夏系列。摄影：作者。

在过去的三十年里，服装已经超越了地位和性别的主要功能。一些设计师如日本设计师般接受了这种观念：时尚可以吸纳意义，并唤起人们对地点、时间、人物和情感的记忆，还为个人在现代社会中的存在感提供了心理画像。

概念化、解构和重建

所有的系列，我都是始于抽象……我尝试着找到两到三个不同的主题，然后思考如何以非直接的方式表达它们。这始终是此过程中最漫长的部分。

——川久保玲

Comme des Garçons 的川久保玲以在未完工、不规则、单色和暧昧的事物中发现美而闻名。放在禅宗哲学的语境中，这就是对贫穷、简素和不完美的欣赏（Leong 2003）。那些定义现代主义高级时装的事物——独特的设计、精加工技术、无瑕疵的表面、精致裁剪和手工缝制——都在大批量生产的"成衣"的优势前让位。川久保玲的作品是后现代主义视觉艺术实践的缩影，这种实践对艺术传统，包括完美或理想的概念、持续性，或进展规划都提出了挑战。它取而代之的特点体现了反时尚的概念，通常在外观上呈现出非对称、使用折叠和褶皱、露出缝线和使用撞色纹理和面料，以及融入"发现"的对象。川久保玲声称，她对美没有固定的定义。

> 我在未完成和随机的事物中发现美……我想用不同的眼光去寻找美。我想寻找从未有人发现过的事物……创造可预测的事物毫无意义。(Kawamura 2004b)

川久保玲的概念化是其设计哲学所固有之物，因为她总是试图投射未来，可以说是不断挑战极限。"重复别人做的事是不好的。如果你一直在做同样的事情而不去冒险，就不会有进步。"（Undressed 2001）。川久保玲在工作中依靠即兴发挥。由于川久保玲没有接受过正规的时尚培训，所以她对设计或制作流程在最初没有任何预设。"可以说，我的工作就是寻找意外。意外对我来说相当重要。如果说有些东西是新的，那正因它是一个意外。"川久保玲如是补充说。（Undressed 2001）

就像其他日本设计师一样，面料也是川久保玲服装设计理念的重点。她的设计流程总是从与纺织设计师的合作及纺织品的实验规划开始。她与松下弘合作，通过重新调整织机中的实际面料，生产出织机编制的做旧织物。1982年，她们在生产毛衣时，通过在编织时故意留孔或漏针，制造出撕裂和破口。通过修改电脑控制的织布机（的程序），川久保玲可以创造出各种随机的"瑕疵"，避免大规模量产纺织品（所具有）的均一性，并且复杂的电脑程序则可以自行生成各种有趣的表面纹理图案。这种方法论加强了她对时尚的反商业化（倾向），而这种时尚在设计上则（恰恰）依赖传统、精确和均一。据萨迪奇（Sudjic 1990: 80）透露，川久保玲曾解释说："我喜欢不完美的东西。手工编织是实现这一目标的最佳方式。不过，既然这并非总能办到，（那）我们就在机器的这里和那里松开一枚螺丝，这样它们就不会完全按照设计好的那样去做了。"

虽然她的作品和山本耀司的一样，在反时尚方向上毫不妥协，但川久保玲依然有非常个人化和自我反思（的一面）："当我在设计时，对我来说重要的是通过设计来表达我自己生活中发生之事，表达我个人的感受。"（Undressed 2001）或许，正是这种涉及自我表达自由的理念，使川久保玲不会将想法强加给她的学徒和制作人员。渡边淳弥经常说，他很少从川久保玲那里得到关于自己创作方法论的反馈，而反过来，栗原道在给渡边当学徒时也讲过类似的话。根据萨迪奇（1990：30-34）的说法，川久保玲会给她的服装打版师一张没有太多细节的草图；有时根本没有草图；有时是一张她让打版师（自己）诠释的揉得皱巴巴的纸。

其他时候，川久保玲则会给他们一些口头说明或给他们看一张建筑物的照片。显然，川久保玲的打版师们在设计过程中在审美和版式创意方面发挥了重要作用。这种合作、概念化的方式在高级时装界是相当独特的。萨迪奇复述了（1990：28-29）一位曾与川久保玲合作过一段时间的纺织品供应商的话：

> 在系列制作前四到六个月，她会打电话跟我谈她心中的想法……通常是很概略的对话；有时只有一个词。她所追求的是一种特殊的情绪，这种情绪可能来自任何地方。

这位供应商依靠自己的直觉来理解川久保玲的抽象主题，并拿出一些样本。他们的对话循环往复，直到找到川久保玲心目中所想的那种面料。由不同面料制成的服装通常会被组合在一起，形成独特且非典型的组合（彩图 7）。

在服装结构上，川久保玲先是解构，再重构。布拉德利·奎恩（Quinn）在《科技时尚》（*Techno Fashion*）中提供了一些具体案例。

> 她经常通过无视服装的功能而对服装进行解构——有一次她做了一件没有开口的衣服，让它无法被穿上。但她坚持认为这可以穿着，并决定将它作为围裙使用。她专注于把翻领拆开——她用西服短外套的翻领来设计吊带上衣、做围巾。她的男款西服套装会将七分裤与双排扣运动外套相结合，以青果领为特色，并将渲染和"褪色"的经典格子面料并置。她的许多设计都是多用途的，旨在以各种非

川久保玲还重建了比例，探索了空间与容积之间的关系。与她的"囊肿"系列类似，川久保玲对肩与腰、腰线与下摆的关系进行了再思考，却完全无视在此之下的身体。她的服装款式很少符合自然的身体比例，布料经常被悬垂或包裹在身体上，袖子、衣领、口袋和扣子都不在正常的位置上。由于她的服装设计违背了常识和标准的结构技术，因此她的女裁缝们必须学会如何将这些部件缝合在一起。当她作品的二维衣片样板被设计出来，摆放在平面上时，人们可以很明显看出，由于其形状非传统且极其繁复，因而不可能被复制。这不仅杜绝了外人盗版她作品的可能，还为她赢得了来自设计师同行的赞誉。这就如同玛德琳·薇欧奈在 20 世纪初用旁人无法复制的设计获得的业界地位一般。薇欧奈的许多设计都依赖于手工面料，因而她在当时被业内人士美誉为"设计师中的设计师"。

成功的战略

说我"设计"公司而不仅仅是衣服，这并没错。创作并不会局限于衣服。新颖有趣的商业理念、革命性的零售策略、出人意料的合作、培养内部人才，这些都是 Comme des Garçon 创作的案例。

——川久保玲

从一开始川久保玲就知道，要想在时尚界获得国际认可，就必须到巴黎去，品牌必须注明为"法国制造"。去巴黎是一项长期投资，短期内带来的不足是可预见的。在巴黎建立社交网络通常需要时间，除非你被其他有影响力的设计师提携或被媒体"选中"。川久保玲领悟到，她的第一场秀必须要有最大的视觉冲击力。川久保玲和山本耀司两人都意识到，他们是在冒着巨大的风险挑战现有的时尚传统，虽然巴黎（时尚）圈子里有容纳前卫的空间，但却没有给挑战法国时尚体系的人留下位置。幸运的是，媒体称他们的系列是一场时装（时尚）革命，而不是对总会（Fédération）[1]体制价值的宣战。他们已经学会了如何玩这个游戏。

对川久保玲来说，解构主义的理念可以像用在服装上一般应用在她的精品店的室内设计上。20世纪90年代末，川久保玲在东京新宿伊势丹百货商场内的"空间"就反映了（她）革命性的零售策略。在这里，家具非常稀疏，颇似一个位于地下室、只配备了基本的折叠长桌、有着裂开的水泥地板以及涂成红色用作储藏的冰柜的大卖场。这家（寒碜的）精品店与里面陈列的其他奢侈设计师的品牌交相辉映，立即以其视觉反差而变得醒目。

在21世纪的第一个十年中，"川久保玲的理性主义，以及她对探求新事物的不懈渴望"使得她"与山本耀司截然不同"（Mears 2008：115）。山本耀司越来越多地回顾过去，并向内寻找灵感——或许这是对存在主义理想观念的反思，而川久保玲则将目光紧紧地投向未来，不

---

1 指巴黎的法国高级时装总会（Fédération Française de la Couture）。

断推进和测试新想法。川久保玲不喜欢"解释"自己的作品，而是希望作品能够为自身说法。像巴伦加西亚，川久保玲难以捉摸，她很少接受采访，也不会在秀的尾声出现在 T 型台上。尽管她不喜欢在博物馆里展出自己的作品，但她确实在其职业生涯早期把握住了一个非常重要的机会。1984 年，"三个女人"展览在纽约时装技术学院举行，目的是为三位杰出女时装设计师举办作品庆典。美国的克莱尔·麦克卡德尔（Claire McCardell）、法国的玛德琳·薇欧奈和日本的川久保玲的作品被选中。策展的前提是这三位女性都被认为对国际时尚界做出了重大贡献。对川久保玲而言，能在其职业生涯的早期阶段就同两位历史传奇人物一同入选，本身就是极大的荣誉，也是对作为 20 世纪 80 年代尖端设计师的她所展现出来的潜力的认可。国际媒体也认识到川久保玲给西方时尚思想带来的冲击以及给业界带来的新方向，并在随后的 1988 年将她评为"年度最佳设计师"。川久保玲的品牌也（由此）不断扩大，包括 Comme des Garçons Hommes、Tricot（针织面料服装）、Robe de Chambre（朴素的家居服饰）等。到了 20 世纪 90 年代末，"多品牌"已经占领了时尚界。

与三宅一生非常相似，川久保玲也与数量众多的设计师、艺术家、摄影师等人合作。有趣的是，三宅一生和川久保玲都坚决地要将构成"艺术"的事物与构成"时装设计"的东西区分开来。虽然其他人或许并不赞同，但他俩都坚持认为时装并非艺术。事实上，川久保玲曾明确表示："我一直在讲，我不是艺术家。对我来说，时装设计是一门生意。"（Sims 2004：123）在日本，美学是日常生活中与生俱来的一部分，从他们的周围环境、食物、包装和服装中都可以看出这点。也许正是因为此，日本人看待艺术和艺术家的方式与西方人不同。根据苏西·门克斯的说法，川久保玲曾解释说：

> 你会将艺术品卖给人。时尚则是一个系列，它是一个更具社会性的现象。它也是具有更多个人化和个性化的东西，因为你要表达你的个性。它是一种主动参与（的事物）；艺术是被动的。(Menkes 1998：11)

抛开这种观点不谈，川久保玲最广为人知的一次合作是 1994 年她同美国后现代主义艺术家辛迪·舍曼（Cindy Sherman）的合作。川久保玲将自己每个系列的服装都寄给舍曼，让她随意使用。舍曼则为 Comme des Garçons 公司拍摄了一组非传统的照片，"这些照片以杂乱的人体模型和怪诞的人物为中心，迫使服装本身成为背景"（Glasscock 2003）。舍曼将川久保玲的服装放置在化装舞会的场景中，但这种对抗性的、戏剧性的图像无关衣服，而是关于行为艺术。舍曼向来以揭露大众媒体对女性的刻板印象而闻名。她对"时尚"摄影的批判与川久保玲对时装设计经营的方式不谋而合，而这种设计正是受到了当代艺术界价值观的强烈启发。川久保玲合作的范围还延伸到其他时装设计师和设计公司。这不仅符合她共同合作的观念，也是为公司建立坚实的经济基础所不可或缺的举动。川久保玲与许多公司合作，包括 Levi's、Speedo、Nike、Moncler、Lacoste、Cutler & Gross、Chrome Hearts、Hammerthor（一个衬衫系列）和 Louis Vuitton。1997 年，她与美国舞蹈编排巨匠默斯·康宁汉（Merce Cunningham）在纽约合作，创作了舞蹈表演《情景》(*Scenario*),其中音乐由小林武史(Takashi Kobayashi)编排,而布景和服装则出自川久保玲的设计。舞蹈的灵感来自川久保玲"囊肿"系列的服装,并未区分舞者的男女性别,因为这一点已不明显。

川久保玲的执行主义主导了她所有的系列展示。想要找她的创作潜在动机的线索,人们就必须深入到表面之下。川久保玲的作品反映出了日本关于艺术与设计的哲学和传统,她的作品采用了循环出现的主题。这是一种序列设计的方式,在这种形式下一个想法会从上一个想法发展而来,或是被重新诠释和扩充——这种做法有时在川久保玲的作品中制造出了一种自相矛盾感。一方面,衣服可以通过解构和重构而演变成崭新或不同的东西;而另一方面,它又能简单地以不同的方式被再阐释。川久保玲(Sims 2004∶122)解释说:

> 我们以燕尾服为例,我非常强烈地感受到了这种衣服的剪裁方式以及它已经被穿了几个世纪,但两者却从未发生改变的事实。它已经被穿了很久很久,穿起来很舒服。在这种带有历史形制的基础上,你可以做出一些全新的东西,同时又具有古老的真实性。我认为有品位的东西,就是你可以不断反复穿着,直到它成为你自己的一部分。当它成为你自己之时,你的风格感就会被表达出来。这就是为什么我一直对制服的概念感兴趣:因为它被反复穿着。这么一来,你的穿着方式就会成为你自己的一种宣言。

关键系列及其主题

能看到一场让你微笑的秀总是好的。

——迈克尔·罗伯茨[1]（Michael Roberts）

当人们回顾川久保玲十年来的系列时，很明显对其中反复出现的主题有着不同的理解。川久保玲模糊了服装和身体的界限；她的作品挑衅性地游走在政论的边缘；混合了女性和男性话语权的概念；试图通过刻意混合面料、拾得艺术品[2]和非典型材料来对抗时尚中的"品位"问题；探索人物"何谓前，何谓后"，以暗示时尚是一种构建我们可以隐藏于其中的化装的手段；同时也揭露了一种修辞（语言上的）问题，"我想向人们暗示不同的美学和价值观。我想质疑它们的存在"（Frankel 2001：158）。

这些主题在接下来按时间顺序列出的几场具体秀中得到突出展示。此外，川久保玲有意打破在巴黎时装周官方指定场地举行系列秀的惯例，这些指定场地展出的秀被她称为"就像马戏团一样"。随后，她将秀场转移到更庄重的地方。在 1997 春夏的"囊肿"系列中，她决定在没有 T 型台和音乐的情况下，在法国国家非洲和大洋洲艺术博物馆（Muséenational des Arts d'Afrique and d'Océanie）举办时装秀。如此一来，倍感震惊的观众就能只专注于那些展示的"新"廓形了。她的另

1　迈克尔·罗伯茨，《名利场》（*Vanity Fair*）杂志的时尚总监。

2　指西方现代艺术中一种用随手拾来的材料进行创作而得到的艺术品。

一场更具争议性的秀涉及恐怖主义这个政治问题。在巴黎举办 Comme des Garçons 2002 春季系列秀时，恰逢美国对阿富汗塔利班发动报复战争之时（2001 年 10 月）。对战争毫不知情的川久保玲在最后一刻，决定让模特"将头发披散下来，塞在贴身的帽子里。这些帽子看起来就像航空时代早期飞行员所戴的头盔，而且让人对它们都是用《世界报》（LeMonde）的头版制成的一览无余。这些装扮看上去就像是在发表一份政治声明。这暗示了特权阶层现在正为超出他们掌握的政治力量所控制。秀场结束后，Comme des Garçons 的总经理阿德里安·约菲（Adrian Joffe），也是川久保玲性格谨慎的丈夫，则强调"表演根本没有这种意思"（Bellafante 2001）。2003 年，川久保玲在自己的系列中再次重提反战观点，但她这次的系列被饰以幽默。一些服装采用了迷彩图案，暗示着战争的轰鸣声。衣服上纵横地写着质朴而有力的标语:"The majority is always wrong"（多数人总是错的），"Conformity is the language of Compromise"（顺从就是妥协的语言），以及"Long last the 1 Percent"[1%（少数）永恒]。

在 2004 年 3 月的巴黎丽都，川久保玲将羽毛用作裙上装饰，将其束在胸前，配上蝴蝶结和花朵组成的贴花，同从腰部垂下的西裤并置在一起，露出了男性十足的内裤，并且用拷花皮鞋配上蕾丝袜，以此挑战了男性／女性的话语权。同年，模特戴着乔治·华盛顿式的假发，在柴可夫斯基的音乐中展出她被命名为"褶边幻想"的服装系列。这些被称为"丑小鸭"的"天鹅湖"模特们，穿着芭蕾舞裙和用巨大的锁缝针脚缝制的塑形皮外套，搭配着自行车运动短裤或渔网裤。各种面料的混搭——从外套坚硬皮料到皱褶饰边的柔软——创造出一种性别悖论，这也是川久保玲的成名之处。

2005 年 10 月，川久保玲发布名为"英格兰的失落帝国"系列，其中杂糅典型和非典型的材料，而且在创作整个系列时，她没有做任何一件衣服的图案。连衣裙和外套都是由单一长度的英国米字旗图案的针织格子呢制成，而迷彩和波利尼西亚印花的面料则悬垂在身体周围。该系列常常将几种不同面料披挂在一起，还有由英国女帽设计师斯蒂芬·琼斯（Stephen Jones）用旧珠宝和汽车零部件设计出来，就像凑合在一起的冠冕。这中间又隐含着对传统服装构造方法论的批判，同样也是一种否认，是对高级时装中常见的精英主义面料的拒绝。在 2006 年的系列作品中，川久保玲抨击了自鸣得意和因循守旧。这场展览是在索邦神学院的一个房间里举行的（彩图 8）。模特们戴着特别的威尼斯狂欢节面具，掩饰了他们的身份。每套套装都由传统的绅士正装与浪漫的女性蓬蓬裙、褶边和紧身内衣拼接而成——隐藏其下的主题是"我们选择向世界展示我们自己及其内在之物"（Mower 2006b）。

2008 年 10 月，为了强调足球上升为国际流行文化的标志，川久保玲将六边形皮革制成的足球弄平，然后将其模压成肩垫、头盔和女士紧身胸衣的样子穿着。足球原本是流行于农民之中，后来成为（象征）工人阶级的游戏，因此当川久保玲将这些同贵族的粉黛假发和燕尾服结合在一起时，其中的不协调已无法让人忽略。同年，崇尚机车文化的川久保玲在 Comme 系列中展出了一件解构的机车夹克，看上去如同已炸成一块块的碎片，然后又像怪物弗兰肯[1]一样被人缝合了起来。在这个系列中，她使用了由英国厂商刘易斯皮革（Lewis Leathers）生产的最好的皮革，而且这种皮革也出现在渡边淳弥经典的机车夹克和靴子中（图3.4）。据伦敦布朗斯[2]（Browns）的买手介绍，2009年皮革服装成为他们最畅销的产品。就处于全球经济危机的边缘的形势而言，这个主题被许多巴黎设计师采用，委实令人不解。或许他们只是简单地在确认一个具有讽刺意味的事实：机车文化已被婴儿潮一代所接受，它不再有20世纪50年代那种肆无忌惮和反建制的烙印。

另一个被提出的理由是，它是最能体现"困难年代"的纺织品，是最为便宜、最为坚韧的材料，完美地迎合这个看起来是"服装降级"或"投资性穿着"[3]的时期。

相比之下，川久保玲在2009年3月推出的"嘈杂"（Cacophanie）系列是她最神秘的系列之一，有着用蔷薇花饰制成的女士连衣裤、在前面附带了泡泡纱芭蕾短舞裙的骑行运动短裤，以及穿着前面用泡沫材料制成并重叠起来的套装的纸质玩偶。看上去，川久保玲像在通过玩弄那些不太可能混合在一起的面料、色彩和图案，以及通过处理建立在平面、长方形袋子之上的形体来思索服装的不和谐与随机性。

无论是对记者还是对观众来说，这些系列所传递的信息常常都是令人困惑和难以解读的。川久保玲继续向迥然不同的（风格）方向发展，

---

1 此处原文为"Franken-stitched"，使用了西方文学中第一部科学幻想小说《科学怪人》中的典故。在该故事中，科学家弗兰肯斯坦用取自多具尸体的许多部位缝合成一个人造怪物，原作中没有提到怪物之名，但后人多以科学家之名称其为"弗兰肯"或"弗兰肯斯坦"。

2 一家创办于20世纪70年代的伦敦时尚精品店。

3 原文为"investmentdressing"，指在经济不景气时代，人们会减少在服装上的开支，只购买数件较耐久的服装的行为。

图 3.4

渡边淳弥，皮夹克和拉链长裤，2007 秋冬男士系列。
摄影：Chris Moore/Catwalking/ 盖蒂图片社。

3　川久保玲与 Comme des Garçons

在 2009 年 10 月她的系列展中，模特们行进的背景音乐从古典乐切换为嘈杂的噪音。当时尚评论人以为这可能是川久保玲对现代疯狂生活方式的评论时，他们又看到模特的服装将过去时尚的外观拼贴在一起，并融入了川久保玲的标志性面料——细条纹羊毛和涤纶格子呢——或许这正是对她四十年时装生涯的一种回顾。

2010 年，当川久保玲再度推出她的新版 1997 春夏"囊肿"系列时，许多来自纽约、伦敦和巴黎的记者都惊呆了。有趣的是，对于年轻的评论者来说，新版"囊肿"系列的造型很是新颖、刺激，但剩下的老资格评论员们对此却有些恼火。这些服装被他们描述成：被填充物盘绕在身体周围，像云一样裙子在接缝处爆出了填充枕头的绒毛，或是被解构的女裙后部衬垫和肿胀的细条纹宛如"恶心"的瘤子（彩图 9）。含糊其词的川久保玲本人对媒体只喃喃自语地说了一句"内在装饰"。特大号的附加物被缝制在肩部、胸围和手臂上，裙子的两边臀部都配备了撑裙，主要采用炭色精纺毛料、灰色细条纹或红色格子布等男性西装面料，还有两种不同的格子图案。英国《电讯报》（*The Daily Telegraph* 2010）的希拉里·亚历山大（Hilary Alexander）评论说："衣服做得很漂亮，但设计得如此奇特，就像《爱丽丝梦游仙境》中所说的那样'越来越离奇'[1]，（它们出自）一个对缩小和放大颇有心得的女孩。"

---

1 原文为"curiouser and curiouser"，该句在现代英语中已经成为一句成语。

为新而新

我不想仅仅做成另一个时尚品牌。我想做出一个新的宣言。

——川久保玲

哲学家鹫田清一[1]认为，川久保玲"通过不断地更新'现在'，直面时尚的逻辑；换言之，通过加速时尚的变化，或在'现在'被盗用之前制造出'现在'。她的动作比时尚更快……她的自我更新是如此之快，以至于没有人能够跟得上"（Yamamoto 2002 : n.pag.）。

为了强调她的设计哲学，川久保玲在 20 世纪 90 年代末特意在其主要店面的入口处竖起了大型户外展板，上面写道：

既不是以前见过的，也不是重复过的，而是展望未来的新发现

作为一位年轻且满怀理想主义的设计师，川久保玲决心制定指导方针，这也成为她的特点（之一），而且还激励了许多其他设计师：

从一开始，这就不只是做衣服的事情……我想设计一家能表达我内心价值观的公司，因为我想独立自主，摆脱任何投资者（Kawakub 1969）。

---

1 日文为"鹫田清一（わしだ·きよかず）"，曾在关西大学和大阪大学担任教授，现已退休。

> 川久保玲终生憎恨各个领域的保守主义，这种憎恨（的态度）让
> 她将"跨国公司，以及社会的运作方式及只由金钱驱动的方式"看成
> 是一种罪恶。(Mower 2006b：660)

川久保玲完全致力于一种整体设计过程。她相信，店铺室内设计、广告和平面设计都是单一愿景中的一部分，相互密不可分。1988 年，她出版了自己的两本半年刊杂志 *Six*（代表第六感），作为她早期作品画册的替代品。这两本杂志主题都是她在日本艺术和文学中找到的、激发她灵感的图片。她这两本前沿杂志以摄影随笔为载体，（讲述她如何）将意识流、超现实主义和异国情调的景象以及禅宗的影响融入作品中，使作品充满了"他者"之感。表现形式方面，无论是在摄影画册中还是在走秀台上，她都是第一个使用非专业模特、艺术界人士和电影名人的设计师。有趣的是，美国版 *Vogue* 的安娜·温特（Anna Wintour）是第一个利用这种新营销方向的编辑，而且她迅速将焦点转移到名人而非模特的形象之上，特别是在杂志封面设计方面。由于温特是目前时尚界最有权势的人之一，（因此）其他时尚杂志也都纷纷效仿此做法。

川久保玲以"用三种色调的黑工作"的言论而闻名。这句格言对世界各地的时尚界都带来冲击。黑色成为那个年代（十年）的标志色，并被所有其他设计师复制（见第二章），这使得川久保玲在 1998 年宣布，"红色是新的黑色"，她还说，"黑色已不再强烈，并且变得更难以应用"（Frankel 2001：160）。如果是由其他设计师说出来，这番话不会引起任何人在意，但当它出自川久保玲之口时，那就意味着潮流已经转变。至少，对川久保玲自己来说，她已经结束了与山本耀司之间（在设计上）

的联系。可以说，此宣言意义重大，因为它象征着川久保玲的设计进入了下一个发展阶段。她摆脱了最初在作品中实现的，围绕单色视觉效果的阶段。

川久保玲与其他视觉艺术从业者和时尚公司的持续合作，确保了她的服装设计得到不断发展，并为未来的设计捍卫了新的理念和方向。"有时令人感到不安，有时充满挑衅，总是充满挑战"，这概括了她三十年来的设计哲学。她为某快时尚品牌设计了一个由 30 件以黑色和灰色为主的作品组成的系列，并在 2008 年 11 月发布。（该系列）强化了消费者购买行为的转变，预示着零售业的新纪元的来临。它迫使奢侈品在廉价的快时尚品牌商店里全年有售，而不仅仅是附属于那些半年举行一次的发布会。此类商店强调新颖、消遣和店内体验。2009 年 12 月，川久保玲为芭比娃娃设计了一个"铃铛花"（Jingle Flower）系列，作为限量版系列在伦敦的 Dover Street Market[1] 以 225 英镑的价格出售。为了庆祝入行四十年（她在 1969 年创立了自己的品牌），她推出了一个名为"Black"的游击式的（见"品牌游击店"）临时品牌，计划在世界各地的十家快闪店（先是东京，然后是巴黎）销售。这就是其主人的风格、创造性和原创性的缩影。她还与日本版 *Vogue* 合作，在巴黎的科莱特（Colette）时尚精品店举办了她个人的作品展。

2010 年，川久保玲与 Speedo 合作，推出了一系列以标志性心形标为特色的男式尼龙黑色拳击裤和短裤。川久保玲也总是在寻找新的

---

1 简称"DSM"，是川久保玲在 2003 年创立的时尚买手店，以"时装市集"的概念而闻名，每个品牌都有一个属于自己的空间，彼此之间相互独立但并不隔绝，每半年就会进行一次更新，以确保店铺的新鲜感和时尚感，目前在伦敦、纽约、新加坡、北京和洛杉矶都开有门店。

人才（合作）。她与美国概念艺术家斯蒂芬·沙纳布鲁克（Stephen Shanabrook）合作，让其为自己 2010 年 2 月系列制作广告。沙纳布鲁克的作品多涉及成瘾的主题，他创作了一组名为"纸的外科手术"的女性肖像系列，图中的女性照片被揉皱，使其面部产生一种心理和生理两方面的扭曲效果。川久保玲则利用这些图像在主要时尚杂志上宣传她的 Comme Shirts 系列。这些作品与她自己的哲学相辅相成，将解构的设计与一种幽默感结合在一起。

建筑这桩事儿

> 我所做的每件事或是为 Comme des Garçon 所做之事都是一样的。它们都是以不同的方式来表达共同价值观，从一个系列到一家博物馆、一家商店甚至是一款香水（都是如此）。
>
> ——川久保玲

就像三宅一生一样，川久保玲的设计也从建筑借鉴。她相信建筑与衣服的结构有许多共同之处。川久保玲对勒·柯布西耶（Le Corbusier）和安藤忠雄[1]（Tadao Ondo）非常尊重，表露出对建筑施工方法某种程度上的纯粹主义的钦佩，她在（自己的）服装结构和制作中也使用了该技术。她的服装往往在概念上就像是建筑学，完全就是一种空间构造，并且在服装制图中也具有明确的抽象性。和服的传统是生活就在结构之中。

1　勒·柯布西耶，20 世纪最重要的建筑师之一，被称为"功能主义之父"。安藤忠雄（あんどう ただお），日本著名建筑师。

正如她的服装设计是以简素为基础一样，川久保玲的店铺以白色和极简的内部装修为特色。公司的零售品牌折扣店由川久保玲本人和室内设计师河崎隆雄（Kawasaki Takao）合作设计。可以说，川久保玲不仅"解构"了风格、主题和技术，她还通过主动参与店铺内外部的设计，解构了公认的营销策略。这种稀疏、极简主义、怪异的主题成为她的精品店的卖点，其中有着裂开的水泥地面、由工业化的货架组成的家具、展示折叠商品的仓储桌，以及用于储存的旧冰箱。

未来系统

通过与一家叫作"未来系统"（Future Systems）的建筑公司合作，川久保玲打造了三个建筑项目。1998 年，川久保玲在纽约市切尔西区开了一家大胆的、具有太空时代和未来主义风格的商店。她在以前的肉类加工区选择了一栋 19 世纪的建筑，保留了所有现存的标示和建筑外的工业消防通道。穿过中央砖砌的入口拱门，人们会发现一个完全由铝制成的不对称管状入口，表面同时使用机械和手工方式锻造加工而成。当最后抵达了巧妙隐藏在其中的门口时，顾客们可以"发现"商店的不同侧面，享受个性化的购物体验。次年，川久保玲再次与未来系统合作设计了一座独特的建筑，其成了 Comme des Garçon 在东京时尚街区南青山区的地标建筑（图 3.5）。这栋建筑最出彩的设计就是其宽 30 米的街道玻璃墙，这面圆弧形的玻璃墙上印满了半透明的蓝色斑点。从外部看，这面玻璃墙营造出一种像素化的效果，顾客犹如在一面巨大的电视屏幕中移动，宛如剧中的演员一般。让人倍感巧妙的是，这种视觉效果

图 3.5

采用了像素化玻璃 Comme des Garçons 建筑，表参道，东京，2010 年。摄影：Troy Hansen。

充满了自我反思的味道，同时还与媒体广告一起，不仅强化了大众市场的消费主义，而且其本身也与一种现实的概念相呼应。这种打造新实验性空间的合作的第三阶段是在巴黎一家香水店实现的。在巴黎，川久保玲他们为一堵历史悠久、老旧的外墙覆盖一层淡粉色的玻璃外壳，并且设立了滑动入口，为川久保玲的"何谓前，何谓后"的概念提供了另一个视觉隐喻。

品牌游击店

《纽约时报》的时尚记者盖伊·特雷贝（Guy Trebay 2004）曾写

到，川久保玲在零售概念方面的终极创新是开设了名为"游击店"的零售空间，其问世于德国。这是一种基于短暂分销的模式，商品的上架期有限——即便能产生利润，其销售业务也只能维持很短时间，也许是一年，然后商品就会下架并转移到其他地方售卖。川久保玲的香水系列也秉持类似的理念，它们都是"轻装上阵，不求长久"，而且都是限量发行版。2004 年，川久保玲第一家店在柏林的一家昔日的书店开业（店名得以保留），另一家店则在赫尔辛基的一家开业于 20 世纪 50 年代的药房开张，这两家店都得以保持原样，免受建筑师和设计师的毁损。在其他地方如巴塞罗那、新加坡、斯德哥尔摩、卢布尔雅那和华沙等地，川久保玲的店则是在城市中"时髦"但被边缘化的地区自发出现的。盖伊·特雷贝（Guy Trebay 2004）提到，尼古拉斯·布里亚乌德（Nicolas Bourriaud），"这位聪明的理论家、东京宫[1]（Palais de Tokyo）当代艺术博物馆的馆长，以鞭挞文化作品理念为己任，也认为文化产品是有内在期限的。"特雷贝提到川久保玲和高桥盾的时尚设计时，将这一概念语境化，他说："日本人对这一概念的理解是如此根深蒂固，以至于已经将其融入（他们的）语言中。当然，此间哲学是日本特有的侘寂（Wabi Sabi）——可以非常宽泛地将其译为颂扬衰亡之美——概念，这是日本美学的基本要素。"从更广泛的角度来看，特雷贝所评论的正是"当今消费者的善变性"和"市场淘汰是如何演变的"。

按川久保玲的丈夫、Comme des Garçons 日本海外区总经理阿德里安·约菲的说法，这些廉价的"快闪店"（Pop-up）店面的标准是，店

1　东京宫是位于法国首都巴黎第十六区的一座博物馆，展品以现代艺术品为主，2002 年 1 月开馆。建筑物的名称来自附近一条曾名为"东京大街"（法语"Avenue de Tokio"）的街道。

址必须是历史性的、有特色的，并且要远离任何成熟的商业区。这些品牌游击店"就像一直在为自由而战的游击队一样，在前进时不断改变策略"（Vesilind 2008）。虽然这种非永久的商业范式的新颖之处同20世纪60年代的纸质服装[1]吻合，但同时也是一种非常有利可图的营销策略。这种"临时性零售"能让企业在开拓新市场的同时远离中心高概念[2]庞然大物的旗舰店，租金更加便宜，节省了广告费用，只需在世界各地放置600张海报，所有信息通过口碑相传。这种营销方式还提供了一个折扣店渠道，让前卫服装从T型台和回收商品中解放出来，而这就其本身而言，就是一种降低库存成本的方式。店铺也已被重新归类为"空间"，这种实验性的销售方式也更多地与直销趋势一致。从某种程度上来说，这违背了Comme商标概念的最初逻辑，即衣服背后的理念而非衣服本身才是重点。就游击营销而言，"购物行为"和实际便宜的价格商品才是核心焦点。

对消费者来说，试图找到"品牌游击店"的隐藏位置就跟寻宝差不多，这也使得购物成为一种"活动"。这个主意很快就被其他零售商采用，包括Fila、塔吉特百货（Target）和Hanes。比如，2003年9月至10月，塔吉特百货仅用了6周时间就在纽约洛克菲勒中心为艾萨克·麦兹拉西（Isaac Mizrahi）开了一家店，并且受此成功案例的启发，（他们也在）停靠在城市码头的船上销售商品。哈佛商学院的教授南希·科恩（Nancy

---

1 纸质服装，即用一次性纤维素织物制成的服装，为20世纪60年代美国昙花一现的时尚新奇用品。

2 原文为High-concept，源自美国电影业20世纪70年代中期开始的电影生产与发行运作方式，指通过大型的预算、鲜明清晰的剧情结构、不断宣传以及众多周边商品的推动，来造就票房的电影生产策略，也被意译为"高调推销"。

Koehn）认为："对于消费者来说，易接近环境已经真正被重新定义了……这是未来的浪潮。性价比最高的深入消费者的方式之一，就是通过他们的朋友口口相传。"（Horyn 2004）

直到 2008 年，Comme des Garçons 才在美国开设了第一家品牌游击店。这家店位于洛杉矶市中心一栋有 100 年历史的老建筑里，只有一间房间，四面墙都铺满有裂纹的白色瓷砖，看起来就像是纽约市地铁卫生间和铺满软垫的牢房的结合体。穿过横梁的工业管道充当了衣物架子。同年，川久保玲在东京开设了 Comme des Garçons II 店。这是一家经过翻新的精品店，它热情洋溢，注重运动和互动。Louis Vuitton 和 Comme des Garçons 合作时，曾在这个在时尚的青山开设的临时空间里运营了三个月。在典型质朴的、极简风的室内，有的是灰色的水泥地板和裸露的金属楼梯，LV 的手袋就被挂在墙上的盒子中，上面印着金色的 LV 标志。川久保玲想的是"重现三十年前 LV 首次登陆日本时，她作为一个刚崭露头角的设计师见证此情此景的感受"（Kaiser 2008：3）。

Dover Street Market

就在"游击空间"出现前后，2004 年，Dover Street Market 出现在伦敦梅菲尔区中心位置邦德街旁一栋旧办公楼的六楼。川久保玲邀请了阿瑟丁·阿拉亚、安妮·瓦莱丽·哈什[1]（Anne Valerie Hash）、洛杉矶的"复古年代"、从斯托克纽因顿（Stoke Newington）发掘的 Universal

---

1　原文为"Anne-Valerie Hache"。

Utility、艾迪·斯理曼（Hedi Slimane）家具以及地下品牌 Undercover
（高桥盾主理）[1] 在此开店销售他们的独家一次性单品，这些单品被安置在
迷你精品店中，而这些店则像是在混沌的大市场中。设计师们可以随心
所欲地设计自己的创意空间。川久保玲还聘请了戏剧和电影设计师对该
建筑的不同部分进行设计，而他们则打造川久保玲的"毕加索与莎士比
亚"场景。市场每年会两次重新授予特许经营权并且改造空间，因此不
同的零售商每半年就会去更换，（这就）增加了这里零售现象的活力和
自发性。比如在 2010 年 7 月，YSL[时任首席设计师斯特凡诺·皮拉蒂
（Stefano Pilati）] 和一家鞋包公司搬进了三楼的空间。在这个由布景
设计师安迪·希尔曼（Andy Hillman）打造的空间里，Fendi、Maloles
和 Delvaux 等奢侈品牌的鞋被摆放在烧焦的木制钢琴上，矗立在烧焦的
镶木地板上的仿旧玻璃柜中。这些主题的灵感来自被烧毁的舞厅。川久
保玲解释说："这是一场冒险之旅。但这都是需要做出些新东西的一部
分……我觉得如果有一瞬间我能完全满足的话……那我就会担心无法进
行下一次创作。我总是需要有这种渴望感。只要我还能将手头之事继续
做下去，我就觉得必须继续努力。"（Sims 2004：121）

　　与传统的企业经营方式截然相反，"市中心遇见郊区"式的购物
已经成为 Dover Street Market 极具影响力的生活方式体验。Dover
Street Market 的构想部分来自 20 世纪 70 年代全盛时期的肯辛顿市场
（Kensington Market）。这个位于伦敦的市场现已不存，但作为其继承
改良版的 Dover Street Market 则成为川久保玲零售皇冠上的一颗明珠，

1　Universal Utility 为卡琳·达芙妮·曼斯菲尔德所创的慢时尚品牌，品牌通信地址位于
伦敦斯托克纽因顿区。"复古年代"（Decades Vintage）为一家著名的复古时尚服装店。

她说:"这是一个美丽混乱的整体氛围同里面的商品一样重要的市场。"
（Croft 2008）每当旅行时，川久保玲总喜欢去当地的市场参观，她发
现那里充满了让人兴奋的活力。这也是她对 Dover Street Market 的愿景。

香水：另一个帝国

（其香水的）理念是为了表现一种没有人认识的气味。

——川久保玲

川久保玲不仅将品牌游击店的概念引入国际时尚界，她还同样主动
地将基于短暂辉煌之上的转瞬即逝之观念[1]运用到香水的生产中。她的
反香水系列在香味上并不打算留香很久，且这些香水都是以限量版系列
发行的。川久保玲的香水中有着诸如纤维素、桃花心木和冻果露等奇
特气味，它们不易被认定为传统香水，但却能让人识别出这个品牌。自
1993 年，Comme des Garçons 打破传统地在丽兹酒店一个被黄色液体
袋包围的游泳池中发布淡香水以来，他们的香水一直在稳步发展。从 20
世纪 90 年代起，Comme des Garçons 每年都会推出一款新香水。1994
年，Comme des Garçons 推出了一系列名为"系列"的中性香水，随
后推出了更为男性化的"编号"香水系列，香味包括皮革、热灯泡上
的灰尘和墨水。香水创意总监克里斯汀·奥斯特古威莱奥（Christian

---

1 此处所言即前文提到的日本美学中的"侘寂"概念。该概念从佛教三法印派生出来，具
有浓厚的佛教背景，内涵丰富。此处所言是侘寂强调的世事无常，因此对刹那辉煌崇拜、欣赏、
感叹和赞赏有加的一面，如日本人重视盛开华丽、但花期短暂而迅速凋零的樱花，为典型
的侘寂美学反映。

3 川久保玲与 Comme des Garçons

Astuguevieille) 广泛地实验了各种非主流香水，并在 1998 年推出了名为 "Odeur 53" 的原创反香水。该香水有指甲油和烧焦橡胶的味道，由 53 种非传统的香味组合而成。川久保玲不仅用非同寻常的气味来制造香水，还赋予它们诗意抽象的名字，如 "叶" "红" "秘" "古龙水"。每款香水都采用符合产品形象的独立设计包装。

2002 年，阿德里安·约菲与欧洲最具洞察力的香水集团之一普伊格（Puig）签订协议，展现了他在这一领域的企业管理能力。他意识到在这一领域中小众市场的需求越来越大。在整个 2000 年，香水不断变化，出现了取自非洲美食中辛辣成分的哈里萨（Harissa），带有皮革、煤油和塑料气息的车库（Garage），以及由杏仁、红糖和没药制成的年糕（Sticky Cake）。"合成系列 6：焦油"（Series 6 Synthetic：Tar）是一种基于煤气、沥青和烤香烟的城市味道；"系列 8：回归本源"（Series 8：Going Back to Basics）是三种变化的柑橘香味——葡萄柚、柠檬和青柠；2008 年推出的香水 888，则包含了胡椒木、芫荽、琥珀和天竺葵精华萃取的香味。在过去的几年里，约菲与包括斯蒂芬·琼斯（Stephen Jones）在内的其他设计师合作，创造出 Comme 旗下的一系列香水，为 Comme des Garçons 打造出了一个香水帝国。就像 Dover Street Market 一样，Comme des Garçons 的香水项目也是专属品牌时代的异类，它通过将单个设计师组织管理起来，并向他们支付版税，必将打破现有的香水商业模式。

总而言之，川久保玲做了四十多年的衣服，激进地、不顾一切地表达自己（彩图 10）。她曾获得日本、欧洲、美国等地的众多设计和商业奖项，同时也获得了不少学术荣誉：她拥有伦敦皇家艺术学院的荣誉博士学位，是哈佛大学设计学院年度卓越设计奖的第三位获得者。她直接培养了如今已成为世界知名设计师的渡边淳弥、以"Tao"为品牌的新锐设计师栗原道，还有最近正在设计青年品牌"Ganryu"的丸龙文人。她间接为包括以 Undercover 声名鹊起的高桥盾在内的许多人提供了指导。在国际时尚业界，与任何一位当代设计师相比，她都打破了更多的规则，粉碎了更多的惯例，突出了更多的问题，引领着 21 世纪时尚前进的方向。并且，她从不退缩。

[1] 本章的部分内容分别经悉尼 Powerhouse 博物馆和 Berg 出版社许可，从我的另外两部作品中转载。(English 2005b) 和（English 2007：117-35)。

[2] 有关川久保玲和山本耀司的巴黎首秀的新闻稿摘要，见 P. Golbin, *Constat d'état ou fl ashback sur le paysage de la mode parisienne*, in *M-P Foissy Aufrère* (ed.), *XXlèmeCiel：Mode in Japan*（*Nice：Musée des Arts Asiatiques*），2003：29-35。

[3] 著名的女权主义艺术家包括芭芭拉·克鲁格、辛迪·舍曼、森万里子和游击队女孩等。

4 后浪设计师
The Next Wave of Designers

> 世界上没有任何一个国家像日本这样深刻地以创新来定
> 义文化。
>
> ——邦尼·英格利希（Bonnie English）

那些年轻的设计师们，作为时尚界领军大师的学徒，在他们指导下，花费多年磨砺自己的技艺。在日本，这被称为"遠慮"（enryo）——通过全心全意为团体服务来实现克服最高的无我状态。对西方人来说，这是难以理解的，被视为一种后天习得的谦逊。同西方文化相比，日本人具有高度的集体主义或者说群体性。宫永爱子认为，日本是一个极具特色的社会，而这种特色中重要的一部分就是具有很强的团队忠诚度和合作能力。虽然这种倾向看起来在我们这个现代化世界中正在发生改变，但这些特点依然被公认为师徒传承现象的重要组成部分。宫永爱子补充说：

每个群体都发展出了自己独一无二的特性，其中的价值观念不为外人所理解。通过对群体文化的顺从，其成员就成为整个群体中不可或缺且同质的一部分。群体的凝聚力是如此强势，以至于那些要脱离的成员不仅被贴上不忠诚的标签，更被视为叛逃者。(1991：15)

尽管在最近的工作结构中的流动性变得越来越大，师徒传承概念在日本企业，特别是时装业界的长期雇用的环境下还是发挥了极大优势。据大师三宅一生估计，他的门徒在准备好向全世界发表自己的设计系列前，至少需要度过 8 年的学徒期："在过去 25 年里，我努力为大家带来的众多作品中，最让我感到骄傲的莫过于那些从我的工作室中独立出来的年轻人才。"这句三宅一生经常引用的话，凸显了日本时装设计大师在指导培养新秀和创新人才一事中，对自己扮演角色的自豪感。

日本的时装设计师承担着指导新秀和创新人才的责任。他们以身作则，与纺织设计师的合作非常密切。他们会一起考虑纤维和面料发展的新进展，而且日本时装设计师会将使用（何种）纺织品作为（创作）新系列的起点。（以此方式，）三宅一生为年轻的设计师树立了标准，他"始终保持对他所用材料整体性的尊重"（Brunhammer 1993：90）。作为一个完美主义者，三宅一生亲自处理每一个设计阶段：从最初的纺织品构思到（服装）生产、展示和营销（English 1997a）。例如，20 世纪 80 年代初，设计公司"风"（Design House Kaze）、时装设计师森英惠（Mori Hanae）、三宅一生以及纺织设计师皆川魔鬼子（Minagawa Makiko）之间开始了共生式的合作。其他传奇人物包括须藤玲子（Reiko Sudo）和新井淳一（Junichi Arai），他们自 20 世纪 70 年代以来一直在研究创新纺织品；他们还创立了 Nuno 公司，从而为日本时装业的繁荣提供了支撑。

本章将讨论一些曾在三宅一生、山本耀司和川久保玲的时尚工作室中当过学徒的设计师的贡献和创新。他们包括三宅设计工作室的泷泽直己和藤原大，Comme des Garçons 的渡边淳弥和栗原道，以及独立设计师高桥盾。

泷泽直己

2006 年 10 月在巴黎，泷泽直己做了他在三宅一生旗下的最后一次时装秀，获得了全场观众起立鼓掌。这也标志着他在三宅一生的资助下，正式出道推出了自己的品牌。自 1982 年起，泷泽直己就在三宅设计工作室工作，三宅一生则对泷泽直己进行时装设计和表演艺术方面的培训。泷泽直己将不同的新材料混合以找出意想不到的布料形态，由此积攒了名气。他用严谨的方法试验了太空时代的材料——有些材料是由美国国家航空航天局科学家开发的——将其与天然纤维相结合。泷泽直己制作出符合三宅一生的功能性设计哲学的服装，使他得以持续研发公司的"一生褶"系列。1993 年，他全权负责打理三宅一生旗下的男装，品牌也因此更名为"Issey Miyake Men by Naoki Takizawa"（三宅一生男装，泷泽直己监制）。1999 年，泷泽直己成为三宅一生品牌的首席设计师，从三宅一生那里出师后，他专注于与藤原大合作打造 A-POC 系列。1997 年，三宅一生从首席设计师位置退休，泷泽直己则继承了恩师的衣钵，负责三宅一生的国际女装和男装产品线设计，并获得了"每日时尚大奖"（Mainichi Fashion Grandprix），以表彰他成为日本顶尖的时装设计师之一。而此奖项正是由日本主流日报之一的《每日新闻》每年授予在该领域内有杰出表现的时尚专业人士的。

2007春季系列是泷泽直己在三宅一生的最后一个系列，泷泽直己强调了他的核心主题——转换。衣服被解开、取消纽结、拆开裹缠，呈现出完全不同的事物。迷你连衫围裙变成了拖地便袍，短小的细肩带服变成了泳装罩衫，裹裙变成了下摆不对称的鸡尾酒裙。该系列名为"沙漠玫瑰"，并且以精良剪裁的长裤和外套为主题，采用提花织造的玫瑰印花牛仔布，配有金属纱并经过化学清洗。玫瑰花的主题由激光刻版，然后刺绣在面料上，而让紧身胸衣本身就呈现出花卉的外形。同样地，他2007秋冬系列是以叶子状的羽毛点为边缘的多层裙装为特色（彩图11）。就整体而言，这些服装就像在向面料的创新、制作和处理方式致敬，而这也正是泷泽直己和三宅设计工作室最为拿手的领域。

就像三宅一生一样，泷泽直己的系列也是有着凝聚力、有周到的考虑并且发展成熟的。早在20世纪90年代，他尝试着探索纺织品的固有性能到底能在多大程度上创造性别差异。在他1996年的系列中，泷泽直己让男士穿上类似精纺印花布的无衬里棉质外套，黄油色的钩针编织毛衣配上了剪裁得像运动绒裤一样热加工起褶的长裤——打造出了一种崇尚休闲、女性柔美的中国风工服套装。同年，他实验了新的成衣方法，利用电脑控制缩水的方式将制成的衣服缩到一定尺寸，创造出了新的外形和表面纹理。通过这种方法，绉条纹薄织面料紧贴在身体之上，就如同一件形状美观的外套，而领带也缩得就像条附着装饰用的绳子。一些法兰克福芭蕾舞团的成员被邀请来充当模特。这些舞蹈演员穿上覆有单丝斜纹布双向弹力面料制成的格子花纹的外套和裤子，能充分展现出面料与生俱来的弹性和运动能力，让他们在走秀台上展现了服装前所未有的通用性。绗缝外套的闪光表明在领口下似乎包裹着金属，或是由在银色涂层下闪闪发光的佩斯利花纹制成，这些设计强化了泷泽直己面料创新的个人标记。在泷泽直己的许多系列秀中，银色的运用占据了主导地位，模特戴上了银色的、类似昆虫触角一样的天线，穿上银色的鞋子和系带靴，穿上银丝制成的面料，其中有些面料表面还有着月球表面的全息图。他对昆虫世界的迷恋以及对自然的热爱，成为他在巴黎卡地亚当代艺术基金会举办的"森林之魂"展秀的灵感来源，而这场视觉盛宴也将时尚提升到了一种全球思维的新高度。

在 2001 春夏系列中，泷泽直己摒弃了传统的圆形下摆，而是设计出了一种方形下摆的全身长裙。他在裙摆上插入了方形的、可充气的管子，使其呈现出结构化的方形外观。苏西·门克斯在《国际先驱论坛报》[1]介绍 2002 年 3 月女装系列的特点时写道：

> 有些设计可谓非凡，比如那套未来一族的树皮状皮革裤套装；其他设计则证明了泷泽直己作为色彩大师的技巧，他用淡紫色和绿色制造出了全息图的效果。当下的服装理念诠释了他的设计方式：面料的拼贴；连衣裙被套在裤子外，裤子在脚踝处的拉链显露出银色的鞋子；燕尾服被反了过来，使得裸着的后背从围裙的正前面露了出来；而最后用一件镀金粗花呢外套迎来了精致的金光闪闪的尾声。

1　被《纽约时报》收购后改名为《国际纽约时报》。

（2002a）

在同年的男装系列中，泷泽直己对三个不同部落的男人进行了有趣的概念性比较——一个生活在冰天雪地的北方，一个生活在气候温和的地方，另外一个生活在烈日下。模特们通过肢体语言来诠释他们对穿着的感受，秀场上的气氛逐渐上升到高潮，充满了动感和活力。服装的视觉展示逐渐从沉闷的灰色过渡到绚丽的图案和明媚阳光的色调，同时（形式）也从分层突变为暴露。

对"变色龙"变化过程的智能化模拟，就是泷泽直己 2003 春夏系列的核心，在该场展示中，他玩弄了观众对色彩、形状和形式的感知。苏珊妮·李（Suzanne Lee）是这样提到演出效果的："当从远处看时，他精致的、掩饰了服装细节和配件精致的花卉图案样式，会让人眼睛为之迷惑。"（2005：89）在此系列中，泷泽直己使用了一种被称为"蓝屏"（bluescreening）的技术，即在面料上映射出数字化图像，当模特站在类似的影像前时，人们会产生模特消失了的错觉。这种效果类似于蓝蝴蝶鱼的隐身技术，它有类似镜子的鳞片，当阳光照射在它的表皮上时，它就会消失。（Rivers 1999：59）这个概念曾启发了欧洲的缝衣工人，早年间他们把鱼鳞作为亮片使用。20 世纪 60 年代末，著名模特范若施卡·冯·兰朵夫（Veruschka von Lehndorff）就因拍摄了使用这种技术的照片而闻名。

多年来同三宅一生的紧密合作的经历，使泷泽直己重视时尚与艺术的融合可能。2007 年，泷泽直己男装系列的特色，就是在西装外套、大衣和长裤上印上各种各样的大型图形化数字，强调垂直、水平和对角线的变化。这些服装成为一种行走的广告牌，暗示了现代社会是如何被数字化的一切所吞噬的（图 4.1）。当然，三宅一生与摄影师、艺术家、舞蹈家、电影制作人和建筑师都有合作。这也影响了泷泽直己，在讨论到当代艺术在三宅一生国际有限公司中所起作用时，泷泽直己如是说道：

> 艺术是一种灵感，让我们能创造出打动人的新方式，让两种不同的视角和想法汇聚成一个新的想法。与村上隆的合作就是一个非常有机的发展。鼓励作为艺术家的我们增进对彼此工作的相互理解。不是回顾创作，将其看成是商业理念，而是把它看成是思想的养料。(In Kaplan 2004)。

流行艺术家村上隆表示，他看到了泷泽直己的"压扁"系列（1999年），在这个系列中，平面设计成为"压成扁平"概念的一部分，与他自己的"超级平"（Superflat）概念之间有着相似的联系。2000 年，他们合作推出了 Kaikai Kiki 系列。泷泽直己解释了为什么他的男装产品线会成为两人合作的基础。

> 在男装的基本款式和形状上更容易表达他的作品……日本人觉得美应该是内敛的，而不值得拿出来炫耀，所以我想通过在衬里上进行艺术创作，借以传达这种理念。(In Kaplan 2004)

这种方式顺应了古代日本农民会在寒冷的季节用手绘纸做成穿着物

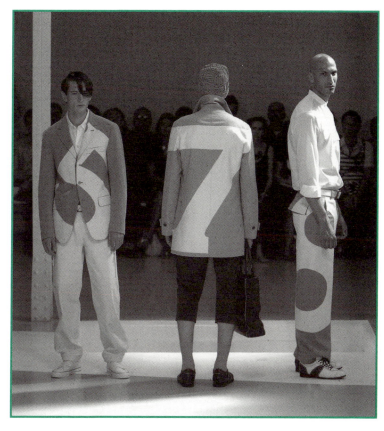

图 4.1

泷泽直己为三宅一生设计的男装，模特身穿标记了"5""7""8"号的驼色
夹克和长裤，2007 春夏，巴黎男装展。摄影：Catwalking/ 盖蒂图片社。

的衬里来保暖的做法。门克斯强调了这种联系。她表示，在 2006 年的
系列中，泷泽直己"在衬里使用了受漫画启发的图像，沿用了传统的日
本美学，就像那些能在和服衬里看到的一样"（2006a）。泷泽直己经常
将新旧元素结合在一起，当他将一系列类似折纸艺术的褶皱运用到男士
西装和大衣上时，这点就更加清晰了。"看到这种创新的应用，就等于看

到一个工作中的设计天才。"（White 1999）

　　与他的导师一样，泷泽直己也和其他著名视觉艺术从业者展开了有效的合作，在他 2004 秋冬系列"月球之旅"（Journey to the Moon）中，他融入了日本艺术家高野绫[1] 所带来的流行文化形象。在该系列中，独特的日本动画人物出现在淡蓝色和粉红色的未来主义风景中，表达出了一种古怪的街头风格意象。泷泽直己还与艺术家平野杰合作，首次推出了限量版的褶皱丝绸 T 恤系列。此外，泷泽直己受高科技的运动鞋造型和制造技术启发，尝试使用多色的热塑性网布根据身体的形态进行模压，基于此技术他也为鞋业巨头匡威国际设计了 2003 年的 All Star 系列。他设计的运动鞋鞋帮向腿部延伸，系上鞋带后看上去更像是靴子。其他设计师，譬如山本耀司，在研发部分 Y-3 运动系列（与阿迪达斯合作）时，采用高科技面料的外观酷炫、穿着舒适的胶底帆布鞋，而约翰·瓦维托斯（John Varvatos）则对匡威的经典运动鞋进行了小修补。泷泽直己设计的作品则是继承了三宅设计工作室的运动、活力和图案色彩丰富的传统，纵然不太具有实验性，但他的月球漫步设定和登陆月球的设计却面向未来。作为对安德烈·库雷热（André Courrèges）20 世纪 60 年代太空时代的时尚的响应，泷泽直己展示了灰色运动上衣与轻如云朵的薄纱裙、百褶裙与饰以卫星状小饰品的白色长靴的搭配。可以说，像泷泽直己这样的第二波日本设计师，他们的灵感不仅看向了未来，还参考了原宿街头风格的服装、卡哇伊风，以及即将来临的日本青年震荡[2]，从而接

1　高野绫（たかの・あや），日本流行艺术家、漫画家和科幻小说家。下文提到的平野杰（ひらの・つよし）为旅居法国的日本艺术家。

2　青年震荡，原文为"youthquake"，为社会学术语，指"年轻人的举动及影响力带来的重要的文明、政治、社会变更"。

入了他们的当下潮流。

藤原大

三宅一生与另一位从三宅设计工作室涌现出来的天才——藤原大合作，试图找寻出一种激进的解决方案，一方面能让服装形态反映出自身的时代和生活方式，同时又能扩充传统的方法论和服装的意识形态，使其改良。实际上三宅一生的服装理念已经超越了走秀台上的商业旋涡；取而代之的是，他为了这个新的激进工程，专注地为未来世界制作出一种现代服装（彩图 2）。他的这个理想主义愿景依赖于一种非常规裁剪方法，这种裁剪方法应具有多功能、多用途、易于批量生产和价格实惠的特点。三宅和藤原大将这个项目称为 A-POC，即"一块布成衣"（A Piece of Cloth）的英文缩写。2000 年，他们在巴黎和东京的三宅一生店向全世界展示了这个项目。作为一个基于概念的理想，复杂的生产过程为设计的可持续性挑战提供了一个创造性的解决方案。"进入数字化机器的是一根线，而出现在另一端不仅是一件成品，还是一件可定制的服装。"（Lee 2005：30）三宅一生评论说："这个想法源于我保护环境和资源保护的心愿。这个过程不仅可以减少资源和劳动力，而且也是一种回收再利用的手段。"（Vitra Design Museum 2001：72）藤原大补充说："为了降低生产成本需要标准化，与此同时为了满足消费者广泛的需求，也需要多样化的设计。"（Vitra Design Museum 2001：72）这个过程本身揭示了一种让主流时尚难以接受的未来主义式发展。服装的"制作"成为最终产品的内在因素，就其本身而言，这反映了被归类为"行为艺术"的艺术过程。这种新时尚概念被广泛推销给全球诸多的画廊和博物馆。柏林著名的维特拉设计博物馆（Vitra Design Museum）是欧洲最早展出 A-POC 的博物馆之一，这也是理所当然的，因为该博物馆向来被认为是包豪斯设计学院（the Bauhaus School of Design）的嫡派产物，而包豪斯正是将艺术与日常生活联系在一起，专注于工业设计以及视觉艺术与技术的融合。

对此过程进行摄影记录成为作品的内在属性，正如其在 20 世纪 60 年代末的观念艺术、"偶发艺术"和行为艺术中的作用一样。类似地，呈现方式要高度戏剧化、令人激动，并且依赖于同观众的互动参与。在商业环境下，"观众"当然就是消费者。消费者被迫在"一块布成衣"服装的制作和设计中扮演了重要角色。然而在某种程度上，整套服装是预封装的。当巨大的整管织物面料被打开时，服装和配件的各个部分的轮廓就已自动显现，并已准备好被裁剪出来。配合运用计算机技术，三宅一生和藤原大使用严格经纬线矩阵制造出符合人体形状的纺织品，让其通过编程机器开发出众多的三维模型及变化模型。这种无缝连续针织面料和裁剪样板不需要特别处理——没有褶皱、滚边、打死褶或缝合件，一个尺寸就能满足所有要求。这种合理化的生产过程，可谓是从工业革命中产生的成衣生产模式而来的一种符合逻辑的演化，而这种生产模式从 19 世纪末开始，就演变成为服装产业的内在特征。

秉承着这种实用主义方法，罗南和艾万·布罗勒克兄弟（Ronan and Erwan Bouroullec）在 2000 年受托为位于巴黎弗兰克斯·布尔乔瓦路 47 号（47, rue des Francs Bourgeois）的三宅一生巴黎店新做了室内空间设计，以配合"一块布成衣"系列服装的独特需求。哈尼施(Ruth

Hanisch）介绍说：

> [他们]设计了用以悬挂衣服的元素，然后是衣架支撑系统。平行于墙壁的运行轨道在天花板上交叉。这样就建立起了一个坐标系，原则上意味着空间中的每一点都可以用来展示衣服；展示不再局限于商店的橱窗或墙壁。该坐标系在结构上统一，同时又高度灵活。(2006：2)

卖场的性质、装置和服装系列在结构上具有相似之处，它成了理解整体创作过程的内在组成部分。

通过接纳（高新）技术，这种革命性的制衣方法巩固了设计师和科学家之间的联系，并且在纺织研究领域也是如此。这种现象引导了近来（流行的）设计趋势，即设计师赋予自己"发明家"这一新角色，让设计工作室变成"设计实验室"，从而在世界范围内了掀起了一股设计师穿上假冒的实验室外套，作为（自己）时尚宣言的潮流。

2000 年后，藤原大也将目光转向运动装，开始与空手道大师合作进行创作，而效果非常出色。他用那些空手道高手来代替模特，借助走秀台来测试面料的韧性和弹性，这种视觉上的动态效果凸显了藤原大的技术才华。同样的动感也体现在他的手风琴式的褶皱(三宅一生的招牌)、他朦胧的丝质三角拼接层叠、他的印花织物设计、他的对角线缝合以及剪贴拼接的拼缝紧身裤上（图 4.2）。2009 年 10 月，藤原大推出名为"NewsMix"的同年系列，涉及多元文化的折中主义以及过去与现在的两极性，但却有些不尽如人意。遗憾的是，该系列并没有与他早期作品保持明显的连续性。

渡边淳弥

    1984 年，渡边淳弥在位于东京的川久保玲 Comme des Garçons 公司担任制版师。川久保玲曾表示，渡边淳弥的果断及让想法付诸行动的能力给她留下了深刻的印象。当渡边淳弥被提为设计师后，他又在 Comme des Garçons 的 Tricot 系列团队里工作了 7 年。1992 年，渡边淳弥拥有了自己的品牌，并在川久保玲的资金支持下，在巴黎推出了他在 Comme 旗下的第一个系列。25 年后，这位川久保玲的同胞已成为日本顶尖的时装设计师之一。渡边淳弥设计的作品具有一种美学上的挑战性，他与泷泽直己一样，延续了实验性纺织品开发这一传统。渡边淳弥的作品依赖于复杂的结构技术、良好手感的表面，以及具有雕塑感的光与影的相互影响。虽然他是在延续川久保玲关于时尚的概念方法，但他的作品更直接地回应了现有的（时尚）风格趋势（彩图 12）。

    自 20 世纪 90 年代以来，渡边淳弥的作品始终如一地表现出了他创新而富有活力的剪裁、他对改变纹理表面的兴趣以及他设计的独创性。渡边淳弥设计的外套，前襟下垂并紧贴身体，但无须（解开）扣子就能从头上套进去，他同样还设计了在大腿处有接缝的裤子，能让人舒服地坐下来运动。渡边淳弥从一个系列发展到另外一个系列的想法，与他潜在的日本（文化）底蕴相当一致。每隔几季，渡边淳弥都会让自己的焦点回到河豚外套（Puffer jacket）之上，这是一个将他概念性设计同一种街头时尚中的共同元素联系起来的试金石（Wilson 2009a）。出于对

图 4.2

藤原大为三宅一生设计的服装，模特身穿蓝黑条纹服装，搭配黑色紧身裤和靴子，
2009 秋冬系列。摄影：Francois Guillot/ 法新社 / 盖蒂图片社。

服装结构的迷恋，渡边淳弥对缝合和死褶进行了重新设计，创造新的廓形，并重新诠释经典形状，以尝试重新定义形式。同他的导师川久保玲一样，渡边淳弥也一直在探索垂坠面料的无限可能性，以及它针对不同年龄段的通用性。

到了 20 世纪 90 年代后期，渡边淳弥的标志性技术开始围绕着精心设计的褶皱、缝合和拼接发展。2001 年，他已经将折纸式的设计风格确立为自己的标志性风格。他设计的服装，整件由数百层尼龙透明硬纱制成，宛如三维的日本纸灯笼。他曾尝试着让衣料形成褶皱，并用铁丝将各部分固定在一起或分开，这样就不会有任何东西是对称的。用铁丝圈或铁丝环固定褶皱的位置，或让材料保持远离身体的状态，渡边淳弥的技术超越了传统的制衣和裁剪方法，他构建了一种类似于建筑结构的外形。10 年后，当他的服装在由让·努维尔（Jean Nouvel）设计的阿拉伯世界研究所 [1]（Arab World Institute）展示时，"他的服装系列……看起来就像专门为这栋建筑设计一般……一个奇妙的现代主义矩形，直截了当地与塞纳河古老的天际线相映成趣。它那刻有字样的方形窗户与印有图案的西装外套相互呼应，看起来就像一幅电脑生成的景观，给人一种多维度的观感"（Wilson 2009b）。他的作品经常被世界各地的策展人纳入国际性展览，以将时尚与其他设计学科（包括建筑学）结合起来。

毕业于东京文化服装学院的渡边淳弥一直称川久保玲是他的导师，还表示自己将永远感恩于她。在《远见者》（*Visionaries*）（2001：86）

1　阿拉伯世界研究所（英文缩写"AWI"，法文为"Institut du Monde Arabe"，缩写"IMA"）是由 18 个阿拉伯国家与法国于 1980 年在巴黎成立的一个组织，旨在研究阿拉伯世界及其文化。

一书中，他在接受苏珊娜·弗兰克尔的采访时提到，他"所知道的一切都是在 Comme des Garçons 中学到的"。同川久保玲一样，他的作品也是以概念为基础，吸引那些欣赏服装内在意义与理念的女性。（这一点正如）何塞·图尼森（José Teunissen）在她的 [1]《理想女性》（*The Ideal Woman*）一书中提到（的那样，）日本设计师"独特且异常纯粹，因为他们从不定义女性形象"（2003：71）。渡边淳弥也和川久保玲一样，将"差异"投射在走秀台上的千变万化的女性气质之中。1996 年的一场走秀中，他的模特"看起来有点像刚从反邪教感化营里逃出来，有点像治疗乐队（the Cure）的哥特风打扮的女追星族，苍白的面容，鲜艳的嘴唇……（有着）浓黑茂密或剪得短短的头发，手臂文身，几乎全部穿着黑色皮革和大靴子，渡边淳弥先生设计的强硬形象，给日本设计带来了新面貌"（Spindler 1996b）。外套的肘关节部分被铰接在一起，塑造了一种"残酷服装"的假象，这种铰接曾在他以前设计的服装的肘部和膝部应用过，而且经常被其他设计师在技术允许的情况下加以模仿。

7 个月后，粗暴的黑色皮革造型就让步给另一系列，这是一个由绿色和紫色撞色拼接背心和亮漆红的裙子构成的罗曼蒂克的印花和织锦系列，上面还满是海军蓝的叶子。红格子的女学生裙装搭配着苏格兰皇家高地团花纹的格子呢外套，与早期的重金属装束形成了鲜明对比。在渡边淳弥的一些系列中，女性气质被定义为糖果——某种秀色可餐的东西，穿着裙子的模特就像薄纱中的生日蛋糕，手里还拿着甜点的图片。然而在另一些系列中，女权主义的信息既明目张胆又嘲讽十足。时尚记

1　作者误将何塞·图尼森当作男性，原文此处为"他的（his）"，应为"她的（her）"。

者曾评论说，渡边淳弥的系列是巴黎最浪漫、最精致的，巧妙而美丽，会让人再次坠入爱河。渡边淳弥系列中的这种内在矛盾也常常被他融入个人设计中。在 2002 年 10 月的系列中，渡边淳弥用"洒满鲜花的裙子，用坚韧的帆布肩带和降落伞绳打褶，以表示现代女性的气质。他在后台说，这些灵感来自背包——这是一个绝妙的主意，因为通过使用这种普遍而实用的配件，设计师能让他的走秀立足于现实，然后让他的幻想像他所提到的阳伞一样高涨"（Menkes 2002c）。渡边淳弥解释说："有时我在工作中时会遇到技术问题。这种挑战会激发我创作下一个系列。"设计这个抽象的想法主导了一切，而女人只是一个招牌（Teunissen 2003：71）。

　　与川久保玲不同，渡边淳弥没有接受过时装构造方面的正规技术培训，他的关注点蕴含在他杰出的技术才能之中。设计的多变性是渡边淳弥作品的一个突出特点，而这也是以他所拥有的通过延伸、组合或以新换旧超越时间的能力作为前提的。在 2005/2006 冬季系列中，经常被外人描述为喜欢重塑经典的概念主义者的渡边淳弥，表达出一种对单板滑雪运动员喜爱的老派风格的认可——在西装下穿着裹在水洗多尼戈尔花呢[1]中的盟可睐（Moncler）[2]羽绒背心。渡边淳弥与诸如盟可睐、卡哈特（Carhartt）和宾舍曼（Ben Sherman）等多家传统男装公司合作，在其中加入了街头风的元素以吸引年轻一代。作为布克兄弟（Brooks Bros.）这家成立于 1818 年的美国老字号服装公司的客座设计师，渡边淳弥为

1　产于爱尔兰多尼戈尔郡的一种著名的梭织花呢。

2　Moncler 是一家法国 - 意大利的服装公司。下文中 Carhartt 为美国男装品牌，Ben Sherman 为英国男装品牌，布克兄弟为美国最老的服装品牌之一，现被美国 Authentic Brands Group（ABG）收购。

其带来了他的"男人行"（Man Line）系列，该系列夸大了著名的系扣领衬衫的特色，并让其色彩更加鲜艳。

多年来，渡边淳弥的男装系列中一直存在着明确的美式保守主义基调，其男装主题从军事到狂野西部，再到时髦的机车骑士，特别是从他大量使用牛仔布以及他作品中受到来自工作和运动世界的双重影响，都可看出这种基调。与其他设计师一样，他的服装在后"9·11事件"时期明显地聚焦在军事题材上。2003年7月，在他"可爱的军队"（Lovely Army）秀上，人们能看到各种军事化作风的剪裁方式，如用银行家的绒面呢制成的战衣和子弹带，于一片悲观失望的色彩之中出现在走秀台上。有趣的是，当时尚与政治发生碰撞时，设计师们都不愿意承认他们是在发表反战声明。渡边淳弥对此也简单地解释说他只是"对军队制服的构造很着迷"（Horyn 2003）。而Comme des Garçons工作室对川久保玲带有明显的政治倾向的系列（2002）也做出了类似的回应。在渡边淳弥2006春夏系列和2010秋冬系列中，政治元素再次出现（图4.3）。他的作品中，对军国主义元素的应用在晚些时候的走秀中达到了高潮：模特身着裁剪短的迷彩大衣和捆绑裤，头顶上的胶带巴拉克拉瓦头套[1]挑衅性地镶嵌着钢钉。弗兰克尔对此描述得更为生动："用撕开的电工胶带、破烂的安哥拉山羊毛、图钉、别针和钉子制作的暴力头套是当天的主题。"（Frankel 2006）虽然渡边淳弥很难被视为政治活动家，但在2006年的演出中，他消失在后台之前喊出"反无政府军队"（Anti-anarchy Army）的口号，却强化了这种异常直接的视觉评论的政治意义。

1　巴拉拉瓦头套为戴在头上仅暴露出眼部的一种头套，来源于19世纪巴拉克拉瓦战役，是围攻塞瓦斯托波尔的英军佩戴的抵御寒风的头套，如今多见于特种部队和恐怖分子穿戴。

虽然渡边淳弥的概念设计不像川久保玲那样具有挑衅性，也不如她那样具有争议性，但无政府主义元素在他的系列秀中也会时不时地冒头。同样是在 2006 年，"他的模特冲上散落着垃圾走秀台，穿着军队剩余物资中的布料制作的拼接大衣，配上朋克风的黑色长靴和镶满金属尖刺的皮带……他们的头被乳胶、铁链和突出的尖刺恶狠狠地绑住"（Wilson 2006）。不管其中是否有威胁的意思，观众似乎都能泰然自若地接受这一切。也许这种"克制的"神风特攻队式的表现形式已经让人

图 4.3

渡边淳弥，戴头巾的迷彩三角大衣，2010 秋冬系列。摄影：Chris Moore/ Catwalking/ 盖蒂图片社。

脱敏了。更具侵略性姿态也反映在他的 2007 秋冬系列中（图 3.4），当时渡边淳弥（以及许多其他的设计师）在巴黎走秀台上重新诠释了地狱天使的造型，以此来庆祝摩托车文化。他围绕着经典的拉链机车夹克（主题）打造了一个系列，而这种标志性的美国服装早已经在好莱坞成不朽经典，并在亚洲文化历史中被送上了神坛。

　　除了对摩托车手服装的偏爱，渡边淳弥和川久保玲一样，在其职业生涯中一直主动拥抱着纺织技术。渡边淳弥以将自己的设计美学描述为"科技时装"而闻名。他将带酸性染色塑料的荧光面料同工业纤维相融合，制造出了夜光纺织品。他在某些服装的结构中使用有光泽效果的圆片和方片，还将纸质纺织品特卫强（Tyvek）[1] 融入自己的系列中。在他1995—1996 年秋冬的"突变体"系列中，他讲述了某次实验性是如何成功的：

> 我将聚氨酯覆膜到尼龙的特里科经编织物上，然后用一种特殊的技术对其进行染色，创造出玻璃纸的效果。这个过程很精细，也很耗时，几乎是纯手工活。不过，得到的面料可水洗和干洗。(In Mower 1996)

　　在这个系列中，渡边淳弥创作出了六层套染聚酰胺材料制成的针织套衫和用薄膜固定在薄布料上的裤子，使其表面产生了一种冷光效果。这让他对层状合成材料的使用得到了极大的强化。而"突变体"系列的

1　一种高密度聚乙烯合成纸。

主题正是：

> "未来主义"。灵感来自弗里茨·朗（Fritz Lang）在 1927 年电影
> 《大都会》中对未来的憧憬。他［渡边淳弥］发现，有必要用网络状
> 的激光机切削这些高科技纤维，然后采用轮廓缝合，并在肘、肩和
> 膝盖处用柔性接缝固定，就让这些本来并非屈伸自如的面料变得可
> 穿戴。在同一个系列中，他使用了与聚氨酯复合的覆膜聚酰胺，其灵
> 感来自剧院照明用的玻璃纸凝胶。(Braddock and O'Mahony 1998 ： 126-
> 127)。

在其他系列中，渡边淳弥使用的材料包括电脑薄膜（一种精细的
防静电材料，通常用于计算机内部以保护机器）、氯丁橡胶和玻璃纤维
（Braddock and O'Mahony 1998 ： 125）。渡边淳弥的纺织品实验是无止
境的。他用漆和半透明涂层制造出闪亮的工业风效果（彩图 13），而他
精致的、有时是透明的织物可以被溅上不锈钢，以此作为隔热保护。从
风格上来看，他的未来主义设计与他所使用的纺织品的实验性质是一致
的。在《科技时尚》（*Techno Fashion*）一书中，布拉德利·奎恩（Quinn）
指出：

> 渡边淳弥的"功能与实用性"(Function and Practicality) 系列 (2000
> 春夏) 中的服装完全防水——甚至就连晚礼服也是如此。渡边淳弥的
> 面料在舞台上为观众"表演"——当模特走在 T 台上时，他让人从上
> 面向模特泼水，以此展示防水材料的优势。(2002 ： 59)

除开他精湛的构造和无限的想象力，这种前沿的做法也为他赢得了业内"最有前途"的前卫设计师之一的称号。

20 多年来，川久保玲没有干涉过渡边淳弥的设计方向——既不表扬也不规劝。川久保玲自己在事业上为其他跟随者树立起了标杆，因此（对渡边淳弥他们来说），高标准简直是理所当然。他评价说：

> 从根本上讲，就是我们在这里要把东西做好。因为她（川久保玲）所作所为标准很高。因此，对我们来说做每一季的展秀都完全是一种可怕的体验。这就像攀岩。我曾和攀岩者交流过。他们说，每次攀登同一座山峰，总会有不同的方法爬上去。对我来说展会就是这样。
>
> (Mower 2006b ; 660-669)

栗原道

新一代的日本设计师——他们中有不少人毕业于伦敦中央圣马丁学院——已经加入了现有设计工作室，或者大胆创建了属于自己的新事业。栗原道，1997 年毕业于中央圣马丁学院，一年后成为 Comme 集团的一员。川久保玲看待新秀从未走眼。作为年轻的学徒，栗原道先是直接跟着渡边淳弥学习了 8 年，仅仅 3 年之后，川久保玲就将公司最畅销的品牌 Tricot 的设计工作交给了她。2004 年，栗原道在渡边淳弥的鼓励下发挥想象力，应川久保玲之邀在巴黎为 Comme des Garçons 设计推出了一个不大的系列。次年，31 岁的栗原道推出了个人的风衣和 T

恤系列。这些非常实用的服装都是由栗原道从亚洲各地收集到的上等细平布手帕和蕾丝手帕制成的：有些是来自中国的手工刺绣扇形的素色哔叽；有些则是来自日本的，上面用十字绣绣出一束小小的紫罗兰；还有些则是角落绣着文字的瑞士纱[1]，等等，不一而足。这些布块被拼接在一起，成了一袭精致的华丽的盛装。这种技术也开创了一种标志性的风格，构成后续年间她服装系列的基础。

栗原道的第三场展举办于 2006 年春，这次展览是由更多充满诗意的服装构成的，这些服装既表达了温柔的女性气质，又表达了理性的严谨。她展示了一件披肩（一种她形容为"无定形"的服装）——仅仅是一块布，同时它们又与花相结合。栗原道认为，她安静、不具攻击性的服装具有强大的交流内涵。国际评论家在最初见到她的作品时，用来形容的都是"可爱""天真无邪"一类的词，并认为她的作品是由那种"漂亮""老派"的褶层和褶皱组成的。尽管如此，栗原道那些以棉布、蕾丝和薄纱为原料，常常仿佛是镶褶边的被子的，有着独特关注点的早期系列，突出了她以浪漫而实用的方式解决女性问题的能力。栗原道随后的系列（2006 年 10 月和 2007 年 2 月）则以她的招牌魅力为主打，其中有荷叶边的白衬衫和带蝴蝶结的蛋糕裙，让人联想到婚礼上的糕点糖果。栗原道的灵感来自女士内衣的系列，羊毛和蕾丝的时髦女装搭配成性感的紧身胸衣和短裤。她的派对服装则吸引了年轻一代，而其他服装，如丝织马球衫上衣则看似简单、像那种可供销售的商品。在栗原道个性化、浪漫的裙装系列中，有一些是带有松软褶皱和绉皱装饰的运动型商

1　一种轻薄透亮的纱。

业系列，其特点是在霓虹粉和黑色的运动短裤和运动长裤上，搭配细针距针织上衣，外面再覆着一件钩针编织的背心。就像其他 2000 年后的日本设计师一样，栗原道也意识到了运动系列中强烈的消费主义倾向。现在，她和自己团队的六名设计师一起工作。

川久保玲的影子是以一种微妙的方式出现在栗原道的作品中的。2008 年 2 月的展秀中，栗原道的模特以黑色嘴唇出现，与他们眼睛下方的女孩力量[1]涂鸦"意识到"（Be Aware）和"强大"（Be Powerful）相匹配。某些服装呈现出一种略带狰狞的外观，不过被掩盖在了气球短裤和运动连衣裙的糖果色潮流之中。在栗原道后来的系列中，有着从制服中得到的少许的参考，夸张的如小丑般的比例以及少女社团（的元素）。在 2009 年 10 月的系列中，栗原道打破了传统的制作工艺，将织锦、薄纱、蕾丝以及其他零碎的东西包裹、捆绑和用安全别针别在一起。她那种天真和孩子气的放纵感已经成为整个工艺和造型的一部分。单独的可售服装 / 配件成为组成走秀台服装组成的一部分。她狡黠地反映了川久保玲的观点："毕竟，时尚就是商业。"或许，川久保玲从栗原道的能力中看到了自己的某种形象：专注、承诺和职业道德。

高桥盾

同其他设计师截然相反，高桥盾虽然压根从未在任何主流设计

1　女孩力量（girl-power，有时拼写为"grrrl power"）是一个西方自由派中流行的所谓鼓励和庆祝妇女赋权、独立、自信和力量的口号。发明者为美国朋克乐队 Bikini Kill，他们在 1991 年出版了一本名为《女孩力量》的杂志。

工作室中当过学徒，但他却早在 1994 年就在日本推出了他的品牌 Undercover（图 4.4）。1991 年，高桥盾毕业于文化服装学院，但直到 10 多年后的 2002 年才在巴黎出道。当他在川久保玲的赞助下，于巴黎的走秀台上推出自己的系列时，就连川久保玲也称他这种行为是"有胆量"的。差不多 20 年后，今天的高桥盾仅在日本就开了 30 多家店，其他的店则开在巴黎、中国台湾和中国香港等地。他的服装在巴黎的 l'Eclaireur 和伦敦的 Comme des Garçons 旗下 Dover Street Market 等时尚概念店里销售。2007 年，高桥盾推出了童装系列，同年与 Comme 签约生产香水系列。

高桥盾的概念作品在东京原宿这个以当地青少年的街头时尚而闻名的地区吸引了一批信徒。据著名的成衣时装杂志日版 *Gap Press* 关于 2002/2003 秋冬系列的报道，高桥盾的魅力来自他独立的视野和"扭曲"的美学。

1992 年，高桥盾的第一家店在东京开业，店内以陈列在玻璃展示柜中的那些被拆解和改造过的毛绒玩具和一次性产品为特色。当时，他给自己的系列主题起名为"女巫之细胞分裂"（Witch's Cell Division），通过扣件将物品拆解，然后再以不同的方式重新组合，就好像可更换零件的机器人。他让像文身一样的黑色蚀刻画覆盖模特脸的一部分，并且在服装上装饰着月亮、星星和女巫的图案——创造了一个独特而又有些怪异的系列。

虽然高桥盾是川久保玲的门徒，但他的设计手法却别具一格。他更像一个艺术家，在一个名为"秘密实验室"（Undercover lab）的阁楼式工作室里工作。工作室里有棵树，伸展的树枝占据了一个角落，给房间

图 4.4

高桥盾为 Undercover 设计的女装外套，由黑、白、灰三色羽毛形状制成，
2007/2008 秋冬系列。摄影：Francois Guillot/ 法新社 / 盖蒂图片社。

带来了一种超现实主义的氛围。他用从巴黎跳蚤市场淘来的古怪物品包围着自己——装满鲜花的木制神龛、一箱蝴蝶、一尊大胸裸体雕像、一尊列宁半身像——墙上挂满了他与日本艺术家 Madsaki[1] 共同绘制的微型童话故事插画。高桥盾似乎对毛绒玩具情有独钟，这些玩具最初是为他的小女儿高桥拉拉（Takahashi Lala）制作的，（现在）它们已经成为他对怪异事物执着追求的一个视觉标志。在他的商店和工作室的内部装饰中，毛绒玩具的头如狩猎战利品一样被安装在墙上，既诡异又颠覆。它们表明了高桥盾对怪异美学的偏爱。它们都是手工制作的，是一种耗时的消遣。这种超现实的矛盾感也渗透到他的时装设计方法中："在我的脑海中，总是有一些美丽的东西和丑陋的东西，它们是平等的。我对简单的美不感兴趣，但对丑陋的东西也不感兴趣。"（Limnander 2008）

记者对高桥盾的时尚的一些描述形容词，诸如"令人不安的浪漫主义""诡异的诗歌""隐秘"和"阴险"，能够解释高桥盾的某些系列为何会遭到恶评。而他也充分利用自己的品牌名称"Undercover"来推动自己作品的视觉呈现效果。模特的身体和脸部有时被完全"遮住"，投射出一种奇特的匿名性，对西方的"完美之美"概念构成了一种破坏。当被问及为什么要把所有东西都遮住时，高桥盾回答说："没有任何理由，除了我想要抹去所有的感觉，就像一个被毁坏的娃娃。这不是关于禽流感或有其他什么深层含义。这是有关美学的东西——我想把它们遮盖起来……这也不是外观的问题——更多的是一种感觉。"（Limnander

---

1　Madsaki，以涂鸦题材与喷墨模样的构图闻名的艺术家，1974 年出生于日本大阪，曾就读于纽约帕森斯设计学院。后加盟村上隆的 Kaikai Kiki，开始在东京、首尔、曼谷、巴黎等城市陆续举办个展。

2008）模特脸上的木乃伊面具和身体上绷带破坏了任何个性与表达的感觉，而这种空虚感也回响在高桥盾开在东京的专卖店店名之上——"无名之地"（Nowhere）。这种同样构成了山本耀司作品基础的存在主义的哲学，如果真有的话，则暗示着高桥盾在此方面受到山本耀司作品的影响比川久保玲的要更多。

他的早期作品受到朋克和街头风格的影响，这种影响在他的职业生涯中一再显现。例如，在 2008 年 9 月的展览中，高桥盾参考了动画片，直接着重使用了《新世纪福音战士》动画系列中常见的符号"使徒来袭"[1]。高桥盾让整个秀场进一步非人化，衣服被披挂在人体模型上，还在肩膀上放置着小型使徒玩偶。解构 / 重构在他 2003 年 3 月的系列中占据了主导地位，衣服被重新物质化成其他东西。纸人偶的标签被用来让某件衣服变成另外一件，这种视觉变形效果就是高桥盾孩子般的想象力的结晶。从正面看，衣服是完整的，但从背面来看，这些贴牌并没有完整的袖子，只有部分的背面的贴牌被固定在下装上。这种以另一个身份出现的"装扮"概念，成为主导东京原宿街道街头时尚的基础。整整一代日本年轻人受漫画和动画中虚构角色的影响，完全沉迷于角色扮演（Cosplay），而高桥盾正是抓住了这一点（彩图 14）。在后来的 2003 春季系列的展示会上，高桥盾用一对模特并列演示了一个文本信息的双关语。其中一位模特穿着印有含"New York City"字样的标准旅游纪念品的大号 T 恤，而另一位模特的 T 恤字样则从衣服前面滑落。其他大量的反战 T 恤也在秀场结束时涌现了出来。

1　原文为"外星人占据世界"，此处根据《新世纪福音战士》原剧术语径直译出。

在高桥盾 2004 年 3 月的系列中，模特们穿戴着填充的鸟头和粗糙缝合的层叠大衣，上面布满了纽扣和毛毡制成的军事勋章式的装饰。此设计灵感来自艺术家安妮－瓦莱丽·迪蓬（Anne-Valèrie Dupond）的袜子动物雕塑系列，构成了一种类似于维克托与罗尔夫作品的时尚模仿形式。这些夸张的服装模拟机器人的形式，在巴黎皮加勒（Pigalle）广场附近的一家夜总会的舞池中进行了展示。高桥盾 2005 年 3 月系列的特点，是将 T 恤弄碎后，再做成白色紧身连衣长裙、外套、裙子和风衣，并在衣服附加上短袖，给领口点缀上镶边，其中还有一件设计出色的风衣，在肩部覆盖叠加了一双超长的 T 恤袖子。在 2006 年 3 月的一个系列中，高桥盾那些剪裁精美的绑带长裤和毛皮大衣——同样用绑带将穿戴者的手臂固定在身体一侧——充满了束缚感，而且，模特再次被包裹在没有眼睛的头罩内，只是用小链子标记出鼻子或耳朵的位置。可到了 2007 年 2 月，按科林·麦克道维尔（Colin McDowell）的描述，高桥盾的"针织热裤和毛衣的颜色从棕色、米黄色到紫红色不等；包和大衣是用针织和剪裁羽毛纱织物制成的，肩部抬高到了一个弯曲的角度，使其从后面看上去就像是天使的翅膀"。麦克道维尔认为，高桥盾如今已经看清了自己发展出的"辨识度极高的设计信条"的方向，同时他表明自己"对高科技面料发展的知识感到极为熟悉"。看来，高桥盾终于得到了法国时尚界的认可。尽管如此，在接受卡西·霍林（Cathy Horyn 2007b）的采访时，高桥盾"认为自己的作品可能正在被认可"，而且他发现很难在"满足自己制作有趣作品的欲望"的同时"跟上 6 个月一次的时装秀周期"。事实上，他"有时会想专注于自己的店铺……而完全跳过巴黎的时装发布会"。有趣的是，这些评论与川久保玲关于市场已过时以及她对时尚消费者的想法不谋而合。

总而言之，日本的这几位了不起的设计师，三宅一生、山本耀司和川久保玲，他们对（时尚界）的影响已经持续了 30 多年，并且无论是对东方还是西方的设计师都产生了同样深远的影响。如今，日本时尚似乎正朝着新的方向迈进。新生一代的日本设计师，包括山本耀司的女儿山本里美，在过去的几年间逐渐进入人们的视野。山本里美是又一位毕业于东京文化服装学院的学生。2008 年，她在巴黎展示了自己的系列，刚好是她首次在东京时装周上展示自己的品牌以来的第八个年头。毋庸置疑，她在巴黎展示自己系列的决定，同她的家庭背景有关："日本的观众让人无法揣度，因为他们从不做出反应。但在巴黎，我可以看到全世界对我所做之事的看法。"（Holgate 2007：230）在父亲的指导下，山本里美的设计事业得以进步，（因而她与父亲）在风格上有相似之处，如宽松的衬衫和长裤以及慵懒的西装就是明证。不过，山本里美设计的现代马裤[1]外形的时尚长裤，有着巨大的挂袋，上衣布满了彩绘条纹或装饰着大波点和条纹图案。山本里美设计的服装显得更年轻、悠闲，也更注重街头风格——拥有一种向山本耀司的运动装系列致敬的随意感。她设计的服装在走秀台上颜色淡雅，如飘逸的蓝色青年布[2]百褶裙、漂亮的有着被日光暴晒过的粉红和蓝色的西藏风图案的棉质针织连衣裙。

新设计师们已经接纳色彩、褶边和性别。到 2005 年，事情变得很明显，现代日本女性只是想要那些让自己看起来漂亮的衣服。她们已经

---

1 原文为 "jodhpur shape"，"焦特布尔（Jodhpur）"为印度地名，此处指起源于该地，后被英国人改良为骑马时穿着的小腿到脚踝处都紧身，另有加固的布料保护小腿内侧和膝盖不受摩擦的长裤。

2 原文为 "chambray"，是一种有色的经纱平织布，国内习惯称为"青年布"或"尚布雷布"。

图 4.5

原宿街头风的年轻"卡哇伊"女孩，东京，2006 年。
摄影：Ben Byrne。

被西方名人风气所诱惑。这种新女性有着一种摇滚明星的态度和来自街头的感性。日本概念主义已经呈现出一种轻松和不那么严肃的气息。大多数新冒出来的设计师希望在进军海外市场之前，能先在本土市场建立一定声誉，当然这也是可能的，因为日本的消费者足以支持海量的时尚产业。事实上，许多西方时尚采购员都会参加东京时装周，但对于年轻的日本设计师来说，来自西方的认可已经不再重要，他们也没有加入大型时装公司的欲望。他们的作品挑战了现有的与日本美学中"黑色、垂坠和不均整"相关的理性内涵。其他新品牌，包括 Mintdesigns 和 Yab-Yum[1] 系列反映了日本女性的"新面貌"，它们有的是艺伎打扮的模特，有的是大量垂褶蕾丝的轻盈连衣裙，或是在层叠打底裤上套着闪闪发光的裙裤，制造出哥特—洛丽塔风。这种被称为"蕾丝、软萌和可爱"的美学，根源就是来自原宿街头的卡哇伊[2]（kawaii）风（图 4.5）。

类似约翰·加利亚诺的作品，戏剧风格的作品成为 Dress Camp 品牌设计师岩谷俊和（Iwaya Toshikazu）和 Theatre Products 品牌设计师中西妙佳（Nakanishi Takuya）和武内昭（Takeuchi Akira）的招牌。另一品牌，古田泰子（Furuta Yasuko）的 Toga，则结合了不同的外观，像是男性化的（粗羊毛衫）、女性化的（吊带裙）、某些运动风（运动型亮片短裙）以及一些复古的东西（爱德华时代的外套）。从 2006 年开始，古田泰子的产品系列在美国上市。而阿部千登势（Abe CHitose）的 Sacai 品牌主打是手工编织的毛衣和内衣。当我们进入 21 世纪后，国际时尚界无疑将会仔细关注这些由日本最年轻的设计师们引领的潮流。这些新锐设计师不受时尚集团的束缚，不受西方价值观和不安全感的束缚，不受蒙蔽地看待社会，将会以更纯粹地道的方式将真正的街头时尚理念逐渐传播开来。

1　Mintdesigns，由胜井北斗和八木奈央创办的时尚品牌；"Yab-Yum"直译为"欢喜佛"，是由帕特里克·瑞恩（Patrick Ryan）和吉田真实创办的时尚品牌。

2　卡哇伊为日文"可爱い（かわいい）"音译，为流行于青少年中的词汇，可以用于形容一切让人感觉可爱、清纯、纯洁的人或事物。

5 ——————————— 高科技纺织品
Techno Textiles

在我看来，传统和创新是同一事物的正反两面。一百年前的创新，转头来就变成了传统。我看不出有什么特别的理由要在艺术中保留传统。

——须藤玲子（in Harper 2005）

岩本和田良子（いわもと・わだ・よしこ）被誉为最权威的绞染者，或者说是定型防染染色这种古老复杂的服装印染技术的专家。作为一位教育工作者，她同时也是发起组织"世界绞染网"和"国际绞染研讨会"的关键人物之一。她撰写相关文章，讲演，安排学者和纺织艺术家进行研讨和交流。她的著作已成为这方面的权威著作，其中概述了错综复杂的绞染技术，激励了一代又一代的纺织艺术家（彩图 15）。她指出，绞染是一种劳动密集型的创造独特设计的方法：

> 为了防染染色，布匹（需要）被单独或以组合形式折叠、捆绑、夹紧、编结或缝合。在此过程中，平面的织物暂时变成了三维的物体。当从束缚被解放出来时，它们不仅会显示出所需的图案，还能显示出有关操作本身的记忆。(Weltge 2002/2003：41)

在她的著作《布上的记忆——今日绞染》[1]（2002 年）中，岩本和田良子概述了日本绞染的美学和文化背景的变迁。词源学的证据显示，这种防染染色——或称缬[2]（打结的布料）可能早在公元 3 世纪就已经出现，但直到公元 6 世纪才获得了广泛使用。在平安时代（公元 794—1191 年），贵族妇女才能穿着绞染布制成的衣服，而到 10 世纪末，出现了一些士兵和仆人也能穿的款式。岩本和田良子记载说："《延喜式》[3] 记载的税收记录显示，朝廷把绞染的丝绸当成收上来的税，九州岛太宰府[4]就送来了 30 件绞染皮革充当赋税。"（2002：37）

据岩本和田良子（2002：38-40）说，在 15 世纪至 18 世纪，有

1　原文为 "*Memory on Cloth, Shibori Now*"，日文为 "布の上の記憶：しぼり今"。

2　日文为 "纈（ゆはた）"。

3　《延喜式》，日文为 "延喜式（えんぎしき）"，为日本醍醐天皇于平安时代中期的延喜五年（公元 905 年）下令编纂的一套律令条文。其对官制和仪礼有着详尽的规定，成为研究古代日本史的重要文献。后文提到的将布匹作为赋税在古代东亚很常见，唐代租庸调制和两税制都将征收的布匹作为赋税。

4　今日本福冈太宰府市。

一种叫作"辻花"[1] 的绞染织品，因为常常被用来制成特殊宗教仪式中插在佛寺周围的旗帜，或是作为色彩鲜明的战旗而流行起来，这种染法（"帽子绞染"）[2] 是"用麻线或苎麻线将图案设计的地方捆绑标记好，然后用其他物体遮挡在其上，以便在布被染成各种颜色时同留在这里的部分形成对比"。更为复杂的绞染工艺也在不断发展中，通常与"墨笔画、金银箔印制和刺绣"相结合。岩本和田良子对此解释说："这些纺织品体现了极度的优雅和奢华，证明了京都所培育出来的熟练工艺。"这些衣料被制成穿着在小袖[3]——着物或者说和服的前身——之下的内衣，供将军和大名们穿着。可以说，几个世纪以来，无论是在东方还是西方，衣着服饰都被当作确定一个人的社会等级地位的手段。

京都技术高超的工匠们完善了许多技术，生产出了"价格极其昂贵，（以至于）法律规定只有特权阶层和艺人才准使用"的布料。江户时代晚期，歌舞伎戏剧中有钱的名角则直接与和服职人合作，并经常就此确定了当下的流行趋势。这种发展导致了绞染制作的严格分工，有些人专门负责捆绑、缝合或打褶，另有一些人则负责染色，而制造商负责销售。无论是生产还是染色，绞染都是一种劳动密集型和成本密集型的工作。岩本和田良子指出："根据《俭约令》[4]，农民、工匠和商人都不能穿戴精

1　日文为"辻ヶ花（つじがはな）"。

2　原文为"boshi shibori"，应为"boushi shibori"，日文为"帽子絞り染め（ぼうし・絞り染め）"。

3　日文为"小袖（こそで）"。

4　原文为"sumptuary laws"，根据上下文，此处指的是江户幕府在天保改革中颁布的《俭约令》["倹約令（けんやくれい）"]。

美的疋田鹿子、金丝线绣、熨斗目、丝织品以及染成红及紫的衣物。"[1]

与靛蓝一样，末摘花红被认为是最有效、最不易褪色的植物染料，而需要大量的红花染料才能染成，这种染料从草本中提取而成，几百年来一直被认为对血液循环和女性生殖健康有好处，同时也是化妆品和纺织品的染色原材料。给一件小袖染色，总共需要 12 磅红花的花瓣。因而有趣的是，限制使用这种染料的法律不仅是为了保证繁荣的商人阶级的地位，同时也是为了抑制过度的消费来调节经济；不过，这事实上使得染料更受人追捧。

到了 19 世纪中叶（Wada 2002：42-44），随着封建制度和幕府统治的衰落，日本开始对外开放。这迫使日本的经济地位和技术发展都发生了变化。通货膨胀、绞染制品的竞争、传统着物在日常穿着中的减少，都迫使古老的家庭作坊式工业转变为现代工业体系。纺织品工业，作为养蚕业、缫丝、织造等领域的下游工业，成为 20 世纪上半叶日本的主导产业。20 世纪 20 年代，日本成为世界上最大的丝绸出口国。当时，日本丝绸通常采用化学染料染色，贸易对象为韩国、中国台湾、新加坡和非洲等地区。尽管铃木金藏在 1850 年开发出了"岚绞"[2]，即将织物缝合并捆绑包裹在木杆上进行防染染色，从而做出一种整体上为白底带斜对角线的蓝色纹理的图案，但进入 20 世纪后日本出现了更为现代的染

1　原文如此。但这些对庶民的服装限制并非在天保改革中一次性做出，江户幕府曾多次对民间服装穿着做出严格规定。此处"疋田鹿子"原文为"hitta kanoto（ひった·かのと）"，应为"hitta kanoko（ひった·かのこ）"。根据《俭约令》，"疋田鹿子"应为"惣鹿子（绞り）"。"鹿子（かこ）"或"鹿の子（かのこ）"均为日本一种绞染衣料，以其花纹类似鹿身上的斑点而得名。"熨斗目"日文为"熨斗目（のしめ）"，这是江户时代一种平织丝制服装，一般为武士及以上阶层在重大场合穿着。

2　原文为"arashi shibori"，即"嵐絞り（あらし·しぼり）"。发明者为"铃木金藏（すずき·かねぞ）"。

色法。现代化也促进了品位的国际化，特别是日本男性很快就采用了西式服装。20 世纪 60 年代，仅剩山口健太郎和铃木礼一两位岚绞染工匠。到了 70 年代，竹田家、松子家等绞染工坊都转行生产更为昂贵的豪华丝绸和服和男士领带，以及传统的棉质浴衣。随着人们对高科技纺织品兴趣的增长，日本的绞染业只限于名古屋和京都地区的几家企业。

　　从全球范围来看，有三大发展促进了人们重新对古老的绞染艺术产生兴趣：这就是 1975 年绞染被引入美国；1983 年出版了有关绞染实践的英文出版物；以及 1992 年启动的国际绞染研讨会。当代日本的艺术

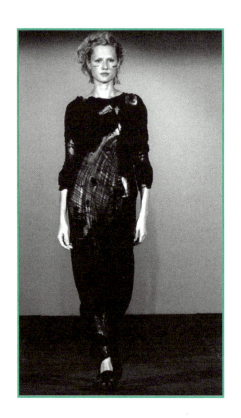

图 5.1

丽贝卡·帕特森（Rebecca Paterson）的 SpppsssP，解构主义／重构主义的鲁本斯系列，混有绞染溶解的羊毛连衣裙，1999 冬。动力博物馆，悉尼。摄影：Leisa Hunt。

家和设计师，包括三宅一生、山本耀司、川久保玲、渡边淳弥和菱沼良树[1]等，通过结合高科技工艺的实验，延续这些传统。他们不仅与自己的设计工作室内的纺织设计师合作，还与其他外部设计师合作，如吉村紘一、宫本英治、木村好博、三田修武和大谷敬司（Nuno）等，以促进作为日本传统的重要组成部分——本土织物产业的发展。根据萨拉·布雷多克（S.Braddock）和玛丽·奥马奥尼的看法，在混合新面料、实验性化学工艺和先进技术方面，日本设计师对服装制作工艺的兴趣影响了全世界各类设计师（图 5.1）。

> 日本时装引领着该领域的发展。在东方，时装设计师经常与纺织设计师和艺术家密切合作，创造出那些探索面料以及人体潜在可能性的作品。大多数使用新材料和技术的顶尖时装设计师都来自日本——在这方面的研究上，日本处于卓越的地位，意味着他们能第一时间获得这些新发展的支持。(Braddock and O'Mahony 1998：116)

不用感到意外，在 1998 年 11 月至 1999 年 1 月纽约现代艺术博物馆举办的，由卡拉·麦卡蒂（Cara McCarty）和玛蒂尔达·麦奎德（Matilda McQuaid）策划的题为"结构与表面：当代日本纺织品"（Structure and Surface：Contemporary Japanese Textiles）的大型展览中，汇集了可能是在美国能看到最多的来自日本纺织品设计师的作品。

---

1 日文为"菱沼良樹（ひしぬま·よしき，Hishinuma Yoshiki）"。后文中提到的艺术家名字假名为：吉村紘一（よしむら·こいち，Yoshimura Koiki）、宫本英治（みやもと·えいじ，Miyamoto Eiji）、木村好博（きむら·よしひろ，Kimura Yoshihiro）、三田修武（みた·おさむ，Mita Osamu）、大谷敬司（おたに·けいじ，Otani Keiji）。

值得注意的是，29 位艺术家、设计师和厂商的 110 件作品，按照定义的织物特征被分为六组：透明、染色、反光、印花、蚀刻和分层。不过根据日本人互补共生的美学，一件织物往往同时具有上述几种特性，如此分类只是为了组织展览方便。

首先，该展览强调了第二次世界大战后发展起来的新工艺及合成纤维织物，它们让人们能够对衣料进行更多的实验和处理。不断的研究表明，其带来的可能性似乎是无限的。如今，发达技术可以让热塑性塑料通过手工或机器成型。通过压花、褶皱或在金属模具中进行热处理，使得材料被重塑出独特三维纹理，从而产生凹凸不平的表面。将织物压入筒中并加热，能在整条织物上都形成皱纹的表面。天然纤维和尼龙不同于经线和纬线组合在一起而生产出来的混合面料，会根据经纬组合方式不同而对化学工艺有不同的反应，从而产生高度个性化的表面。无须惊讶，这些表面促进了面料对皮肤和自然景观进行仿真模拟。酸性物质被用来舒张或收缩面料中独立线网，制造出泡沫状纹理。合成面料能同聚氨酯黏合在一起，在服装上制造出雕塑般的形状。在计算机技术的辅助下，服装纸样可以转化为不同的缝纫版样，通常已经加入各种镂空开口，让针织机可以通过编程做出精心调配的混合纹理。通过高科技的层压方法，还可以实现具有不同的纹理和表面，以及高度复杂的多层布料。利用新的印染技术，可以让微纤维印染上新开发出来的颜料，将光反射回其来源的"定向反光材料"颜料。在这种颜料中掺有镀铝的显微玻璃小球，能使面料表面呈现出高度反射的状态。

聚氨酯的表面涂层可以防止某些面料中含有的金属薄片氧化，而其他涂层则可以让成品具有全息效果。如硝酸银溶液这样的化学品可用于镂空版印花，通过淡化表面背景来突出散布在面料表面物体的轮廓图像。金属材料和聚酯切膜可以让面料表面呈现出高反光性。这种科学、技术、艺术与时尚的结合，更能强化"时尚即功能"的概念，特别当涤纶服装的表面涂有一层细密的不锈钢涂层，能为穿戴者提供保暖、防紫外线、防电磁波功能时（就更是如此）。

本章将讨论重要的纺织品设计师菱沼良树、新井淳一、须藤玲子和Nuno[1]公司、皆川魔鬼子和松下弘[2]，以及其他纺织品相关企业，如东丽（Toray）、井上百褶（Inoue Pleats）、旭化成（Asahi）、佳丽宝（Kanebo）[3]等在这方面的探索性工作。

纺织品设计师

菱沼良树

虽然菱沼良树受教育是为了成为时装设计师，但当他找不到合适面料用于时装设计工作时，他就转而自己制作织物。他曾短暂地在三宅一生手下担任助手，"广泛地四处游历，以研究带有异国情调的新布料，回来后就尝试着将这些材料化为时装"（Lovegrove 2002：95）。菱沼良树和三宅一生在纺织品发展方向上产生了激烈的意见冲突，因而分道扬

----

1 为日文"布（ぬの）"的罗马拼音。

2 这里新出现的人物日文名为"新井淳一（あらい·じゅんいち，Arai Jyuichi）""松下弘（まつした·ひろし，Matsushita Hiroshi）"。

3 旭化成英文名应为"Asahi Kasei（あさひ·かせい）"；此处及后文提到的佳丽宝应为凯碧世联（KB SEIREN），佳丽宝自 20 世纪 60 年代起就逐渐转型为化妆品公司，其纺织品业务在 2005 年全部转由凯碧世联继承，后文不再另做注释。

镳。1987 年，29 岁的菱沼良树成立了自己的布料设计公司：菱沼良树 Associates Co.，1987 年，菱沼良树成立了自己的面料设计公司：菱沼联合有限公司。1992 年，他推出了自己的服装系列。1996 年，菱沼良树因利用技术为日本传统绞染技术注入新的生命力而获得了"每日时尚设计奖"。菱沼良树独立工作，他的设计能力来自一种传统佛教理念，即服装确实是从纤维中生长出来的。 同包括三宅一生在内的其他许多艺术和设计从业者一样，菱沼良树相信是布料决定了形式。20 世纪 80 年代，菱沼良树以一些非常像风筝，由风赋予最终形状的大件样式的服装而闻名。（展出时），博物馆经常用风扇模拟气流，以凸显他作品的这一特点，将他的服装变成一种雕塑作品。毫无疑问，无论从可视化还是从隐喻角度来说，他的作品都含有"纺织品设计与时尚及戏剧结合"的含义。三宅一生也经常使用类似的装置来激活"悬挂"作品，让其动起来，最为明显的例子就是巴黎卡地亚当代艺术博物馆（the Cartier Contemporary Museum of Art）的展览。

从天然材料转向以技术驱动的合成纤维，三宅一生和菱沼良树都意识到合成纤维的多用途：它们热处理的效果显著，能产生有趣美丽的纹理效果，"热定型可以让合成纤维布料产生一系列纹理，与传统的日本扎染的可能带来的褶皱效果没有什么不同"（Braddock and O'Mahony 1998：125）。（图 5.2a）通过使用金属烤盘等本土道具作为模具，菱沼良树可以巧妙地处理布料的细节部分。凹凸面纹理都可以通过热塑来实现。菱沼良树广泛地尝试使用传统的扎染和缝制方法，将它们与高科技材料和工业工艺相结合，并坚持只与最先进的日本制造商合作。

对菱沼良树来说，小型的工作室更适合他，能让他保持个性，并在作品中融入匠心。玛丽·奥马奥尼（2008）将他作品称为是"科技的时尚……科技和时尚世界发生碰撞，在其中我们得以一窥未来的穿着"。按她的看法，菱沼良树是"当今最有创意的设计师……将新技术与传统工艺相结合"。她表示："手工艺是（菱沼良树的）答案"，不过（他的）前提是"深思熟虑后将其引入"。根据斯蒂芬·甘（Stephen Gan）和阿利克斯·布朗（Alix Browne）（1999：n. pag.）的观点：

图 5.2a

须藤玲子 /Nuno 公司，"溶解"系列 / 轮廓线纺织品，1987 年。
摄影：Peter Page，由须藤玲子和 Nuno 公司提供。

菱沼良树想在不使用诸如缝纫保守工艺的情况下制作一件三维立体的衣服。他制造了一个大型木质框架，并在上面覆盖了一块特制的布料，然后把整个东西放在一座大烤箱中。随着烤箱加热，布料便收缩成了一件衣服的外形。菱沼良树将这种技术称为"喷射服装"(Propella Dress)，还用在了其他许多系列。

通过让材料融合在一起，菱沼良树制造了特殊的新型混合织物。例如，他在创作中使用了一种由莱卡（Lycra）、合成仿麂皮线和光亮釉制成的涤纶（Gan and Browne 1999：n.pag.），他还将磨砂的聚氨基甲酸酯纸通过加热附着在机织涤纶或针织棉纺织品上。在 20 世纪 80 年代，他在日本做出了一系列完全由等边三角形组成的服装。该方法将单一的想法发展为多种不同可能的设计方案，强调了设计在实际制作过程中的重要性（Hishinuma 1986：162-172）。为了装饰牛仔服，他在柔韧的工艺纤维和金属表面上调配出明亮的、不透明真漆的色彩。奎因（Quinn 2002：142）认为，菱沼良树"接过了高田贤三手中的时尚接力棒"，因为他的作品常常通过"将合成与有机的纺织品结合起来"，从而融合了"带有民族印记的色彩"，常常是将合成与有机纺织品结合起来，让人联想到广泛的文化差异。他着重谈到了菱沼良树的 1997 春夏"部落"（Tribal）系列，认为这个系列是"菱沼良树在利用技术让合成纤维织品变成贴身褶皱方面兴趣的缩影，其中他还用鲜艳的色彩覆盖了这些褶皱。在走秀中，菱沼良树只用黑人模特，在她们的脸上涂抹出原始部落标记，并给她们设计了夸张的、近乎建筑一样的发型"。

菱沼良树（Lovegrove 2002：95）（对此）解释说："我对时尚潮

图 5.2b

须藤玲子 /Nuno 公司，"盐缩"系列纺织品，1994 年。收藏：Museum of Art、
Rhode Island School of Design（USA）、The Israel Museum（Jerusalem）、
Los Angeles County Museum of Art（USA）。摄影：Sue McNab，由须藤玲子
和 Nuno 公司提供。

流不感兴趣。我的概念源自个人思考。"他还补充说："重要的是让最初
的概念自由地成长和变化。"他在 20 世纪 90 年代中期发布的"收缩"
（Shrink）系列源于一次煮沸羊皮地毯的实验（图 5.2b）。将此实验原理
应用于其他材料，他就得到了一系列不同表面质感的织物。菱沼良树还
发现，某些纱线如果事先经过热处理就不会收缩，这让他可以将含有部

分天然纱线的织物煮沸，由此产生不均匀的表面花案。菱沼良树还发现能够通过反复煮沸和踩踏天然纱线来制作毛毡。菱沼良树与工程师合作多年实验印染效果，在过程中他开发出了一种工艺，可以只在织物表面他所选定的染色地方进行点染。在他的职业生涯中，菱沼良树曾与众多国际设计师合作，同时也被许多人认为是当今世界上最心灵手巧的纺织品设计师之一。

新井淳一

新井淳一主要是作为一名自由设计师从事纺织品设计，他因对日本纺织品设计和工艺的发展做出的贡献获得了一致推崇。1984 年，他获得了著名的"每日时尚设计奖"。同年，他与须藤玲子共同创立了 Nuno 公司。新井淳一曾与包括三宅一生（主要是三宅设计工作室，MDS）在内的许多顶尖设计师合作，生产出非常细腻、看上去就像是石头或云朵的纺织品。他的作品曾在世界各地的许多艺术馆和博物馆中展出，与此同时，作为一位形象大使和激励者，新井淳一激励了整整一代的追随者——他们参加许多由他主持的纺织品研讨会和论坛，从而了解纺织品设计。

于纽约现代艺术博物馆举办的日本纺织品展"结构与表面：当代日本纺织品"，就有向他的作品致敬，并且探讨在自然与人造（纺织品）之间进行妥协的主题。在展览中，纺织制品将城市街道上拥挤的汽车的闪亮金属成品，还将钉子和铁丝网等这些废弃物转化为一种强有力的视觉隐喻，讲述了另一种类型的日本景观。策展人玛蒂尔达·麦奎德（Matilda

McQuaid)（1998：3-4）对此的观点是："在日本，这种共存是被接受的，甚至可以说是受到尊重的，其重要性更多地体现在时间和生活的连续性之中，而非赤裸地呈现出极端。"事实上，她提出："一些最具创新性和技术含量的纺织品都以最诗意的名字来命名的。"由工业纤维和合成纤维制成的高科技纺织品物通常会被称为"白桦皮""夕烧"[1]或"森"，这些名字暗示了灵感的来源，描述表面质感，或解释其起源。"新井淳一，这位被誉为在当今纹理设计领域中最伟大的技术革命天才之一的设计师，时常会使用一种涤纶薄膜狭条，在其中夹上"一层诸如钛、铬或金的金属层"。他将这种材料称为"当代天然纤维"。

作为传统纺织工业城市桐生的一家纺织厂老板的儿子，新井淳一在20世纪50年代首次对（关于纺织品的）一些想法产生了兴趣，当时桐生正好处于引入合成金线纺织金银锦缎时期。桐生历来以善于织造用以制作和服上硬挺阔腰带的丝织品和金属锦缎而闻名。他申请了36项金属丝线方面的设计专利，为此他还前往墨西哥培训工人，向那里的纺织厂进行咨询。进入70年代，桐生是最早将电脑技术融入提花织机的传统纺织中心之一，新井淳一也很快"被这项新技术所吸引，并找到了将其融入如缂丝和后整理等传统纺织工艺的方法，创造出令人惊讶的超常规纺织品"（Wada 2002：53）。

20世纪80年代，在设计师和科学家的共同努力下，纤维工程取得了显著进展。新井淳一给透明薄纱涤纶纺织物喷镀上金属铝膜，然后在表面涂上一层超薄的尼龙树脂膜，使铝可以染成任何颜色。玛丽·奎

1　中文意为"晚霞"。

因补充指出："他使用了真空密封器来确保制造出超薄的金属层"，以避免改变布料悬垂性（2002：86）。新井淳一推出的名为"深海"（Deep Sea，1994）拥有抽象海洋蓝绿色的纺织品，是由涤纶和铝组成的。通过热转印，金属部分被熔解，露出透明的布料，并将下面的颜色转印到织物表面。这种热转印技术于 20 世纪 50 年代末首次引进，并在接下来的几十年里逐步发展到了巅峰。新井淳一将这种热塑的方法应用在微纤维，从而创造出了他的纹理艺术作品，还将其转为三维形态。他发现，这种热塑法也能用来给合成纤维永久性地打褶和起皱，同时还能染上颜色。新井淳一像画家一样凭直觉工作，用分散染料进行升华染色处理，从而制造出了色彩丰富、富有动感的（织物）表面效果，仿佛就像经历了一场出乎意料的颜色爆发。按岩本和田良子（2002：59-60）的说法，这是通过在热转印机中对涤纶金属布料进行双面多层定型和着色实现的。每次都会使用不同的颜色，每一面都会如此处理。其结果就是，在每一件作品中，布料一面有着从火山口涌出的熔岩般红橙色的效果，而另一面则有着令人愉悦和放松的，融合绿、蓝和黄的热带雨林般的效果。

新井淳一以他对新设计可能性的无尽尝试和探索而闻名，他的好友须藤玲子在名为《手与技术：新井淳一的布》展览目录中写道："他是日本纺织品中的顽童，以蔑视惯例为乐，就像一个淘气的男孩在玩弄超高科技的玩具。"（in Arai et al. 1992：n. pag.）通过将最新的材料与扎染、刺子绣、绞染这些由来已久的技术相结合，新井淳一能够创造出新奇的织物布料成品。在这些制作工艺中，新井淳一采用了防染染色技术，而此技术正是他在 20 世纪 90 年代在汉堡及南美一些地方为国际设计师举办的许多研讨会的理论基础。利用他自己设计的金属涤纶织物而不是绞染布，新井淳一用温和碱液来融化涤纶薄膜纱线上的铝涂层，在透明面上制造出了银色的图案。

策展人达娜·赛尔夫（Dana Self）回顾 1997 年在密苏里州堪萨斯城的肯佩尔当代艺术博物馆（Kemper Museum of Contemporary Art）举办的新井淳一作品展时，强调表示，新井淳一坚持认为："布料在灵活性上和兼具现实化（朴实的）元素方面必须像人的皮肤一般，同时具有重塑自身并保留其原始的本质的能力。"赛尔夫写道：

> 新井淳一将传统与非传统、简单与复杂融为一体，并从日本数百年来的纺织传统中汲取养分……纺织品和衣服反映了诸多理念，如我们如何穿着打扮自己，某些布料是如何让我们感受到肉体与情感，以及布料和服装是如何在我们的文化中发挥作用的。(Self 2001)

50 多年来，新井淳一通过他非常规的创新方法，为世界各地的纺织设计师提供了灵感，他留下的遗产无人能及。

须藤玲子和 Nuno 公司

Nuno 公司成立于 1984 年，旗舰店位于东京六本木的 Axis 设计中心。须藤玲子[1] 和新井淳一从 1970 年起就已经闯出创新纺织品设计师的名头，但此时他们成为 Nuno 公司的首席董事。三年后，新井淳一离职成为制作艺术纺织品的自由设计师。

在须藤玲子的带领下，Nuno 公司继续前进，成为日本纺织品发展中的主导力量。她鼓励旗下的纺织设计师走在设计的最前沿，利用各种形式来表现"折纸"的折叠、"海啸"的漩涡和"海蜇"的膨胀。她解释道：

> 我将那些过去只能用手工生产的布料用现代方式重新发明出来。我一直在探索用工业手段来创造那些被视为传统的东西，以便让它们在当下获得新生。（in Wada 2002：60）

Nuno 因电脑设计而声名鹊起，这是他们设计和生产创新纺织品过程中不可或缺的一部分，并且还经常为诸如三宅一生、川久保玲和菱沼良树等日本顶尖设计师提供定制设计。他们使用苹果电脑来控制提花织机，能够通过对比控制（织物的）收缩率，进行多层管状纺织，从而制出任何长度的透气性能良好无缝布料。此外，20 世纪 80 年代，Nuno 利用当时最先进的技术设计出了独特布料，其中包括"芭蕉布"[1]——一种源于冲绳传统的芭蕉纤维制成的布料（图 5.3a）；刺子绣系列，一种以日本传统十字绣为基础的布料；绉丝系列，这是一种用超捻纱制作出的呈波浪形表面纹理的布料；"强燃"（Burn-out）系列，用化学蚀刻法在纺织品上侵蚀出花案；"溶解"（Melt-off）系列是让纤维在药剂池中溶解形成乳白色的薄纱；"飞溅"（Spattering）系列则借鉴汽车工业的喷镀技术，生产出了丝滑的不锈钢精加工表面（图 5.3b）[2]。在 90 年代，

---

1 日文为"芭蕉布（ばしょうふ）"。
2 根据 Nuno 官网介绍，"强燃""溶解"都是提花割绒。

图 5.3a

须藤玲子 /Nuno 公司，芭蕉布—阿瓦诺斯纺织品，1994 年。
摄影：Sue McNab，由须藤玲子和 Nuno 公司提供。

图 5.3b

须藤玲子 /Nuno 公司，飞溅系列的纺织品（不锈钢板，不锈钢压花，不
锈钢亮面），1989 年。收藏：Museum of Modern Art。摄影：鹭坂隆。
由须藤玲子和 Nuno 公司提供。

Nuno 进行了各种实验，诸如用各种金属材料纺织出细线；用铁锈在布料上冲压出花案；用高温、化学试剂、机器和手工方法制作磨损破边效果的布料；用腐蚀性溶剂烧出多层次的图案；以及剃去长毛绒的豪华天鹅绒面料等。通过这些实验，Nuno 将工匠精神与工业相结合，使他们设计方法的名声更为显著。

为了与后现代实践保持一致，Nuno 将传统与当下的实践融合在一起，创作"盐缩"[1]系列，该系列将日本传统的用海水作为反应剂的处理方法应用到现代纺织厂生产中，并将经过柿子丹宁处理过的日本手工纸（和纸[2]）（washi）用耐久的合成胶水粘在天鹅绒底上。他们创造出一种只有在日本才能看到的独具特色的织品。然而，他们还在新千年里尝试与传统相一致方法处理再生纤维，以此实现可持续发展。该公司负责将他们实际生产过程中产生的零碎料和下脚料进行废物处理，将其重新利用，制造出拼贴纺织品。他们将其称之为"Nuno 补丁"[3]。他们家出品的织物中会融有各种材料，像名为"产毛"的纺织品（2007）（彩图16a），其中含有磷光颜料以储存阳光，在黑暗中可以发出柔和的光波，还有他们的名为"铜布"的织物中使用了带聚氨基甲酸酯涂层的铜丝纬线，可以有效地防止发脆和掉色。这种特殊材料被广泛用于安全装置和防火装置之中。Nuno 出品的这些面料不仅强调了他们在新时代纺织品设计中所拥有的独特和创新方法，而且表露出了能同时融入功能性和非

1　日文为"塩縮（えんしゅく）"。

2　日文为"和紙（わし / わがみ）"。从柿子中提取的柿子丹宁（"柿渋（かきしぶ）"），用其处理和纸达到防水耐用的效果，为日本传统和纸工艺之一。

3　日文为"Nuno 継ぎ接ぎ（Nuno・つぎはぎ）"。

功能性纺织品的内在的微妙美感、中性色彩和纹理表面。萨拉·布雷多克和玛丽·奥马奥尼就指出（1998：11），Nuno 用粗糙、带糙粒粗纱和高度扭结的纱线制作了许多机织织物，而其本身就为布料提供了"装饰"。布料的微妙变化是结构的组成部分之一，其编织结构使它自己适合创造抽象花案。作者还认为：

> 在日本，艺术品的精华就在于它的不完美、个性化以及对材料的诚实和真诚的态度。这些特点（今天）仍然受到高度重视。这种哲学最初来自茶道，如今已成为艺术表达的重要组成部分——艺术作品或设计会因其制作者的手艺而变得更加完美。对于 Nuno 来说，这一理念是最基本的。

《美国艺术》（*Art in America*）在 2002 年 1 月发表了一篇有关须藤玲子在京都艺术中心的装置艺术的文章。文中提到，她将这六间房子转变为"关于透明度、光线和三维形态的才华横溢的纺织冥想"。在这里，纺织品被"当作雕塑形式，将视觉的智慧与对技术的理解和狂热无畏（的尝试）编织在一起"（Kushner 2002：n. pag.）。在其中一间屋子里，多块透明的布料化身为用来播放须藤玲子的纺织品特写镜头的屏幕，制造了幻觉并给空间带来迷惑感。

2005 到 2006 年，题为"21：21——须藤玲子和 Nuno 的纺织品幻象"的展览在英国和奥地利进行巡回展出 [2]。这场突出了工艺与工业的相关性的展览，也是庆祝须藤玲子入行 21 年的首个作品回顾展。展览摆出了总共 32 大项纺织品，展出了须藤玲子在创作作品时，其实

图 5.4

须藤玲子 /Nuno 公司，羽蝉翼纱（羽オーガンジー）纺织品，摄于 1994 年。
收藏：Philadelphia Museum of Art、Museum of Fine Arts Houston（USA）、
Montreal Museum of Fine Art（Canada）、Hiroshima City University
Museum of Art（Hiroshima）。
摄影：Sue McNab，由须藤玲子和 Nuno 公司提供。

验性效果是所能达到的广度。例如，在展览中有一件名为"羽蝉翼纱"
（Feather Flurries，1992 年左右）（图 5.4）的作品，是将真正的羽毛
装入丝绸双层布中，为作品增添又一个维度。"气泡袋"（Bubble Pack，
1995）是一种米色的丝绸，将染料点当作一处处防粘膏，使丝绸暴露出
来的地方被化学收缩，产生了与包装材料的气泡袋不同的浮雕表面。"七
夕"（Tanabata，2004 年）（彩图 16b）则是使用折纸方法来切割布料。
玛丽·斯科舍（Mary Schoeser）对这些已被人重新审视的亚洲古老技
术做出了如下评论：

使用淀粉抗蚀剂和碱性浆料来改变或破坏纤维，从而创造微妙的图案，这种做法早在 8 世纪中叶就出现在东方的记载中。作为对比则是诸如烧染（Burner Dye，后被命名为"空焚"[1]）这样的布料，为日本一家轮胎制造商于 1997 年开发出的一种直径仅 8 微米的不锈钢纤维制成的。经过三年的实验，人们才发现这种极细钢线在裹上一层水溶性纤维后，能适用于织机，然后可以再将这层纤维洗掉。（2006：33）

有趣的是，斯科舍指出，布料的触觉感官能增加人们接触布料的欲望，而展览中则可在样品布料附上"感受样品"的标签来满足人们这一点需求。须藤玲子有着与生俱来的信念，那就是人们对纺织品的感受反馈，正是她设计工作的动力所在。

一般而言，Nuno 的设计作品和产品"是对探索纺织品设计中结构、材料和工艺极限愿望的回应"（Hemmings 2006：362）。2001 年，当 Nuno 意识到以木炭为成分的织物可以过滤异臭和污染时，就着手开发了一款由羊毛、丝绸、木炭、尼龙和聚氨酯制成的混合织物。使用木炭，是因为它能吸收空气中的化学杂质，具有促进健康的特性，具有吸收空气中化学杂质的能力。在另一类组合中，Nuno 提供的是竹子纤维与人造丝、丝绸、尼龙和聚氨酯组合形成的混合织物。其中的竹子纤维具有抗菌防臭的特性。毫无疑问，在高度创新的当代纺织品设计与生产方面，日本处于世界领先的地位，并且同时融合了传统和技术。须藤玲子让日本传统工艺与新的工程技术、新型染整加工工艺与似乎不可能的材料组

1　日文为"空焚き（からだき）"。

合融合在一起，彻底改变了 Nuno 的布料设计。她和 Nuno 的作品带来了非凡的视觉冲击力，使得 Nuno 公司被人视为世界上最多产、最杰出的纺织品生产者之一。须藤玲子的作品被世界各地展馆永久收藏，包括纽约现代艺术博物馆、纽约大都会艺术博物馆和库珀·休伊特国家设计博物馆、波士顿美术馆、伦敦维多利亚和阿尔伯特博物馆以及东京国立现代艺术博物馆等。

皆川魔鬼子

皆川魔鬼子是京都一家和服制作世家的第三代，她以堪称典范的专业技术而备受尊重。她曾在京都市立艺术大学接受教育。1971 年，皆川魔鬼子加入三宅一生设计工作室，而在此之前，她是一名独立的设计师，以将乡村的传统工艺与最前沿的布料科技相结合而闻名。此后，她一直担任三宅一生的纺织总监，成为工作室机织织物方面研究和设计领导者。1989 年，她 17 年来的作品合集《质感》由讲谈社出版。她制作的布料表面触感细腻，充满极简主义，为此在 1990 年荣获了"每日时尚大奖·鲸冈阿美子奖"。近年来，她凭借杰出的工作斩获了许多时尚和设计奖项，并在日本举办了个人展。

根据岩本和田良子（2002：77-81）的说法，皆川魔鬼子与三宅一生开始合作时，他们之间的交流对话宛如禅宗公案中打机锋，三宅一生只是就他对未来设计的想法说了几句深奥术语。皆川魔鬼子在描述他们的工作关系时表示，三宅一生有时会简单地说："冬天的白色。"此时皆川魔鬼子就会问自己："我就想知道，到底应该是冰的白色？还是盐田的白？是像朝鲜李氏王朝产的那种白青瓷？抑或干脆就是白雪的颜色？"（Wada 2002：77）。之后，皆川魔鬼子就会尝试生产新的纺织品以对（三宅一生给出的）极简主义方向做出回应，而这些纺织品的生产可能需要两到三年的时间。三宅一生最奇妙的布料之一是 1993 年的"褶皱与扭曲"（Pleats and Twist）系列，其中锈棕色的布料模拟出树皮的效果，将模特的手臂包裹成树枝。后来日本许多大的时装品牌也都像三宅一生一样，在纺织品研发上投入了相当多的资金，将纺织品研发纳入公司内部管理，从头到尾控制了整个流程。

皆川魔鬼子还与领先的专业纺织品制造商合作开发新布料。同新井淳一一样，她的设计有着不同寻常实验性，极为大胆，将手工艺与新技术结合了起来。萨拉·布雷多克和玛丽·奥马奥尼指出，皆川魔鬼子"敏锐地意识到纺织品的物理和感官特性，特别是在织物吸收和反射光线的方式上"（Braddock and O'Mahony 1998：107）。皆川魔鬼子将天然纤维和合成纤维结合起来探索它们的内在属性，并对织物结构进行不断实验。她能够通过对分层的衣料进行折叠、机器缝绣和染色，在织物上创造出花案。在日本文化中，织物设计的重点更多地集中在过程而不是结果上。譬如，为了抵消合成纤维织物的因静电而黏附身体的倾向，大多数三宅一生工作室出品的涤纶布料在纤维中掺入了微量的金属，以防止此类静电黏附。玛蒂尔达·麦奎德（1998）认为："在日本，没有任何时装和纺织品设计团队能及得上三宅一生和皆川魔鬼子，能比他们更有效地运用层叠法创造出引人入胜的三维作品。"她特别列举了 1998 年的棱镜（Prism）系列。在这个系列中，大衣和连衣裙是用层叠的材料制成的，这些材料的生产方式则结合了手工制作与一种最初用于地毯制作、名为"针刺法"（needlepunching）的传统工艺方法。在棱镜系列中，"针刺法"将雪纺绸与棉胎结合在一起，让连衣裙呈现出一种层次分明的色彩拼贴效果。此效果与三宅一生的兴趣，以及他作品中汲取日本古代技术的做法相当一致，这种分层的前身就建立在平安时代和服的演变过程之上，那时，高级的贵族女性会穿着多达十几层礼服（在颈部、前部和袖口处可见）（图 0.1），这些服装的颜色和剪裁各不相同，经过精心挑选，相互衬托。

松下弘

松下弘是印花纺织的先驱，也是一位特殊的纺织工匠。他与川久保玲保持了长期合作，帮助她确定了 Comme 系列的最终造型。1997 年，川久保玲委托当时还在织物研究社布料公司的设计师松下弘为她的"囊肿"系列生产弹力方格色织布，后者因而一举成名。

此前，松下弘按照川久保玲的指示，在她 1981 年推出的"磨损织机的织品"中，对正在织机上的实际织物进行了重新设计。川久保玲在织机上进行实验，以创造出最终织物的复杂、不完美和新奇的质感。第二年，川久保玲实现了自己的"蕾丝"针织品，就像前面提到的那样，她指示操作针织机的工作人员松开一些螺丝，以便在毛衣上（故意）织出孔洞。这些看似随意的小孔启发了迪耶·萨迪奇（Deyan Sudjic 1986），他评论认为，川久保玲这样做可能是表达一种批判：在一个机器制造的完美时代，手工艺纯属多余。

松下弘生产的其他有着皱褶和包裹的织物，或是有着分层的粗糙下垂的织物，都在川久保玲的现代纺织品高度原创、创新的生产实践中获得了认可。根据萨迪奇在 1990 年对 Comme des Garçons 的研究（有关制造过程信息为 Comme des Garçons 提供）表明：

> 在 1984 年川久保玲的女装系列中，正是松下弘发明了纵横交错的弹性人造丝，让川久保玲在她的女装系列中就像融化了一样冒泡、沸腾的服装。川久保玲 1986 年的不对称裙装中使用的黏合人造棉和聚氨基甲酸酯面料也是由松下弘设计的。在松下弘看来，Comme des Garçons 服装的独特之处，原因可以追溯到编织该系列服装的线之上。

川久保玲以爱对她手下的打版师、裁缝和纺织设计师发出抽象指示而闻名。比如，她可能会告诉松下弘想用细线而不是粗缝线，或者想要一种冰凉的感觉，想要平整而不是凹凸，想要具有深度和质感。忠诚、尊重和专业精神是他们维持这种合作关系的核心，使高水平的创造力得以持续几十年。

纺织品公司

日本虽然有不少大型工厂，如世界上最大的纺织企业东丽（Toray），它们技术先进，自动化程度高，但相比较而言，它们大多数的运营人员则规模小且单一。东丽公司（的运营）在合成纤维和纺织品的基础上，又扩大到了许多其他领域，如塑料和化学品、新型复合材料、医药和医疗产品、建筑材料、住宅和工程等。许多小型工厂，如金子织物、

MITASHO[1]、井上百褶和吉村纤维等，以前都是生产和服及其他服装，并且已经有数代人经营。它们每家都倾向于专攻某项工艺，如裁剪、化学蚀刻、红色波浪编织、打褶裥或植绒等。例如，井上百褶早在 1943 年成为日本第一家（给衣料）加工褶皱的公司。自 1953 年醋酸盐材料出现后，许多设计者就在褶皱处理中利用材料的热塑性，通过加热加压开发出高度复杂、细节丰富的波浪状图案。（其中，）帝人纤维以生产的变色缎闻名于世，旭洋产业则以其热变纤维而出名。20 世纪 70 年代，东丽工业向全世界发布了类麂皮人工皮革[2]，这是一种防水织物，能将雨滴留存于织物表面，如今东丽则以浮雕布料在业界大名鼎鼎[3]。

在福井县，纺织业和造纸业经常被关联在一起。由于纸具有保暖性和耐久性，因而在传统上一直被日本人用于成衣。时至今日，依然有不少公司将合成材料的丝线与纸结合起来作为一种当地特产织物，这种加工后的织物实际感观非常类似和纸，即日本的手工纸。

日本最大的两家纺织品公司——旭化成和位于京都的佳丽宝的设计室"风"（日文发音为"kaze"），专门从事合成纤维织物热处理方面的工作，他们使用优质的涤纶纺织品，经过印花后再用化学防渗漏剂进行处理。这种工艺为劳动密集型，因而价格昂贵，更适合用于高级定制服装。旭化成同时为高级定制系列和成衣时装系列提供面料，如今它们通过电脑设计，能快速有效地改变配色，使纺织品制造发生了革命性的变

1　日文名为"ミタショー"。

2　原文为"Ultra-suede"，直译为超仿麂皮，此处为东丽株式会社官网命名，其注册商标为"Ultrasuede®（奥司维®）"。

3　可能是指东丽的立毛绒纺织品系列（立毛パイル織編物）。

化。佳丽宝制造出了一种名为"蓓尔斯塔（Belseta）"的高密度涤纶和尼龙的机织面料，由超级细纤维蓓蕾麻X（Belima-X）制成，可用于时装和运动服。此外，佳丽宝还推出了一种微胶囊技术，能让其从纤维中释放香水。这种"香味纺织品"可用在制作内衣和袜类方面。日本的近绢公司（Omikenshi）则开发了一种从蟹壳中提取出的粘胶，据称具有抗菌特效。另一家日本公司可乐丽（Kuraray）则从事生产超细合成纤维作为皮革的替代品。他们的开发出的两种面料可丽柔（Clarino）和索肤润（Sofrina），被广泛用于生产运动服、时装和行李箱。目前，科学家和纺织工程师正在制造防风和透气的微纤维织物。将这两种特性结合在一起，意味着需要布料既能防止最小的水滴渗入，同时又要能让汗液中的水蒸气通过。这将使衣料在各种天气条件下都能帮助穿着者保持体温，无疑将会给运动服带来革命性的变化。

在京都，14家生产时尚女装纺织品的纺织公司在"京都辖域"（Kyoto Scope）的组织下联合起来。他们每年在京都国际会议厅举办两次纺织品展，以配合春夏和秋冬时装系列。其中一个所有公司合作的展会名为"零"（Zero），以其展品具有的原创性、独特性和质量而闻名。从更大范围来看，每年在巴黎还会举办两次（3月和10月）名为"品锐至尚"（Première Vision）的国际纺织品交易会，迄今已有三十多年的历史。

日本的纺织品与他们的艺术一样，有共同的特点：它们以优雅方式表现不完美以及不均整的形式或图案，并对自然和城市景观作出回应。一方面，一些纺织品的外观可能反映了衰败、风化或复兴元素或后工业的实践，通常表现为对材料的回收和再利用（如MDS和Nuno）；另一方面，它们试图从工业生产过程获得灵感，譬如从泡沫包装中探索制出新的外观，或是在材料中融入标记物，像是生锈的铁钉或铁丝网 [须藤玲子的"弃置场"（Scrapyard）系列]。对于所有东西方的前卫设计师来说，我们当代时尚的关键问题之一，就是如何协调手工艺同高科技、大规模生产手工品的外观。例如，"电脑控制机械化织布机经常被中断，以便用手工插入一些细微元素，像是羽毛或纸张，诸如此类"（McCarty 1998）。如此，设计师便在他们的作品中嵌入了富有诗意的手印。在日本，这种将结构手工附加在布料上的做法，无疑是受到传统的绞染技术的启发，并在当代纺织设计师中延续下来。他们采取了这种特别的措施来确保个性和多样性，而这也一直是日本艺术实践的标志。

[1] 须藤玲子在日本武藏野美术大学纺织设计专业完成研究生课程，并在该校工业、室内和工艺设计系担任过研究助理。

[2] 本次展览分别在英国萨里郡法纳姆大学创意艺术学院的 Foyer and James Hockey 画廊、林肯郡斯利福德的 HUB 画廊和奥地利哈斯拉赫（译注：疑有误，该城位于德国）的纺织文化协会举办。

6
全球影响：
对西方传统的挑战
Global Influences:
Challenging Western Traditions

继川久保玲、山本耀司之后，下一波革命性的设计师来
自比利时。

——深井晃子，京都服饰文化研究财团 [1]

日本设计师对整个欧洲大陆、英国和美国的其他顶尖时装设计师产
生了前所未有的冲击。据时尚记者马克·奥弗莱厄蒂（Mark O'Flaherty
2009）说：

在山本耀司出道后的 30 年里，他那曾经激进的想法让渡边淳弥、
高桥盾和马丁·马吉拉等形形色色的同行都兴奋不已。他作品中的奇
特造型和歪斜的比例影响了整整一代比利时设计师，而且最近似乎

到处都有他的影子，他的设计主题贯穿马克·雅可布和缪西娅·普拉达（Miuccia Prada）那些看似不同的系列，甚至就连备受赞誉的新人，美国的贾斯明·肖克里安（Jasmin Shokrian）也是如此。当年山本耀司在巴黎首秀时，他还不到 10 岁。

毋庸置疑，时尚界的解构主义始于日本设计师川久保玲（和她的 Comme des Garçons）以及山本耀司。他们在 20 世纪 80 年代确立了自己在巴黎时尚界的领先前卫设计师地位。V&A 的时尚策展人克莱尔·威尔科克斯解释说："当时的西方时尚还是出奇的传统……他们带来了巨大的冲击，使得整座时尚的大厦崩塌。"（in O'Flaherty 2009）。德国时尚作家文肯（Vinken）说，他们的时装秀"华丽地标志着一个时代的终结和另一个时代的开始。此后，创意的冲动来自成衣时装，而不是高级定制时装……时尚变成了创作者和穿着者之间的合作创作"（2005：35）。英格丽德·洛舍克（Ingrid Loschek）在《解构主义者》（1999）一书中强调："在 20 世纪 90 年代，比利时人安·迪穆拉米斯特和马丁·马吉拉成为解构主义的主要代表人物。"迪穆拉米斯特回忆说："[当日本设计师在欧洲首次亮相时，] 我刚刚完成学业，他们的出现是时尚界迈出的勇敢的新一步——作为设计师和一名女性，我开始拥有新自由。"（In O'Flaherty 2009）。根据奥弗莱厄蒂（同上）的说法，将这些日本设计师的新影响带到伦敦和纽约的人中包括约翰·里奇蒙（John Richmond），以及伦敦圈子里的天才玛利亚·科尔内霍（Maria Cornejo），他们于 1984 年创立了 3D Richmond Cornejo 品牌。里奇蒙说：

在我成长的过程中，从来都见不到黑色的衣服。只有在日本人那里，黑色才算真正有用武之地。我喜欢使用黑色，因为我在曼彻斯特长大，那里的光线总是让颜色看起来很灰暗。（同上）

科尔内霍于 20 世纪 90 年代末在纽约创立了品牌 Zero。她表示，日本人对她的影响在于"他们的剪裁……（另外）他们也……开辟了新的领域"。（同上）同样地，奥弗莱厄蒂还认为，当时才 19 岁的哥特艺术学生瑞克·欧文斯（Rick Owens），也显露出"来自日本精神的……艺术性解构"，并且欧文斯发现，日本设计师"局外人的身份同他们的剪裁一样都带来了灵感"。（同上）

对日本人来说，"解构"意味着接缝不仅仅应该是将两块布料缝合在一起，还意味着它在裸露出来时，能给设计带来能量和动力，不均整的地方制造出了运动效果和有趣的失衡感。比利时著名设计师之一，马丁·马吉拉独自一人将解构引入欧洲。他将此概念做了进一步延伸，将并非属于彼此的东西组合在一起。例如，他曾试图通过将过宽的袖子塞入一个窄小的臂孔中，从而制造出一种身体被割裂开的效果。川久保玲和山本耀司在 20 世纪 80 年代初推出他们的第一个看似破旧、漏洞百出的服装系列时，他们使用的是新材料，但马吉拉却并不是以新制旧，而是保持了衣料旧的、二手的状态。这种解构的形式并不是为了引出更深层次的关于贫穷或压迫的社会学信息，而是为了创造出一种独特的艺术作品，显示出时代的痕迹，一种属于其本身的唯美主义。[2] 解构在实体观感和概念上都蕴含了极为广泛的可能性。置换——即将材料从此处拿走，然后在彼处对其进行语境重构——这个概念兼顾了部分的概念，其强调了方法过程，让部分完成变为最终产品。在通常的制衣过程中，织物就是用来试验想法的，常常需要被拆除然后从头再来，但对于解构主义者来说，方法过程就是最终产品。诸如缝纫标记、疏缝、系线和缝纽扣、穿钉和装拉链这些裁剪技术，本身已演变为一种服装表面装饰的形式。自我反身性就必然要求自我评估和再评估。美往往存在于实际的制衣方法过程中，为了保持这种状态，服装必须被"定格在时间中"，因此就解构关于完美的幻想。某种程度上，背后支撑这一方法的过程是一种天真想法，同时容纳了机缘巧合和意外收获。因为实现这个方法过程需要打破的传统，对旧有观念重新加以思考，重构旧有的形式。毕竟，"成品"为什么非要完成不可？擦散的边角、拆散的折边或不加掩饰的内衣是否对美学构成了威胁？这些前卫的思想家通过他们的作品表示，新的设计词汇必须对现有的规范和态度发起挑战，才可能创出新的服装视觉语言。

比利时的时装设计在日本也获得了闻所未闻的推崇。许多青年设计师感到，如果他们的作品不能获得日本年轻人的拥护的话，他们或许将永远无法在时尚界立足。因为日本年轻人热衷于寻找具有创新性的服装，以此表达自己的个性。1982 年被任命为安特卫普皇家艺术学院时装系主任，后来在建立佛兰德斯时装学院方面发挥了重要作用的琳达·洛帕（Linda Loppa）指出：

> "在我看来，比利时设计师在日本的成功，是因为事实上日本人和比利时人在某种程度上心意相通。此外，日本青年购买者对创意的接受度也很高。"（Derycke and Van de Veire 1999：303）

有趣的是，"佗寂"在日文中的精髓含义不仅适用于重要日本设计师三宅一生、山本耀司和川久保玲的作品，也同样适用于比利时设计师的作品。按照伦纳德·高伦（Leonard Koren）的说法，"佗寂"指的是不完美的、转瞬即逝的和未完成事物之美。它所代表的美是含蓄、简素和不拘一格的。它是反理性主义的，蕴含了一种依赖直观的世界观；它的目标是针对每个对象都有个性化解决方案；具有独特性而不是大规模量产；形态有机；容忍忽视和磨损；用衰败和玷污来强化表达，传达情绪；具有模糊性和矛盾性；适合并不重要。美可以从丑陋中诞生。（Schacknat 2003：103）

马丁·马吉拉——拾荒者

> 我们最欣赏的设计师是"那些对他们工作报以真诚的设计师"。
>
> ——马吉拉时装屋（Maison Martin Margiela）团队

作为安特卫普学派的一员，马吉拉同川久保玲一样深居简出。他避开宣传，不许别人给自己拍照，也不愿公开露面。对他这种不愿意成为明星的人米说，这种隐遁式的生活方式显得相当合理。马吉拉坚持认为，马吉拉时装屋（Maison Martin Margiela）出品的服装都是团队合作的结果，而非某人个人的产物。[3] 同三宅一生、山本耀司、川久保玲这些日本设计师一样，马吉拉并不追随国际潮流，而是选择对在早期设计和系列中形成的理念进行提炼和再语境化。2001 年，时尚评论家和教育家丽贝卡·阿诺德（Rebecca Arnold）（Polan and Tredre 2009：230）提到，"马吉拉的做法削弱了设计师应为一个独特的个体创造者的概念。因为他承认，每个设计都是时尚历史中的产物"，马吉拉"与日本设计师川久保玲在精神上有着共鸣，他们承认不完美是通往真实的途径……同时尚在传统上作为转瞬即逝的完美幻想的提供者角色形成鲜明对比"（图 6.1）。

马吉拉的服装设计建立在自相矛盾的基础上——一种对比和并列的结合。例如，在他设计的某件服装中，有一面可能更倾向于硬朗的结构外形，而另一面则可能柔软蓬松。这种相互作用创造出了一种表演的效果，"马吉拉声称，时装设计师犹如木偶操纵者，在塑造一场与衣服相关的表演中扮演着引导者的角色。在这里，服装装饰在移动的身体之上

图 6.1

2010 年，马丁·马吉拉，其品牌二十周年纪念展中的五位人台模特与外套。摄影：Sylvain Deleu。由 Sylvain Deleu 和伦敦 Somerset House 提供。

打造了一幕制造效果与恢复原状并存的表演"（Wilcox 2001：39）。马吉拉用旧造型、旧人体模型和衣架来展示他的服装系列。服装成为实践"朴素无华"的缩影。衣服比例过大，有着长袖，衬里、接缝和折边都露在外面，接缝和省道被撕开，以显示出新的纹理效果。除了松垮地缠在袖子上的裁缝胶带、挑起裙摆和标出高腰线之外，他的服装别无任何装饰。这些服装向 20 世纪 80 年代的魅力、过度风格和威望发起了挑战。在著名的安特卫普皇家艺术学院待了四年，学习了剪裁、悬垂、解剖学、市场营销和设计后，马吉拉成为该学院最著名的毕业生之一。

马吉拉的反时尚策略包括缝在衣服上的空白标签——这种缺席反而标志出他的存在。在他早期系列中，标签都暴露在服装之外，其中有些是印在白色长方形上的一系列数字，用四道白线缝在一起。圈起来的 1 代表女装，10 代表男装，22 代表鞋子，11 代表配饰。马吉拉对匿名性的执着延伸到了无名系列以及无招牌店铺之上。他的系列会在巴黎的老旧和贫穷、常常是被废弃的地区进行展览，"比如巴贝斯（Barbès）……这个主要是非洲裔和阿拉伯裔居住的地区，还有在空旷的地铁竖井里，废弃的停车场、火车站里"。在马吉拉的模特身上也会带有磨损和撕扯的痕迹，他的模特往往同观众素未谋面，并且时常是非专业人员。她们的眼睛上贴着布条，或者缠着面纱，以确保她们不为人知。这些策略手段，本身就抹去了"作为天才的艺术家"的标签，消除了精英主义的魅力和地位，通常将取得的成功归结于模特、服装和时装秀的场地，否定了那种对超级模特的崇拜。虽然看似是在模仿日本设计师的特点，挑战所有现有的时尚流派，而且在早期作品中也大量使用黑色，但马吉拉绝不仅仅是在克隆日本前卫派设计师。在很多方面，马吉拉比川久保玲更激进，更像是一个颠覆者，他将挑战成衣体制作为一种反抗形式，并不像传说中川久保玲的作品那样，以幽默感作为自己的伪装。

在为让－保罗·高缇耶工作了两年(1985—1987年)之后，1988年，马吉拉推出了自己的第一个系列，从此就被誉为风格类似川久保玲和山本耀司的新兴革命性的前卫设计师之一。他由内而外波希米亚风的设计是对穿着和性别的传统观念做出的一种反应。他的设计对魅力概念以及追捧名流做出了批判性的评论。马吉拉将诸如黄麻、塑料这种非传统材料与轻盈透明的编织方式相结合，以此向那些消费主义仪式进行抨击。马吉拉不拘一格的时尚常常被多次构建和重构，其中强调了一种对个人的崇拜。然而，虽然吉勒·利波维茨基[1]（Gilles Lipovetsky）在《时尚帝国》(*The Empire of Fashion*, 1994)中率先提出，个人主义是20世纪时尚的首要焦点，但近来的迹象表明这种现象已经发生了改变。安德鲁·希尔（Andrew Hill）在《现在的人们穿得如此糟糕》(People Dress So Badly Nowadays)一文中指出，在后现代主义框架下，"个人身份认同问题以及关于此问题的自反性，已经以一种先前从未见过的方式涌现了出来"(2005：67)。在这篇文章中，希尔反复强化这样一种观点：最初，反时尚对时尚传统发起了挑战，但它反过来又会因此被接受为主流。换句话说，特立独行已变成了常态。

马吉拉服装的接缝留料很少缝合，近乎一次性衣服，这似乎成为一个针对当代文化中的短暂和肤浅现象的隐喻。他的第一场秀是在巴黎的一个停车场中举办的。走秀上的模特眼妆发黑，脸色苍白，走在红色的

1　吉勒·利波维茨基，法国哲学家、作家和社会学家、格勒诺布尔（Grenoble）大学教授。

油漆中，在长长的白布上留下足迹。随后他将这张布用来制作他下一个系列。在随后的秀上，马吉拉用鲜艳的蓝色垃圾袋包裹着回收、废弃的衣服，用旧的化纤头套制作成大衣，用从跳蚤市场淘来的二手围巾做成裙子，将薄纱女士晚礼服解构成外套，用部分拆散的针织袜子制作新毛衣，并且用针织袜织成毛衣的胸部或肘部。他还将破碎的陶器制成马甲。马吉拉这种将乱七八糟的材料转化为设计师制作的时装的想法，同一些后现代主义概念装置艺术家在作品中表达的理念不谋而合，比如英国的托尼·克拉格（Tony Cragg）、俄罗斯的伊利亚·卡巴科夫（Ilya Kabakov）、中国的尹秀珍和墨西哥的加布里埃尔·奥罗斯科（Gabriel Orozco）。他们也意识到，让文化进行碎片商品化，是当代生活的一种重要标志。1991年，马吉拉的作品展在巴黎的时尚博物馆（Palais Galleria）举行，原本漆成白色的装饰和所有设施在展览期间完全被涂鸦所覆盖。值得一提的是，这是作为鼓励观众参与的"互动体验"的一部分。在大多数人看来，马吉拉的作品是对高级定制时装价值观的一种讽刺。然而与此同时，他的作品也激发了全球性的潮流。马吉拉的裁剪技术成为传奇，而他对一些牛仔布服装的解构，导致破洞牛仔裤作为时尚物品风靡一时。在商业上，这表明了他在设计圈内的强大影响力。通过探索采用复古服装的内在可能性，通过重新思考并注入诗意的情感，他让复古服饰成为一种理想的实体——一种值得珍惜和欣赏的东西。

或许，马吉拉对高级时装的最大挑战，同时也是他精湛的解构和重构能力的根源，即对二手服装的利用。这些服装被他大卸八块，然后重新组装或作为时尚的再生品提供给消费者。吕克·德里克（Luc Derycke）和桑·范德维尔瑞（San Van de Veire）在《比利时时尚设计》

（*Belgian Fashion Design*）这本具有开创性意义的著作中解释道：

> 马吉拉在过去的衣服中找到灵感，对旧衣服再利用就像制作高
> 级时装一般。让马吉拉着迷的不仅是服装的结构，还有它们的历史。
> 他大量使用"回收"物品……挑战创作的原真性。他的"跳蚤市场
> 风"实际上是在对传统剪裁进行精细的研究后得出的成果……马吉拉
> 用剪裁或省道来重构作品的形式，并通过染色来改变它们的颜色和
> 花案。他赋予那些旧的、不合格的、被淘汰的衣服以新生。对他来说，
> 旧衣服具有一种情感上的意义，它们是过去和生活本身的见证。事实
> 上，"翻新"的旧衣服会有意地不被制成完成品（会有未缝合的褶边
> 或磨损的缝隙），因为未完成的东西还可继续演化。(1999：290)

马吉拉不仅赋予旧的和不合格服装第二春，他还将在古董店淘到的
"发现"重新制作成了新衣服，成品有时看起来同原版毫无差别。他精
挑细选，精确地复制那些旧的、手工制作的、量体裁剪的衣服。这些被
称为"手工打造"的二手衣服，再度被手工重新加工，因而保留了过去
的痕迹，犹如时间静止了一般。但对马吉拉来说，这不等于盗用（篡夺）
历史：

> 我对整个时尚文化感兴趣……但我对复制历史某一时刻不感兴
> 趣。商业的东西总有着主题。这也是一开始就没有人能够理解的细节
> 之一：没有主题。(in Spindler 1993)

同山本耀司的作品不同，毫不夸张地说，马吉拉的服装充斥着各种意义，充满了对过去时光或前主人的回忆。正是这种怀旧感让衣服的价值从肤浅的新奇变成了余音缭绕的历史共鸣。为了避开呈现为另一种"为新而新"的季节系列，他将自己的一些系列重新染成灰色后回收。这启发了年轻的设计师们采取下一步行动，即重新设计其他设计师的作品。几年后，马吉拉开始尝试使用错视（trompe l'oeil）技术，将服装的照片印在轻盈流畅的面料上，制成结构异常简单的服装。如此便制造了"令人困惑的图像——原本像是厚重的开襟羊毛衫，但如果仔细观察，就会发现原来只是一件简单的丝绸上衣"（Derycke and Van de Veire 1999：291）。这些服装使用了现代图片印刷技术，绘制出了似是而非的折痕或手工纹理，成为他在 21 世纪前沿时尚设计方面给出的重要馈赠。

　　卡罗琳·埃文斯（Caroline Evans）和芭芭拉·文肯都认为，在马吉拉的解构主义时装设计方法的背后，是他对裁缝假人、木制人体模型或玩偶的痴迷。值得注意的是，此理念多年来一直在他设计的系列中占据着主导地位。1994 年，显然是作为玩笑，他按照等身高芭比娃娃的全套行头制作了整个服装系列。这些复制得一模一样的芭比娃娃服装，被放大到了原来应有的 5.2 倍。该系列与 Comme 1994—1995 秋冬"变形"（Metamorphosis）系列中，由辛迪·舍曼为川久保玲所拍摄的直邮广告照片相吻合，在广告中，服装被放置在倒伏的、不正常的洋娃娃身上。其他设计师，包括侯赛因·卡拉扬和亚历山大·麦昆，"在走秀台上用假人代替时装模特，利用这些机器人模特的特质，强调无机而牺牲有机"（Evans 2003：165）。1996 年，马吉拉将裁缝假人重新制作成一件亚麻马甲，并在上面用针钉上丝绸雪纺垂褶连衣裙的前半部分，实质上让穿着此服装的模特变成了人体模型。他将此起名为"半定制"，认为在其中折射出了比服装更重要的思想或概念。在其他的一些案例中，马吉拉创造了一件由单张布制成的服装，该服装的褶边和省道都暴露在外，并且毫不夸张地说，能被钉在洋娃娃上。芭芭拉·文肯在试图阐明时尚中的恋物癖者天性时，这样说道：

> 具有讽刺意味在于，这并不是暗示将女人作为玩偶，而是将玩偶作为"女人"，作为一种并非女性的女人。这些"未完成"的作品暴露出了制作者对无生命体的迷恋，他将塑像作为玩偶，作为一种隐秘的时尚纽带。在后时尚时代中，这种隐秘过程被揭示出来，被颠倒，被从内到外翻转过来。其结果就是，没有生命的模特以活人的身份出现，反之，活生生的人体则以人体模型、洋娃娃的身份出现。(2005：141)

其他的当代设计师，包括山本耀司和侯赛因·卡拉扬，会将身体"重构"为分离的身体部件，以此暗示同服装和模特有关的解构。1992年，山本耀司用 20 个未上漆的胶合板打造成的部件制作了一件背心的正面，以此作为一套男装三件套的组成部分（彩图 17）。卡拉扬则将各种模压件——包括制造飞机的材料——融入具有可移动部件的服装中。这么一来，他就可以实现变形——从家具到服装，从服装到显示屏。通过远程控制设备，他能够将模特变形为机器人或具有洋娃娃外观之物。

亚历山大·麦昆（Evans 2003：188）更公然强调了一种"模特和假人之间不可思议的等价关系"，他邀请了一位膝盖以下被截肢的模特来充当他的服装模特。1998 年 9 月，伦敦出版的 *Dazed & Confused* 杂志（由麦昆本人编辑），刊登了由尼克·奈特拍摄的摄影作品，强调了膝盖处连接的木制假肢。模特兼运动员艾米·马林斯（Aimee Mullins）被刻画成一个"脆弱而漂亮的娃娃"，腿上沾满了污垢，指甲被削短，总体上处于一种破败的"机械"状态。从中传达出的信息比较模糊，因为杂志中她的其他图片反而在推崇她努力站起来参与竞技体育的精神，使得她的形象充满了英雄主义色彩。

1999 年，麦昆在他的秋冬"全景"（The Overlook）系列中，邀请了一对像玩偶娃娃般红发双胞胎模特在暴风雪场景中走秀；而维克托与罗尔夫则让一位身材娇小，像洋娃娃的模特玛姬·瑞泽（Maggie Rizer）站在一个旋转的基座上，然后将九层衣物统统披挂在她纤细的身躯上——衣服越多，她就越像一个没有生命的脆弱的洋娃娃；马吉拉则是用等身大的木偶代替了活生生的模特，这些木偶由黑衣木偶师从顶端操作，让它们在走秀台翩翩起舞。很显然，在这些展示中出现的有关玩偶的共同主题激发了诸多设计师的灵感，同时还表明他们对曾在 20 世纪初在现代主义艺术传统中占主导地位的量产机械化人形重新产生了兴趣。这让人们回想起巴黎的摄影师欧仁·阿特热（Eugène Atget），他对商店橱窗里那些身着紧身服、男式西装并戴着帽子无生命的人体模型着迷；又或者是德国艺术家汉斯·贝尔默（Hans Belmer），20 世纪 30 年代，他常用破碎的玩偶部件制作雕塑；抑或是费尔南·莱热（Fernand Léger）的那些在新工业景观中嵌入圆柱形人物的绘画。[4]

曾在维克托与罗尔夫系列和马吉拉的芭比娃娃系列中所强调的尺码概念，在马吉拉 2000 年的"什锦糖"（Dolly Mixture）秀中再次出现："模特打扮成维多利亚时代的洋娃娃，并且同那些穿着类似衣服、真正的维多利亚时代的洋娃娃置身一堂。"模特和玩偶同样大小，并且都有着"秃露的前额、歪斜的发型和呆滞的姿势，显得很不正常"（Evans 2003：166）。这种将时尚与恋物之间的暗示比喻公然表现得明白无误。2001年在伦敦维多利亚和阿尔伯特博物馆，克莱尔·威尔科克斯策划了一场名为"激进时尚"（Radical Fashion）的展览，其中展示了11位富有想象力的设计师（及组织）的作品，他们的共同点是具有"激进、毫不妥协和极具影响力的时尚方式"（Wilcox 2001：1）。应邀参展的设计师有卡拉扬（H.Chalayan）、Comme des Garçons 的川久保玲、赫尔穆特·朗、麦昆、马吉拉、三宅一生、渡边淳弥和山本耀司等。此次展览展出了马吉拉 2000/2001 秋冬系列的服装，并且包括了较原尺寸放大了 100% 到 200% 的衣物。这些巨大的、超尺寸的服装是通常正常尺寸的 5 倍。对它们，人们有着不同解读。威尔科克斯认为它们"质疑我们在社会固有阶层中的位置"（2001：4）；有些人则坚持认为它们是在评判时尚界所推崇的女性理想"零码"[1]，觉得其既不现实又不正常；还有一些人则认为它们是马吉拉对尺码痴迷的一部分，其灵感来自一个原产于 20 世纪 30 年代的定制裁缝假人，其挑衅性地复制了一位高大的女性身材。

　　1997 年，川久保玲和马丁·马吉拉曾仅有一次，在一场名为"两人"（Two Person）的发布会上共同展出了他们的系列。艾米·斯平德勒（Amy Spindler）在为《纽约时报》（1997）撰写的文章中指出，考虑到川久保玲"是对他（马吉拉）影响最大的女人"，两位设计师共享同

1　在美国目录尺码系统中，零码是女装的尺码。

一空间和时间非常重要。川久保玲说：

> 对我来说，之所以把我们的作品系列一个接一个地展示出来，是因为我希望我们对创造重要性的信念，会因为我们相似的价值观在同时表达时，能带来更加猛烈的影响。(in Spindler 1997)

斯平德勒认为，在这次发布中事实上所强调的，是川久保玲的梦想同马吉拉这个曾经明显被她所塑造的人之间的距离到底有多远。斯平德勒形容说，川久保玲的实验性服装展一方面令人感觉愉悦和舒缓，另一方面又充满挑战和乐观进取，而她则在这两方面中找到了平衡。相比之下，马吉拉的概念服装展示毫无情趣可言——由穿着白色实验室大衣的助手，拿着从服装中掏出来的卡片，按上面粗暴直白的文字描述向人演示。毋庸置疑，他这种更为咄咄逼人的展示方式，标志着两人之间的巨大差异。在 1998/1999 秋冬系列中，模特的存在被完全删除，取而代之的是"时装技术员"。墙壁上的投影显示着：

> 在雷鸣般的掌声中，蒙太奇地切换着关于（衣服的）文字描述字幕和模特穿着服装的镜头。与此同时，身穿白外套的男人们（让人联想到高级时装大师于贝尔·德·纪梵希和克里斯托巴尔·巴伦加西亚等人的白外套）拿着衣架上的服装在身上"演示"，并指出服装特征。次年，即 1999 春夏展，马吉拉派出了身披三明治式广告牌的模特，广告牌上有每件衣服的图片，但在模特身上却没有展示真正的服装。(Evans 2003：80—81)

马吉拉 [5] 还同一位微生物学家合作，对纺织品的包浆光泽和老化效果进行了实验。在积极进行实验探索方面，他就像川久保玲。川久保玲向来以探索实验做出磨损、破损、做旧的效果，并通过用力擦洗、自然侵蚀和化学处理来达成目的而闻名。而马吉拉则在她的概念上做了进一步延伸，尝试了达达主义的理念，即依赖于偶然的转变过程——在他的案例中，就是探索腐烂对织物材料结构的影响。1997 年，马吉拉在鹿特丹布宁根（Boijmans Van Beuningen）博物馆举办了一场名为"9/4/1615"的展览，在亨克特（Henket）馆外放置了 18 个身着衣服的人体模型；在酵母、霉菌和细菌的作用下，这些衣服变得就如鲜花、水果这样的生鲜商品一样。马吉利以其独特的风格，创造了一个人们需要在室内通过落地窗向外观看模特的场景，矛盾性地颠覆了橱窗购物的概念（图 6.2a—6.2c）。

随着时间的推移，这些日趋坏损的服装外表开始暗示出另一种意图或意义——腐坏，这也是许多当代艺术家作品的核心主题。腐坏过程所产生的美感成为作品的内在组成部分之一。海德·斯科罗涅克（Heide Skowronek）在她的文章《我们是否应该重现腐坏之美？》(2007)中指出，德国艺术家迪特·罗斯（Dieter Roth）[1] 也许就是这种艺术家的最佳例子。他的兴趣集中在腐坏的表面及"其形式的改变、颜色、腐败物和霉菌的渐变，以及它们的观赏性，事物的自然变异——他认为作为一种塑造元素，偶然性应该是创作过程的一部分"。翁贝托·埃科（Umberto Eco）也提醒我们说："一件艺术作品既是它想成为之物的痕迹，也是它实际存

---

1 原文如此，迪特·罗斯的国籍应为瑞士。

在之物的痕迹，如果这两者价值并不一致的话。"[6] 马吉拉的服装可能会向观众暗示，它们的突变性在作品的短暂生命和人类的存在之间画上了等号。换句话说，在我们面前展示的，实际正是死亡。

另一种诠释则是由英格丽德·洛舍克（Ingrid Loschek）提出的，她将被霉菌和细菌蹂躏的衣服的命运与时尚的周期性相提并论，并认为马吉拉将"创造和腐烂的自然周期与购买和丢弃的消费周期相联系"（Loschek 1999：146）。然而，卡罗琳·埃文斯（C.Evans 2003：36）提醒我们说，当代时尚已经被象征性地定格在"精英时尚与捡破烂、奢华与贫穷、过度与匮乏"的极端之间。她还强调了这样一个前提："尽

图 6.2a

马丁·马吉拉，1997 年在鹿特丹布宁根（Boijmans Van Beuningen）博物馆举办的"9/4/1615"展览装置图。摄影：卡罗琳·埃文斯。选自《前沿时尚》，由卡罗琳·埃文斯提供。

图 6.2b

马丁·马吉拉，1997 年在鹿特丹布宁根
（Boijmans Van Beuningen）博物馆举办的
"9/4/1615"展中于外部庭院展示的粗呢海
军大衣。摄影：卡罗琳·埃文斯。选自《前
沿时尚》，由卡罗琳·埃文斯提供。

图 6.2c

马丁·马吉拉，1997 年在鹿特丹布宁根
（Boijmans Van Beuningen）博物馆举办的
"9/4/1615"展中于外部庭院展示的帝政风
格高腰服。摄影：卡罗琳·埃文斯。选自《前
沿时尚》，由卡罗琳·埃文斯提供。

管马吉拉使用的是前卫派的技术手法，但他的实践却深深扎根于商业之中。"

再一次地，这种观点又将他的作品与川久保玲联系在一起，因为川久保玲也是在展示服装系列时虽濒临行为艺术的边缘，但背后的服装，无论再怎么掩饰，依然是一种畅销的商品。这也是川久保玲多次断言她不是艺术家而是时尚商业企业家的原因之一。某种程度上，这种 19 世纪的捡破烂概念，依赖的是它在观众心中所幻化的忧郁联想。约翰·加利亚诺在 20 世纪 90 年代这个"文化诗学"的时代推出的系列，也反映了这些世纪末[1] 奢华颓废的景象。

无须惊讶，到了 20 世纪 90 年代中期，记者们也开始使用"解构"或"破坏"这种词汇（至少字面上如此）来描述那些摆脱传统缝制、镶边和花案结构等精细加工技术的时尚界现实迹象。那些看似部分完成或"在结构中"的解构服装，往往出自那些生产规模较小的工作室设计师之手。这些服装本质上还是基于手工的产物，并且极度劳动密集。这些设计师会拒绝加入时尚集团，希望保留对自己工作室的控制权。比如伦敦的设计师杰茜卡·奥格登（Jessica Ogden），她在参与了乐施会回收项目[2]（Oxfam recycling project）后崭露头角；还有罗伯特·卡里－威廉姆斯（Robert Cary-Williams），他将旧服装或军队剩余物资重新利用，用剪刀在成衣上剪出原有的框架。在墨尔本，"S!X"品牌的达妮赛·斯普斯司奇耶（Denise Sprynskyj）和彼得·博伊德（Peter Boyd）以其"挖掘"

1　原文为法文"fin de siècle"。

2　一个西方发起的公益项目。

6　全球影响：对西方传统的挑战

出的量身定制的复古服装，特别是以将其他设计师的服装剪碎后重新缝制的方式，让澳大利亚的前卫时装设计名声大噪（图 6.3）。他们强烈地受到了比利时人和日本人的审美影响，沉浸在"一种可被称为'再混合'的心态中。在此心态下，那些有几个世纪历史的传统家庭作坊式的东西，与当下形式和廓形结合了起来"（English and Pomazan 2010：226）。

2002 年，马吉拉时装屋因在可持续发展的环境问题上做出的贡献及为复古热潮添砖加瓦而广获认可，因而被意大利伦佐·罗索（Renzo Rosso）旗下的创新牛仔品牌 Diesel 收购。合并后，由于设计师在日本极具人气，同时马吉拉又推出香水和珠宝系列，销售额急剧上升 [7]。2008 年在安特卫普、2009 年在慕尼黑、2010 年在伦敦萨默塞特大厦（Somerset House），马吉拉分别举办了三场 20 周年回顾展（图 6.4）。不久之后，他就退出了 Diesel，并辞去了其个人品牌的首席设计师一职。仅 2009 年，Maison Martin Margiela 这个品牌就为 Diesel 带来了 1.05 亿美元收入。

安特卫普六君子（THE ANTWERP SIX）

安特卫普六君子是指安·迪穆拉米斯特、德莱斯·范·诺顿、沃尔特·范·贝伦登克、德克·比肯伯格斯（Dirk Bikkembergs）、德克·范·瑟恩（Dirk Van Saene）和马琳娜·易（Marina Yee）。他们都曾在安特卫普皇家艺术学院时装系学习，师从玛丽·普里约特（Mary Prijot）。毕业时，他们都意识到，随着早年那些川久保玲的 Comme des Garçons 时装秀的出现，巴黎时装界已经发生了变化。按德里克

图 6.3

"S!X"设计师斯普斯司奇耶和彼得·博伊德，使用"挖掘"出来的菱沼良树原创解构设计胸衣和裤子系列，2004 年 3 月。摄影：Ryan Pierse/ Stringer/ 盖蒂图片社。

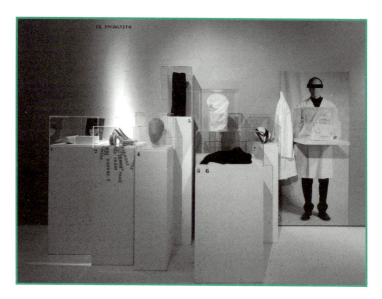

图 6.4

马丁·马吉拉，玻璃展示柜与配饰，马吉拉时装屋二十周年纪念展，萨默塞特大厦，伦敦，2010 年。摄影：Sylvain Deleu。由 Sylvain Deleu 和伦敦 Somerset House 提供。

（Derycke）和范德维尔瑞（Van de Veire）的说法：

> 她（川久保玲）突然带来一种"广岛风貌"——苍白内向的面容，破烂褴褛的衣服——与其说是指某种品位或时尚的标准，倒不如说是一种记忆、一种强烈的体验。对于周边的人来说，这清楚地表明，时尚并不是由某种未知的普世本质，或是某个经常出入特定时尚圈的"假想"体所决定的，而是一种受到了时间地点等因素影响的人类产物。(1999：11)

20 世纪 80 年代早期，比利时无疑被世人视为时尚的边缘之地，而这里涌现的青年设计师却将时尚视为时代的一面镜子——一种他们表达自我、描绘自我的方式。由于都受过同样的训练，他们很容易将（他们这些）不同设计师的衣服混搭在一起。德莱斯·范·诺顿评论说："有一种特别的比利时的服装搭配方法。你会看到，商店往往同时摆放好几位比利时设计师的作品。特别典型的是，他们这些比利时设计师倾向于'一件件'地单独设计，从而设计一整套套装。因此，有时你能看到人们把一件比肯伯格斯的衬衫和我的夹克衫搭配一起，再配上另一件其他人的衣服……设计是有一定程度的中立性的。"（in Derycke and Van de Veire 1999：8）这些比利时设计师将时装走秀视为设计师的创作，因此其可以在任何地方、任何时间、以任何方式进行。时装秀不再是一场盛大表演，而是一种交互式表演，观众可以直接同服装互动。就像马吉拉的模特会走在城市街道的人群中一样，走秀也可以包含娱乐或舞蹈的戏剧表演。贝伦登克的"杀手/星界漫游者"秀（Killer/Astral Traveller，1996 春夏季）在巴黎著名的丽都夜总会（Lido nightclub）举行，40 名肌肉发达的黑人模特戴着彩色的太空假发出现在这场秀上。而他 1998 夏季的"美之迷恋"秀（A Fetish for Beauty）则找来了 40 名舞厅舞者和 20 名身着令人眼花缭乱的晚礼服、戴着面具和爬行动物皮手套的女孩参与。

20 世纪 80 年代中后期，在伦敦举行的英国设计师展上，来自比利时的"安特卫普六君子"吸引了世界观众的目光。他们在这次展览上共同展出了几季服装，然后各奔东西。如今，马吉拉、迪穆拉米斯特和范诺顿成为国际舞台上的重要人物，而比肯伯格斯和贝伦登克等人则紧随其后。

安·迪穆拉米斯特

我的确想将态度剪成衣服。

——迪穆拉米斯特（in Todd 1997）

"1982 年，迪穆拉米斯特毕业于安特卫普皇家艺术学院。同年，川久保玲在巴黎展示了她的首个 Comme des Garçons 系列。川久保玲用她近乎残酷的剪裁技巧，提出女性要坚强自主。而比她晚一辈的迪穆拉米斯特则认为她们已然如此。"（Horyn 2006a）（彩图 18）

迪穆拉米斯特的美学一直同日本时尚革命所承诺的并行不悖，避开潮流，拥抱前卫，专注于单色，"因为这像建筑师一样，新的结构总是在黑与白中更清晰"（O'Flaherty 2009）。1992 年，当迪穆拉米斯特第一次在巴黎展示她的作品时，所有人的目光都集中在她设计的脱散抽丝、歪歪斜斜、破旧不堪的长筒袜上，但同时，这种效果与她其他精致的设计并列时，反而创造出了一种视觉张力——一种令人愉悦的悖论。就如同马吉拉和那些日本设计师一样，她的服装也表现出一种未完成的偶然性。然而，与马吉拉不同的是，迪穆拉米斯特突出了穿着衣服的女性，并没有试图隐藏她们的性别（图 6.5）："我想要的是衣服中的女人，而不是给她穿着打扮的设计师。"何塞·特尼森（Jose Teunissen）在他的文章《将女人从神坛上踢下》（*Knocking Woman off Her Pedestal*）中认为，迪穆拉米斯特的设计做工优雅而谨慎，同日本人一样"保持着一种独特而特别的纯粹"，因为他们"从不去界定女性的形象"。可以说，这些比利时人……"将日本设计师视为榜样"，而这种"日本带来的新观点——将设计置于神圣之位——获得了广泛的追随者"（Teunissen 2003：71）。在 20 世纪 90 年代，当看到浪漫主义，特别是在约翰·加利亚诺的作品在巴黎时装秀上大行其道时，这些安特卫普皇家艺术学院培养出来的设计师们重新点燃了激进主义的火花。

虽然安·迪穆拉米斯特的作品和比利时传统一样，温文尔雅、精雕细琢，但同时也非常实用。在设计时，迪穆拉米斯特就像是在为自己设计服装一样。也许正因为如此，她的许多作品比其他许多设计师的作品要来得更安静、更简单、更具备可持续性。有可能正是这种内敛的感觉，让迪穆拉米斯特在经过多年的发展后，在 2010 年左右成为巴黎顶尖的设计师之一。她在自己的优雅作品中注入了一种沉着的自信，这是一种被转化为服装设计的个人力量，创造出了一种被许多人依稀认定成现代女性形象的真实性。而这种真实性更转化为一种新兴西方女性理想形象。当然，如果没有川久保玲最初的开创性工作，这种理想形象可能很难实现。如同大多数后现代主义作品一样，迪穆拉米斯特的设计具有多层次的含义，而不同版本的现代女性形象被投射到其他设计师，包括侯赛因·卡拉扬、赫尔穆特·朗和薇洛妮克·布兰奎诺的概念作品中。1997年，迪穆拉米斯特让裸胸模特在脖子上打上男士领带，再配上低腰裤，其灵感来自一个质问："我怎么能让一个女人打领带？"按特尼森的说法，迪穆拉米斯特的衣服因此罢工了。

在强硬和甜美之间，要怎样才能在撩人的同时又不被性欲所浸

图 6.5

安·迪穆拉米斯特，黑色皮革双肩带的解构主义连衣裙，带拉链外套，2004 年。由安·迪穆拉米斯特提供。

染？缺的是一种适当的平衡？在迪穆拉米斯特的作品中，情色只是偶然，它会出现在突如其来开口或是下垂的肩部。正是在这种漫不经心、近乎平平无奇的表现方式中，她那些经过深思熟虑的精雕细琢的作品提供了一种现代情色的火花。(2003：70)

　　正如川久保玲和巴伦加西亚，迪穆拉米斯特否认了其他设计师对自己的影响，而是遵循她自己的方向。她同许多欧洲设计大师一般全神贯注于体积，并以自己精湛的剪裁技术而闻名——就她而言，是传奇般的裤装。20 世纪 80 年代晚期，迪穆拉米斯特的设计似乎很是经典，此时她主要运用的是单色，对比例和细节极为关注，还有她标志性的长外套和连衣裙带来的强烈的线条感。然而，到了 90 年代初，她逐渐发展出了一套更为复杂的，但又同样严谨的解构美学，开始让其作品占据主导位置。不过，"设计而非装饰"，一直都是她的设计哲学。同样地，迪穆拉米斯特像川久保玲一样开始迷恋捻转布料以创造出螺旋状垂坠的服装、扭曲的上衣和手帕裹身裙、不对称的线条、实验性的布料、创新的表面处理和羽毛饰品（图 6.6）。通常，她的衣服会比实际尺寸看上去大三倍，并且以一种非常随意、漫不经心的方式垂下，又或是在后部加入一个令观众意想不到的惊喜细节。就像日本人，她以一种连续方式工作，每个想法都是从上一个想法演变而来。"每个系列都是大链条中的一个片段。如果没有前一个系列，那么每个系列都不可能存在。"（Pemeule meester in Blanchard 1998）无论是马吉拉还是迪穆拉米斯特，他们都不会像其他巴黎设计师那样根据主题来设计。根据吕克·德里克和桑·范德维尔瑞的说法："她的灵感来自她试图回答出那些她自己提出的基础问题……你对移动有何建议？如何让人体失去平衡？如何'剪裁'出一件挑战重力的服装？"（1999：118）对迪穆拉米斯特来说，设计成为一种解决问题的方式，而她的服装则提供了解决方法。

这看上与"时尚即商业"的概念有所抵牾，但迪穆拉米斯特似乎与过度消费的概念也格格不入。川久保玲也隐晦地表达过类似的情绪共鸣，这正如迪穆拉米斯特在接受《独立报》（*The Independent* 1998）塔姆辛·布兰查德（Tamsin Blanchard）采访时所言："我不能忍受为了消费，而制造出另一件东西。"

[安·迪穆拉米斯特]对服装作为产品的概念不感兴趣。她认为服装设计必须要有更多的东西。在设计新的系列时，她会给自己设定一个需要解决的问题。每件商品都必须有一个存在的理由。每件作品也都只有安·迪穆拉米斯特一个人操刀。她不像其他设计师那样有一个团队。她甚至亲手为鞋子制作削鞋楦，直到雕刻出完美的形状为止。

1999 夏季系列中，迪穆拉米斯特用画家的画布制作了一个唯有白色的系列，该系列研究了材料与身体的关系，并质疑了耐磨性的概念。困难的问题需要复杂的解决方案。基于此，时尚服装才会成为超越肤浅之物，能吸引那些在服装选择上追求比"款式"更多的女性。正因此，迪穆拉米斯特得以将前卫与足够的商业洞察力相结合，为她的商业企业打下坚实的基础。

在财务方面，安·迪穆拉米斯特的商业利润进展缓慢而稳定。从 1981 年到 1987 年，她以自由设计师的身份设计了男、女装的高级成衣。1985 年，她与丈夫一起成立了 B.V.B.A.‘32’公司，于 1992 年在巴黎开设了展厅。1999 年，迪穆拉米斯特在安特卫普开设了第一家店，名为"路易斯"（Louis），销售男装和女装。店面就设在安特卫普一栋历史悠久的建筑里，离她家很近。该店由赫里特·布鲁洛图（Gerrit Bruloot）经营，当初正是他帮助安特卫普六君子在伦敦系列展上举办作品展。迪穆拉米斯特总是在家里的工作室工作，这样她可以在自己儿子的成长过程中陪伴着他。迪穆拉米斯特的经营都是自筹资金，她的服装生产没有授权或转包，从而确保了她对设计、生产和分销的完全控制。20 世纪 90 年代中期，随着业务的不断扩大，她才聘请了安妮·夏佩尔

图 6.6

安·迪穆拉米斯特，米色聚拢罗
纹解构主义裤装，2005/2006。
由安·迪穆拉米斯特提供。

（Anne Chapelle）来经营并对公司进行重组。

　　在千禧年的首个十年中，迪穆拉米斯特巩固了她在造型方面独自
前行的方向——建立在正直、力量和"自信"美之上的设计哲学。到
了 2006 年，世界上其他地方的设计师才追上迪穆拉米斯特所创造的新
颖的自信、自立的 21 世纪新女性的概念。时尚记者苏西·门克斯评论
说："在新一轮年代的观念中，强势女性更多的是高贵，而非攻击性。"
（2010）相反，伦敦《卫报》（*The Guardian*）作者萨拉·莫厄尔（Sarah
Mower）（2006a）在 2006 年 2 月的巴黎时装周上报道说：

许多设计师都开始援引女战士的概念，并对哥特式中北方的层叠服装样式感到兴奋。值得称赞的是安·迪穆拉米斯特，毕竟，她发明了——或者说是居住在这种风格中。对她来说，将优雅—野蛮融合的全部行头送给一位坚强的都市女性，绝不是一时的心血来潮，而是一种彻头彻尾信奉了 20 年生活方式。(2006a)

有趣的是，迪穆拉米斯特认为："有些人是真诚地在对待自己的衣服，而另一些人则仅仅是'打扮'。他们是讲述另一个完全不同的故事，但很容易被揭穿。"（Derycke and Van de Veire 1999：47）

由于迪穆拉米斯特造型一以贯之，因此在她的系列秀中，记者很少能挖掘出惊喜的爆点。标志性的黑色层叠、不对称的长裙和单肩垂下、纱丽式筒裙，多年来一直主导着她的作品。迪穆拉米斯特会根据通常趋势加入微妙的变化：在某系列（2006 秋季）中，她加入了宽大的长裤、金属皮革和带有军装气质的修身大衣，再加上多条用编结皮革制成的链子或皮带，缠绕垂挂在肩和胸前，或是缠绕在大衣和夹克上。

早先，迪穆拉米斯特曾与艺术家吉姆·戴恩（Jim Dine）在 2000 夏系列合作。这次合作为她带来灵感，创作出一系列精致的不对称裙装，面料上印满了银灰色的鸟类猎物的照片图案。在她 2009 夏季系列中，鸟类再次出现。但这次是成群的海鸥的照片覆盖在棉质夹克上，还配上了带刺的银色项链。有时，她的服装中也会出现一些色彩，这在她的 2000 色彩系列中最为明显，但后来迪穆拉米斯特换了一种更微妙的方式，让黑色与猩红并列，一种在山本耀司的作品中经常看到（彩图 19）的搭配。迪穆拉米斯特在 2010 年 3 月的秀场上展示了自己标志性的羽绒和皮草，为这一诱人的秋季系列增添了"夜幕降临后"的繁华感。《女装日报》（*The Women's Wear Daily*，2010）这样描述该场秀：

> 这位比利时设计师对服饰的理念植根于剪裁，有着手肘般长度的皮手套从没有扣子的外套衣袖里伸出来，缠在华丽的银色袖口上，上部几乎要到肩膀了。拉开走秀的序幕是一套上佳的黑色裤装，当领口被风吹动时，它们显得既若无其事，又相当时髦。

经过三十年的职业设计生涯，迪穆拉米斯特为自己在国际时尚界赢得了显赫的地位。她通过服装传达出了一种形象，这种形象正是吸引国际女性的缩影。它时髦、精致中透露出酷。它投射出了设计师内在的人格自信。迪穆拉米斯特以一种直接、坦率的方式，实现了川久保玲放置于她更为暧昧含混、更需头脑诠释的创作中的暗示。

德莱斯·范·诺顿

> 我喜欢制造美丽的东西。通过对质地和色彩的实验，我将艺术转化为服装。
>
> ——德莱斯·范·诺顿（in Silva 2009）

德莱斯·范·诺顿于 2008 年获得了美国时装设计师协会（C.F.D.A.）[1] 颁发的"年度国际设计师奖"，并在 2009 年获得了纽约高

---

1 为 Council of Fashion Designers of America（美国时装设计师协会）的首字母缩写。

级定制时装顾问委员会（Couture Council Advisory Committee）颁发的
"时尚艺术奖"。德莱斯·范·诺顿的品牌有很强的识别性，但他本人却
与川久保玲和马吉拉一样，有点遗世隐居。他出生于比利时纺织世家，
在安特卫普皇家艺术学院学习了四年，然后于 1985 年推出自己的品牌。
隔年，他在伦敦发布了自己的作品展，还接到了来自著名的纽约巴尼斯
（Barneys）、伦敦韦斯特（Whistles）和阿姆斯特丹堡（Pauw）[1] 的订单。
1988 年，他在安特卫普开了家名为"时尚宫"(Het Modepaleis)的沙龙，
并于 1991 年在巴黎首次推出男装系列。1992 年，范·诺顿推出同时
拥有男装和女装的"名与利"(Fame and Fortune) 系列。正是在这些早
期发展的岁月里，他的设计作品在日本找到了一个持续增长的市场。

　　与马吉拉相似，范·诺顿也喜欢在不同寻常的环境下举办自己的时
装系列秀。1995 年，他的 1996 女装系列发布秀，就是在佛罗伦萨米
开朗琪罗广场举办的一场迪斯科舞会，紧接着还进行了烟火表演；1996
夏季女装秀，是在一个空荡荡的游泳池里举办的，当时到处都弥漫着漂
白粉的气味，而且 70 名模特中仅有 2 名是专业模特；1996/1997 冬季
女装的走秀场，则是在巴黎的一个停车场里，来自埃及的肚皮舞演员
在点着 100 根彩色蜡烛的金色背景前表演，同时向观众送上甜茶和北
非的甜点；他的 1996 男装秀则是让所有人坐在雪地中的煤炉旁，喝着
汤，身披亮色条纹毛毯，就像一群无家可归者般。2004 年 10 月，为纪
念第 50 个系列成功举办，范·诺顿举行了一场他当时最大的作品展示
活动，他在位于巴黎市郊的一家工厂里精心设计主办了一场坐下来的宴

1　均为美国、英国和荷兰的高档时装或百货店。

会，450 英尺长的桌上铺着亚麻布，上方吊着点亮的枝形吊灯。范·诺顿表示，他一直梦想着这样的场景：从上主菜到上甜点之间，模特就穿行在亚麻布上，展示着他的衣服（彩图 20）。对于范·诺顿来说，营造一个完整的意境和强烈的形象十分重要，因此展出的服装必须反映出一个系列的综合性的各个方面，反映出一个"开放的画面"。富朗辛·佩罗（Francine Pairon）认为："比利时的时装秀总是成为一场即兴表演，马吉拉将这一理念推向了极致……将我们 [带回了] 创作过程的哲学中。"（Pairon in Derycke and Van de Veire 1999：18）

20 世纪 90 年代，范·诺顿的作品带有诸多异国文化的痕迹，主要是来自印度，但其他的诸如埃及、泰国、摩洛哥和中国的文化在他的造型、花案或色彩组合中也都有体现（图 6.7）。他始终如一地将裹身裙与白衬衫结合在一起，并对衣服进行各种交换，如把外套当作裙子，以向那些潜在的穿着者展示他设计的服装的灵活性。在印度尼西亚制成的那种不是饰以亮片就是刺绣的精美围巾，已经成了他的标志。作为筛网印花的替代，近来范·诺顿又迷上了"数字"美学。他（用数字技术）在同一件衣服上制作了许多色彩斑斓、细节丰富的印花。这种技术能缩短生产时间，从而赋予一种全新的特性。[8] 范·诺顿一生与纺织品结下了不解之缘，据德里克和范德维尔瑞说：

范·诺顿的面料通常是为他专门染色和预洗过的。他使用天然材料，如丝绸和羊毛；他喜欢看起来不太新的面料，它摸上去让人感觉柔软，看起来就像已经着身穿过，就像服装已经被"磨合了"。他对纺织品进行实验：让平淡无奇的材料被更透明、更重或更轻的东西所

范·诺顿的作品与迪穆拉米斯特的作品有异曲同工之妙，都是简单
而精致，因为他将古典元素和精湛的剪裁技术融入其中，这正是他们每
人所接受的训练表现出来的特点。范·诺顿的系列经常被形容为"美丽
且富有诗意"，这正是他与众不同之处。许多时尚记者都对他了不起的
色彩感做过详细的描述。这些记者表示，范·诺顿的衣服充盈着活力的
水蓝色、橙色、洋红色和橙绿色，还有淡绿色与肉色，或是砖色与卡其
色的微妙组合。范·诺顿给人呈现出了一种非常个性化的当代魅力观。
他说："我更喜欢为人们做很多不同方式的服装。重要的是，他们能把
衣服当成属于自己，并通过穿着来表达他们想表达的东西。"（in Silva
2009）。他的作品是对那些过度奢侈的 20 世纪 80 年代服装，诸如
Mugler、Versace、Montana 的反击，并且他的这些作品超越了解构的
概念。在男装方面，他 1996 系列中反映了回归略显凌乱的英式经典造
型的倾向——一件驼色大衣套在橙色 V 领上，搭配着乳白色牛仔裤。艾
米·斯平德勒将其描述为"一种愤怒年轻人的优雅，就像一个叛逆的富
家公子哥"（1996a）。

然而，范·诺顿也不惧怕在他的系列中表现出温情和感性。《纽约时
报》的吉娜·贝拉凡特（Gina Bellafante）就将他 2004 年 3 月的系列
描述为：

这是为那些正在定义自己的女性而设计的……[他] 推出了印有

图 6.7

范·诺顿，民族风刺绣外套配短裙，2004 年，fiftieth 系列。

摄影：Patrice Stable，由范·诺顿提供。

抽象花卉的百褶雪纺裙，让人目不转睛。剪毛套头衫上面的树木和花朵的图案看起来就像是被雕刻上去的一般。精心刺绣的铜质上装则没有给人带来任何虚饰的感觉。(2004)

　　范·诺顿设计的 2005 夏季系列也同样浪漫。大衣的剪裁十分合体，有着可可棕色和银灰色的褪色印花，辅以红色亮点作为强调。在他的作品系列中，大衣总是具有强烈的特色，时而修身，时而笨重，其中有种风格占据了主导地位——超大、裹身、带大翻领——这让人想起巴伦加西亚 20 世纪 50 年代的作品。事实上，仅在 2010 年的系列中，范·诺顿才偏离了他的标志性风格，向世人展示了橄榄色和迷彩服装，让人联想起法军作战服等军装。或许他是在追随当季其他一些设计师的方向。当时他们觉得有必要通过衣服，对不断充斥在全球媒体中的，在中东国家进行的军事行动的报道做出某种评论。

　　塑造廓形、营造出一种若无其事的感觉、引用过去的元素，这几点在范·诺顿的服装系列中都扮演着重要的角色。和迪穆拉米斯特一样，范·诺顿的系列也可以被看作一个"作品体"，会随着季节改变而逐渐发展，而非突然地或根本地改变方向。这与日本设计师的设计哲学殊途同归，但范·诺顿坚持认为他的作品是依靠本能的创作，而非经过大脑深思熟虑或是有什么策略的。正如川久保玲和迪穆拉米斯特一样，范·诺顿也相信经济方面独立才能保证和维持创作的独立——而这也是他作品成功的关键之一。他不做广告，也不与其他设计师合作设计服装系列。他很享受制衣的过程，并且不认为有必要将自己的业务进一步扩展到配饰商品方面。范·诺顿喜欢对自己的设计和生产过程进行微观操作。目前，他还决定暂不通过优衣库、Zara 等商业巨头销售自己的作品。

沃尔特·范·贝伦登克

亲吻未来。

——沃尔特·范·贝伦登克的商标标语

时尚历史学家科林·麦克道尔认为：性，无论其是否为中性，都是沃尔特·范·贝伦登克的流行系列"W&LT（狂野和致命的废物）"背后的驱动力，该系列得到了德国野马公司的支持。沃尔特·范·贝伦登克的第一个展览是在 1982 年，名为"Sado"，为的是向艾伦·琼斯（Allen Jones）这位用玻璃纤维制成真人大小的裸体女性，然后创作成人体家具雕塑，诸如人体衣帽架或是女性四肢着地作为支撑腿的玻璃咖啡桌的英国艺术家致敬。沃尔特·范·贝伦登克表示，这场早期的展览"被许多人谴责为近乎色情，然而 W&LT 在欧洲年轻人以及所有对 S&M 感兴趣的人中拥有一批严肃的追随者"（McDowell 2000：n.pag.）。沃尔特·范·贝伦登克 1995 年 7 月系列由迷幻的图案、卡通的色彩、软垫贴片和波普艺术的印花组成，同样获得了巨大的成功。因此毫不奇怪地，沃尔特·范·贝伦登克的作品和名声引起 U2 乐队成员的注意，并委托他为 1997 年的"流行超市"世界巡演（U2 PopMart）设计演出服装。边缘（The Edge）的牛仔造型和博诺（Bono）的"飞翔 2000"（Fly

2000)¹的灵感来自卡通超级英雄和动作人偶（Gan and Browne 1999: n. pag.）。沃尔特·范·贝伦登克在 1999 春夏"美学恐怖分子"（Aesthetic Terrorist）系列中将一件剪裁粗糙，带有涂鸦风格，正面印有霓虹灯组成的面容图案的 T 恤与一件的 18 世纪的裙装结合在一起。奇怪的是，这件衣服（后作为卡罗琳·埃文斯的《前沿时尚》（*Fashion at the Edge*）的封面图案）居然成了一座历史纪念碑。在男装领域，沃尔特·范·贝伦登克更是以激进地背离了现有的前卫造型而成名。直到 1999 年，四十二岁的他才在巴黎举行了自己的第一场时装秀。

　　沃尔特·范·贝伦登克的系列秀以华丽而著称。作为行为艺术的时尚奢华场面，在他的展示中得到了淋漓尽致的体现。例如，他 1995 年在科隆发布的夏季"彩虹"（Rainbow）系列中，直接在莱茵河畔搭建了一个巨大的走秀台，外表看上去就像是高 9 米，还带着喷泉的白色婚礼蛋糕。他的"天堂的欢乐产物"（Paradise Pleasure Productions）（1995/1996 秋冬）系列则让观众坐在围绕着一条透明走秀台的黑盒里，墙壁上投射着有关大自然的标语和图像；到了压轴时刻，黑盒一边坍塌，露出 120 名模特，其中有几十名模特穿着乳胶紧身衣，其他模特则戴着面罩，在一个多层舞台上一字排开。沃尔特·范·贝伦登克宣称："说到底，一场秀就是非常重要的场合。在这一瞬间，它赋予你空间和时间的力量……它是一个能在最大程度上实现我的幻想的机会。"后来他说："观众期待的不仅仅是衣服，他们还希望有一点大场面。但如果需要用戏剧性的一面来弥补内容的不足，那么我认为事情就出了问题。"（Derycke

---

1　"边缘"（The Edge）为 U2 主吉他手大卫·荷威·埃文斯（David Howell Evans）的绰号，"博诺"（Bono）为 U2 主唱保罗·大卫·休森（Paul David Hewson）的绰号。

and Van de Veire 1999：44）。沃尔特·范·贝伦登克最奢侈的表演之一是 1998/1999 冬季秀。当时，一条被白光照亮的蓝色电子走秀台蜿蜒曲折长达一英里，观众们被携带手电筒的服务人员在黑暗大厅中领到自己的座位上，当展示结束时，幕布打开，一个童话世界出现在人们眼前，而精灵们正从上面俯视着观众。他 1999/2000 的秀为"无参考"（No References），暗指他计划不参考遵循任何先前的时尚造型，其由四个不同的拼图以不同方式排列组合而成。从象征意义上来说，这是打算预测穿着者对未来时尚的需求。

虽然时尚记者们对沃尔特·范·贝伦登克系列秀中的恶作剧（譬如在严寒中步行数英里，坐在没有暖气、接近零摄氏度的帐篷里）变得有些不以为然，但他们不得不承认沃尔特·范·贝伦登克作品具有原创性，绝非那种在街头随便找点什么就拿出来重新翻拍的东西。此外，沃尔特·范·贝伦登克的设计具有跨性别的天性，他认为自己并没有特别为男人或女人设计服装。沃尔特·范·贝伦登克自己称："这与异装癖无关。我只是认为性别是平等的。"（Derycke and Van de Veire 1999：250）他尽量让自己的作品也能为年轻人负担得起，因而他的价格远低于设计师一般水准。他坚持认为："时装设计师面临的挑战之一就是调整他的故事以适应经济形势，使他的设计更具传播性。"（Derycke and Van de Veire 1999：298）

德克·比肯伯格斯

> 我的衣服从不复古。我讨厌回顾过去的想法。我没有任
> 何来自过去的偶像。
>
> ——德克·比肯伯格斯

比肯伯格斯的职业生涯之路与迪穆拉米斯特相似，但为他挣下著名设计师名誉的首个系列并非服装，而是他设计的鞋履系列。1985 年他拿着鞋履系列参加了伦敦的英国设计师展，并在稍晚些时候获得了当年的"金纺锤奖"（the Golden Spindle），比迪穆拉米斯特晚了两年。他在 1995 年设计的一双男式乐福鞋，看上去就像将厚重的比利时工作靴同轻便的乐福鞋结合在一起。墨尔本维多利亚国家美术馆举办的"重塑时尚"（Remaking Fashion）展览收入了这双鞋，将其描述为"由佛兰德斯的工匠制作，并粗略地涂上了红漆；木材和皮革的纹理都在鞋的坡跟处显示出来。在此处，坡跟经过了堆叠处理，以显露出那些构成牢固鞋底的多层结构"（National Gallery of Victoria 2008：22）。1988 年9 月，在意大利厂商"吉布"（Gibu）的赞助下，比肯伯格斯在巴黎推出了他的第一个男装系列。1993 年，他的作品扩展到了女装领域，并以独特的剪裁廓形、表面不加修饰的极简主义线条和简洁的运动装而闻名于世，从而打入了美国市场。

秉承川久保玲强烈的未来主义哲学，20 世纪 80 年代和 90 年代，比肯伯格斯（主要是）为坚强、自信的新一代，那些不为瞬息万变的风尚或造型趋势所左右的人设计。比肯伯格斯宣称，他的服装是为未来和

独特的男子形象而设计的，这意味着他的男装项目就建立在传统的男子气概观念之上。比肯伯格斯曾嘲弄般地表达过同山本耀司一样的意思："没有什么比'漂亮且整洁'的造型更无聊的了。"人们对他服装的形象形容道：充满能量，剪裁娴熟并且前卫。在他的服装中没什么解构的痕迹，但比肯伯格斯对时尚的看法依然是不妥协、理性的。他服装中所具有的随意而性感的特质，很大程度上来源于设计师的个性。对比肯伯格斯来说，这暗示了他倾向于使用粗糙、厚重和质感材料，经常在自己设计的服装中融入皮革、毛毡和厚重的羊毛。比肯伯格斯注重剪裁和面料。他经常间接参考体育活动，从中借鉴服装所需的耐用功能。他早期设计的黑色靴子和皮衣套装的机车手形象，成为20世纪头十年的晚期一系列秀中推出的设计服装的主打风格，特别是在1999/2000秋冬系列中展示的、两腿后部带有拉链的紧身男士黑皮裤，定义了属于他个人的性感风格。几十年来，比肯伯格斯标志性的重罗纹、V领套头衫针织系列，已经成为每个男人衣柜里的主打产品。

与其他设计师，如山本耀司和他的Y-3品牌那样，比肯伯格斯在经济不景气的2000年转向了经典的运动装设计，并为其带来了他独特的男性化风格。值得一提的是，比肯伯格斯先在福松布罗俱乐部福[1]（F.C. Fossombrone）的足球运动员身上开始"测试"他的运动服系列，后来（2005年）他干脆收购了该球队的大部分股份。从高级定制的夹克到高性能的运动内衣，比肯伯格斯在自己的设计中将这种经典的运动风格发扬光大，而他的男装也因此成为都市酷感的写照。至2007年，他品牌

1　福松布罗，位于意大利马尔凯（Marche）大区。

249　　　　　　　　　　　　　　　6　全球影响：对西方传统的挑战

的销售额已达 1.2 亿欧元的规模，这正是他的营销手段所带来的好处之一：利用足球运动员作为海报、杂志和走秀台的模特。随着人们对足球明星愈发崇拜，体育界也成了时尚界的沃土。2010 年米兰运动时装秀，比肯伯格斯就用贴身运动衣、紧身长裤、套头针织背心、系带过膝长靴，塑造出了属于他的标志性的现代造型。

下一代

"第二代"比利时设计师们大约在 20 世纪 90 年代从安特卫普皇家艺术学院中毕业。他们延续了那些杰出的比利时学长在国际同行中享有盛誉的优秀剪裁技术的传统。在这些新人中，有约瑟夫斯·提密斯特（Josephus Thimister）、贝隆尼克·布兰基纽（Veronique Branquinho）和她的搭档拉夫·西蒙斯（Raf Simons）、品牌 A.F. 凡德沃斯特［由安·凡德沃斯特（An Vandevorst）和菲利普·阿瑞克斯（Filip Arickx）组成的设计团队创建］以及第三学年就辍学的奥利维尔·泰斯肯斯（Olivier Theyskens）。有趣的是，他们的主要生产和分销中心仍然在比利时而不是在法国，从而巩固了安特卫普作为时尚重镇的地位。提密斯特和布兰基纽都显示出强大的实力，保持了比利时设计师传统的稳健实用和精致风格。不过，布兰基纽尤其以热爱黑暗面和为末世一代[1]设计了

1　原文为"the doom generation"，出自 1995 年上映的，由格雷格·阿拉基（Gregg Araki）执导的，詹姆斯·杜瓦尔（James Duval）、罗斯·麦高恩（Rose McGowan）和约翰·辛格（Johnathon Schaech）主演的黑色喜剧惊悚电影。《玩尽末世纪》，此处意指十六七岁青少年群体。

浪漫版的服装而著称。A. F. 凡德沃斯特品牌与约瑟夫·博伊斯[1]（Joseph Beuys）的作品有极深的渊源，该品牌的设计同样以表现主义著称，在其中探索了女性的双重性以及强者与弱者的关系。在他们1998/1999的"夜幕降临"（Nightfall）系列中，这种探索显得特别突出，模特的亚麻贴身睡衣在外衣下显而易见，强化了性感效果和女性的魅力。2003年，他们更是以一件纸制的棕色风衣作为系列展的开场，袖子生硬地套在模特纤细的手臂上，以此表示她们对探索形状、结构和容积的坚持。此外，泰斯肯斯在保持自己手工制作服装的无可挑剔的同时，也通过让塑料和皮草相结合来"糟蹋"自己的系列，并创下了"不加工的高级定制品牌"的名头。与马吉拉不同，泰斯肯斯的首个系列是用旧亚麻布制成的具有爱德华时代风格的服装。泰斯肯斯的作品中也同样弥漫着黑暗的元素。麦当娜在奥斯卡颁奖典礼上穿着的那件极富戏剧性的黑色缎纹大衣，就是他设计的。而泰斯肯斯设计的"希区柯克式"的裙装，上面画满了疯狂发起攻击的鸟类，还有被黑色的花朵所掩埋的葬礼礼服，都证明了他作品中更为重口的一面。到了2000年，包括斯蒂芬·施耐德[2]（Stephan Scheider）和安娜·埃朗（Anna Heylen）在内的年轻新锐设计师们也在安特卫普市中心的设计师园区内开展了业务。

新世纪开始之际，看起来日本人和比利时人正为未来打下了最坚实的基础，但他们的激进主义能否战胜目前巴黎的许多最有实力和影响力的设计师所提倡的浪漫英雄主义，还有待观察。

---

1 著名德国行为艺术家。

2 应为"schneider"。

新概念派

概念比服装本身更重要。

——侯赛因·卡拉扬

在巴黎，西方时装设计一直束缚在"变化"之中不能自拔。新的理念兴起，然后迅速被抛弃。自打20世纪60年代起就是如此，伊夫·圣·罗兰曾讥讽说，在20世纪60年代加速运转的生活方式中，唯一不变的就是变化，而时装设计师们必须跑到街头上去寻找灵感。在这些后现代主义的日子里，转变风格正是对流行艺术和音乐发展的一种反应，而裙摆则伴随女权主义意识形态、战争、经济衰退和社会祛魅等局势发展，忽而抬高忽而降低。

当日本设计师到来，事情开始发生变化。1978年，伦敦出现了一种更具挑衅性的朋克时尚，与此同时日本人带来的影响则更具普遍意义，穿越时空并不断潜移默化。几十年来，他们的非临时性、概念化的方法影响了西方设计师，迫使他们更多地思考概念——这是一种截然不同的思路，即理念可被构想为处理时尚体系、身体和性别意识等问题的方式。从20世纪90年代开始，许多主题时装系列便采用在行为艺术背景下发展起来的一系列方法。为了抵消现实中恐怖主义、全球争端和金融衰退的影响，设计师就越来越多地往他们的系列展示中添加幻想以及历史浪漫主义，以求将观众带入另一种时空。这些擅长盛大场面的大师是约翰·加利亚诺、让-保罗·高缇耶和亚历山大·麦昆。其他还包括维克托与罗尔夫、赫尔穆特·朗和侯赛因·卡拉扬（彩图21），他们对待时装设计的态度也不尽相同——主要是作为一种头脑锻炼，他们追求理性严谨就如同追求艺术一般。同日本人一样，他们在自己设计的系列中，提出了许多他们都无法回答的问题。他们并没有像传统方式那样，做出什么权威的时尚声明，而是试图促进一种持续的对话。卡拉扬表示："我确实认为我是一个有想法的人，因为理念非常有价值的。概念比服装本身更重要。"（Frankel 2001：68）

戏谑、拼凑和表演：维克托·霍斯廷与罗尔夫·斯诺伦

维克托·霍斯廷和罗尔夫·斯诺伦这对设计师组合共同创立了 Viktor & Rolf 品牌。他们是这些设计师中特别值得一提的，因为他俩从根本上重新评估了设计师服装及其同身体的关系。1992 年，从阿纳姆艺术学院（Arnhem Academy of Art）毕业后，维克托与罗尔夫选择专注于时尚的"构造"，而不是时尚本身。在这方面，他们是"局外人"或"王位觊觎者"[1]，讽刺性地挑战了时尚地位不是由服装，而是由设计师之形象决定的概念。他们俩成了时尚界的"杜尚二人组"[2]，因为他们不断在强化自己作为表演者，而非设计师的立场。他们以幽默的方式将身体刻画为一个物体，而服装只是"外包装"。在 1998 年的系列中，他们设计的概念时装特色就是扭曲的外形和夸张的形式，他们将一件又一件的衣服堆砌在模特玛姬·瑞泽（Maggie Rizer）身上，直到她纤细的身躯膨胀得

1　原文为 "pretenders to the throne"，为西方历史专有名词，多指因为种种缘故被废黜或失位的国王或他们的后代。

2　此处的杜尚指 20 世纪实验艺术的先驱马塞尔·杜尚。

像一个大得不成比例的俄罗斯套娃。他们就是用这种方法，制造了一件打足了气，甚至"大于生活"的时装。维克托与罗尔夫的这件作品不仅阐明并讽刺了流行于 20 世纪 90 年代初高级时装秀之中的理念，揭示了这种理念的破产，而且还可以说是对前一年川久保玲推出的"囊肿"系列（1997 春夏）的回应。他们这些极具战斗力的作品激发了其他人的一些后现代主义的"解读"。作为一种艺术表演，它抛弃了将服装分配给诸多走秀模特的"线性"发展，转向了"集聚"，即将这些服装集中穿到某一位模特身上。就像日本传统服装一样，它对身体在当代时尚中扮演了一个无性欲和无性别之物的角色做出了自己的批判。可以想象，它也可以批判高级定制时装的浮夸及其戏剧性，因为正是这些创造出了"大于生活"的服装。

毋庸置疑，维克托与罗尔夫的舞台剧对传统的高级时装进行了嘲弄，并将时装秀变成了伪低俗闹剧。在全程贯穿着荒诞感的环境下，他们嘲笑精英时尚的自命不凡，用故意制造的失误和矛盾让他们的服装显得莫名其妙，以此打破传统和约定俗成。他们具有挑衅性和讽刺性，而且从很多方面来看，他们的戏谑对日本和比利时设计风格中严肃的一面来说是一种解脱。例如，他们在 1993 年的首个系列中就夸张地模仿了马吉拉的复古服装，推出了用旧衬衫制成的舞会礼服和用旧夹克和长裤翻新改造的连衣裙。在他们 2001 秋冬系列中（图 6.8），他们让模特打扮成了纯黑，比如，穿上了褶边女式皮革衬衫和黑色珍珠首饰，还将她们的脸也完全上黑妆，挑战了日本人强烈而普遍的审美。他们为了近乎粗鲁地挖苦那些日本概念设计师而推出了该系列，号称为了庆祝 20 年前将黑色作为一种备受尊崇的颜色引入时尚之中。他们在 2000/2001

图 6.8

维克托与罗尔夫，2001/2002
秋冬女装，黑色衬衫、马甲、
领带和长裤，缎面领口和袖口。
摄影：Pierre Verdy/ 法新社 /
盖蒂图片社。

秋冬的"星条旗"（Stars & Stripes）系列中，将美国风格、消费主义和
民族主义掺合在一起，因此登上了《纽约时报》时尚版的封面。该系列
不仅讽刺了美国的资本主义，而且居然还成为他们最畅销的系列。回想
起来，他们在之前几乎都没卖出去似乎应是理所当然。在维克托与罗尔
夫的系列中，高亮显示的有关社会过度消费的建议，往往是 Comme des
Garçons 系列中的基本主题。

　　维克托与罗尔夫的终极系列，是马丁·马吉拉和赫尔穆特·朗的情
感的镜像产物，他们利用一个滑稽念头，即这个是一个完全不会展示服

装的系列；相反，他们展示了写有"V & R are on Strike"（维克托与罗尔夫正在罢工）字样的招贴画牌，作为一个只展示（关于他们自己的）新闻剪报的艺术装置。他们的行为再次讲述一个日益增多的现实情况，即关于服装系列展印刷宣传品的曝光率，以及围绕着展览的媒体炒作，对设计师来说比服装设计本身的视觉呈现更有价值。有趣的是，这能与1998年赫尔穆特·朗将他设计系列的CD-ROMS和视频寄给国际时尚杂志编辑，而不是举办走秀来向公众展示的行为相提并论。值得注意的是，这也标志着设计师时装营销的重大变革。同样，在"9·11事件"后，赫尔穆特·朗选择留在纽约在互联网上公开展示他的2001春季系列，而不是飞往巴黎。他不仅不想旅行，而且更相信这种新的"E时尚"（e-fashion）方式能使他的时装秀在国际上传播得更广。

维克托与罗尔夫与他们的后现代主义艺术学院的背景保持一致，刻意模拟了20世纪60年代两位最著名的行为艺术家的形象。他们模仿两位新达达主义者吉尔伯特·斯图尔特（Gilbert Stuart）和乔治·布莱希特（George Brecht），以"活雕塑"的形式出现，为他们的系列展览平添了额外的"扭曲"。他们穿着同样的衣服，摆出同样的姿势，就像1969年的那些早期概念行为艺术家一样，成为艺术本体的化身。又一次地，他们将自己当作了表演事件的中心，以此象征时装体系中不可或缺的内在是设计师的表演技巧和地位，而不是服装本身。从营销的角度来看，他们的观众也的确都被表演者的滑稽动作所吸引，以至于没有人真正关注衣服本身。尽管如此，他们的衬衫和女式上衣还是在商业市场上留下了印记。他们在衬衫上设计多个领子（2004年），让丝绸女式上衣看上去如倒挂的衬衫（2006年），还推出了一个装饰有缎纹乔其纱的小细节五件套白色府绸衬衫系列，其灵感来自经典的男士礼服衬衫，上面还缀有花卉护胸和多个超大的饰片（2010 年）。此外，他们的香水"鲜花炸弹"（Flowerbomb）于 2005 年首次推出时，立即成为纽约萨克斯第五大道精品百货（Saks Fifth Avenue）和伦敦塞尔弗里奇购物中心（Selfridge's）的畅销产品，紧接着在 2007 年，他们又推出了男士香水"解药"（Antidote）。

维克托与罗尔夫清楚地意识到，玩偶主题在当下许多设计师的系列时装秀中扮演着一种关键角色，于是他们也开始打造自己的玩偶主题系列。他们为玩偶穿上最能反映一些展秀特色的服装，让那些相关的展秀变成一场恋物癖的游戏。为纪念他们 2008 年在伦敦巴比肯艺术中心（Barbican Art Gallery）举办的首次个展，他俩出版了一本名为《维克托与罗尔夫之屋》（*The House of Viktor & Rolf*）的书。书中，娃娃们穿着完全复制展秀的服装，与走秀台上的模特并列在一起。这本出版物让人们注意到这一令人喷饭的视觉悖论，而两位荷兰设计师对其有意夸张，强化了他们得以在国际上享有盛名的反时尚概念。

极简主义、概念主义和技术：
赫尔穆特·朗和侯赛因·卡拉扬

相比之下，奥地利的赫尔穆特·朗和土耳其、塞浦路斯双重国籍的侯赛因·卡拉扬则是相当不同的设计师。认真来说，比起其他欧洲同行来，这两位设计师与日本及比利时的概念主义设计师在时尚方面会更有共鸣。卡拉扬毕业于伦敦中央圣马丁艺术学院，瓦莱丽·斯蒂尔（Valerie

Steele）曾赞扬他"与川久保玲的共同点要比伦敦其他任何人都多"
（Wilcox 2001：53）。同卡拉扬一样，朗的衣服也耐人寻味——或许可
以说有点过了——他还经常在作品中附加标语。他与艺术家珍妮·霍尔
泽（Jenny Holzer）合作的作品在威尼斯双年展上展出，上面突出了"I
SMELL YOU IN MY CLOTHES"（我在我衣服里闻到了你）的字样，强
调了时尚可以被暧昧地解读。在辛迪·舍曼与川久保玲合作创作的《无
标题电影剧照》[1]（1977—1980）中提到：

> 衣服［被］用作道具，插入作品中，以引起人们对画面中的妇女
> 或女性的特定反应。它们揭示了服饰、环境和身份的紧张关系，创
> 造了一幅构建自身叙事的图像，一个呈现出超出图像界限的故事。
> (O'Neill in Wilcox 2001：41)

　　在川久保玲、卡拉扬和朗的作品中，独立于叙事主题之外的思想交
流才是核心。他们在试图重新思考服装本身的形式逻辑（图 6.9）。他们
受实用主义街头服装的影响，但又使用奢华、手感好的材料。朗的作品
和川久保玲的作品一样，将服装解读为一种不可被读的外观，一种用以
隐匿的面具，一种存在于约束与欲望之间的张力（彩图 22）。卡拉扬采
用了一种更具挑衅性的方式，让这一理念更进一步。他主要的主题之一
就是宗教如何冲击人类生活，以及随之而来的压迫和孤立。在卡拉扬"在
中间"（Between）（1998 春夏）的系列中，他让模特穿着穆斯林遮挡

1　《无标题电影剧照》是美国视觉艺术家辛迪·舍曼于 1977 年至 1980 年拍摄的一系列黑
白照片，反映了"深深植根于文化想象力"的陈词滥调或女性化类型。

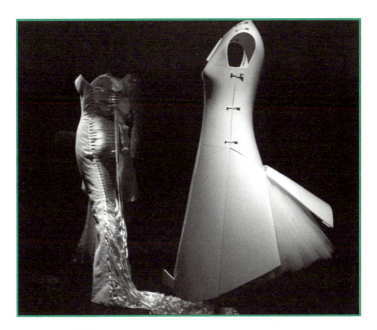

图 6.9

侯赛因·卡拉扬，2007 年 12 月，纽约大都会时装学院在
Blog.mode Addressing Fashion 展出的遥控礼服。
摄影：Amy Sussman/ 盖蒂图片社。

身体的衣物。随着秀的进行，模特们脱去的衣物越来越多，露出了越来越多的裸体，直到最后仅有脸被遮住。虽然，特别是在今天这会被视为极具挑衅性的冒犯行为，但卡拉扬是一个在自己的理想或道德上拒绝妥协的人，他认为"服装必须在社会背景下才能被考虑，要放在社会和文化背景中，而不是只看其表面价值"（Frankel 2001：68）。他经常被描述为生活在穆斯林和基督教世界的断层线上。

朗同马吉拉、卡拉扬一样，通过贯彻解构主义概念和试验不同材料向川久保玲致敬。威尔科克斯认为："他那不妥协的做法，意味着他的系列是一种微妙地平衡了颓废和古典主义的杰作。"（2001：4）自 20 世纪 90 年代初开始，朗在设计作品时就常用多层叠的结构，而且经常是用极简和司空见惯的材料，比如将肉色网状 T 恤覆盖在女式透明薄纱衬衫上。在千禧年之交，他的标志性设计变成了"光滑而极度贴身的长裤、修身的弹力上衣和业内最好的及膝大衣"（Frankel 2001：88）。他被视为酷炫的极简主义大师，严谨的审美是他追求纯粹创意的缩影。根据弗兰克尔（Frankel）的说法，由于他的设计表现出了一种更现代、更激进的精神，因此他同"我们这个时代伟大的前卫设计师 Comme des Garçons 的川久保玲、马丁·马吉拉更为一致——相对于更多的主流品牌而言"（2001：88）。

从解构到重构，同时使用新旧材料，以及二手和回收的复古服装，这种演变似乎是一个自然的过程，在 20 世纪 90 年代后期诸多设计师的作品中有着非常明显的体现。

在伦敦，杰茜卡·奥格登（Jessica Ogden）在自己作品中使用了二手面料。她保留了这些旧布料的污渍、补丁和手工缝合的接缝，将这些过去的痕迹融入她的现代设计中；设计公司菲克伦敦（Fake London）将开司米无袖套领罩衫剪碎，重新制成滑稽的拼凑主题服装；罗素·赛奇（Russell Sage）将诸如巴宝莉（Burberry）这种品牌的面料翻新，然后用在自己的"告我啊"（Sue Me）系列中……在 1993 年的巴黎，渡边弥淳展示了用旧足球衫改成的舞会礼服，维克托与罗尔夫 1998 年在巴黎展出的第 10 个系列，以 20 世纪 60 年代的香奈儿（Chanel）和璞琪（Pucci）的复古布料为其特色。在纽约，苏珊·钱人们只能猜测卡拉扬的母亲——一位系谱学家——对他的作品的影响。埃文斯（Evans，2003：57）认为这是："历史的层叠，剥落历史中的一个片段，从而揭示了另一个片段。"卡拉扬回忆说："那件被撕碎的黑灰色的衣服，2002 春夏美狄亚（Medea）系列是一个幽灵，一个经历过所有可能的多重生活的幽灵。没有什么光亮，没有什么是新的，一切都有其历史。"（同上）他将他的旧设计重新组合，然后再将它们解构。他可能会把过去三个时代的衣服剪成碎片，然后几乎带着诗意地把它们重新缝叠在一起。他将这种基于历史痕迹的过程描述为考古学意义上的"将物品从过去挖掘出来，并赋予它们未来的新生"（Evans 2003：61）。同山本耀司一样，卡拉扬也沉浸在记忆和过去之幽灵的主题之中。对一些人来说，他设计的这些服装代表了一种创伤感，还被误解成一种对"9·11事件"的回应。策展人杰夫·基普尼斯（Jeff Kipnis）[9]提出，卡拉扬是在让时尚界面对其自身的历史。与川久保玲经常不和谐的服装成品不同，卡拉扬用朴素天真实现了诗意的、美丽的衣服。对穿着者来说，这些衣服相当温柔。在接受记者苏珊娜·弗兰克尔（Susannah Frankel，2001：70）的采访时，卡拉扬表示，他尝试着制作女性喜欢穿的衣服，为那些"享受我的衣服和她们的身体之间的私密空间的人"

制作衣服，因为对他来说"这非常重要"。这种类似建筑空间的观点非常符合日本和服的原始概念，也是三宅一生、山本耀司和川久保玲作品的基础理念。卡拉扬对三宅一生情怀特别有共鸣，他认为："通过一次次的改良，他（三宅一生）的衣服变得极简，而他服装中具有的功能性又是现代主义的基础。"毕竟，他认为"编辑一种想法比新增一个想法更难"。（同上）

当时装汲取了前卫艺术的源泉时，它们在艺术、戏剧和生活之间的鸿沟就得到了弥补。卡拉扬为他的各种系列起了各种新名字，以此象征他对时尚的另类态度。其中包括"临时干扰"（Temporary Interference, 1995），在其中卡拉扬使用了航空管制员的监控屏幕图像；"暴风雨之场景"（Scenes of Tempest, 1997），此次他在纺织品印花中使用了基于气象图的图案。他在"航空邮件"（Airmail）系列中用防撕纸[1]制成可折叠的衣服，放在信封里通过邮件发送。"言语"（Words, 2000）和"言语之后"（Afterwords, 2000—2001）则是将家具罩变成了裙子，而不是让桌子变形为裙子。他的主题涵盖从人类、技术和自然之间的相互关系到其他更多的社会政治方向，包括 2004 年的"昭昭天命"（Manifest Dynasty）系列，其灵感就来自美国秉持的要将其西方意识形态强加给世界其他国家的理念。2005 年，在荷兰格罗宁根博物馆（Goninger Museum），卡拉扬举办的一场回顾展上，展示了他在前十年间所设计的作品。从他的"航空（Aeroplane）裙装"中，人们可以清楚地看到他对飞行和运动的迷恋。该裙装的特点就在于有着能用电气开关控制启闭

----

1 为一种聚酯薄膜基材的材料，具有抗撕裂性和热稳定性，可长期使用。

的面板，从中能露出部分身体。同时展出的，还有他设计的内置颈托的服装，以及与服装融为一体的椅子。从 2006 年开始，人们又关注未来时装与科技结合的可能性（彩图 23）。卡拉扬则与总部设在伦敦的设计公司 2D:3D 合作，能够实现对套装编制一些程序，以某种方式改变设计。他在每个模特的胸衣或帽子中插入了微芯片，在低腰裤中安装了电池组和微处理控制器，还加上了连接到电缆上的小滑轮，以完成一些特定的动作。当有人操作时，翻领就会消失，衣摆会改变长度。在 2006 年 12 月的秀场上，每五件衣服中就有一件变形，暗示过去三十年时尚界标志性风格的改变。《纽约时报》时尚记者阿曼达·福尔蒂尼（Amanda Fortini）描述道：

> 像婚礼蛋糕般 20 世纪 20 年代柱式裙自动折叠起来，变成了 40 年代基本款的拉链领服装。40 年代 A 字型裙的板条像伞一样向外张开，完全成了 50 年代新风貌廓形；随后裙子松开，装饰性的金属板则从连衣裙上身的暗袋中掉落，变成了摩登迷你裙。作为最后的形态，薄纱外衣缩进模特的宽边帽中，让她变成赤裸。(2009)

卡拉扬在 2007 年系列中，高科技时装或曰"智能设计"服装揭示了全球变暖和气候变化问题，尽管他坚持认为自己的高科技防护服并非政治声明。在与施华洛世奇的合作中，他设计了由微芯片控制，带有 LED 灯的水晶裙，能在衣服表面播放四季变化的视频。就视觉效果而言，这种展示方式让人叹为观止，也为他赢得了掌声。

2009 年，在伦敦设计博物馆举办了一场名为"侯赛因·卡拉扬——

自时尚和背后"（Hussein Chalayan—From Fashion and Back）的庆祝展览，这也是卡拉扬首次在英国举办的展览。门克斯写道："这些展品带着平静的权威性，捕捉到了一种风格，在其中女性被赋予了权力，但却从未被开发出来。衣服优雅地拥抱着身体，模特们在墙上作画，或将彼此的衣服像园艺中修剪林木般剪成雕塑造型。"（2009a）有趣的是，这些由卡拉扬在 1999 年就创作出的园艺修剪式雕塑衣物被人再度研究——这次是维克托与罗尔夫，他们将其应用到了 2009 年 10 月的系列中。根据二人的说法，他们为了应对"信贷紧缩"而推出"高档定制紧缩"系列的奢华薄纱晚礼服，10 件礼服上都打出了贯通的孔道，还切出了细条 [10]（彩图 24）[11]。"世界正在削减开支，所以我们也真的开始从舞会礼服上削减大块衣料——然后我们用这些剩余部分制作了新衣服。"（Menkes 2009b）根据门克斯的说法，"卡拉扬 [曾] 以更优雅、更具有风格和创造性的方式制作了带薄纱装饰的园艺修剪式服装"。饶是如此，维克托与罗尔夫的这个系列也是幽默且让人感觉惊艳的，他们出现在《女装日报》的封面上，挥舞着电锯，站在一名身着沙沙作响的薄纱舞会礼服的模特前。许多人将这标榜为又一个时尚"衰退"的噱头，但时尚记者埃里克·威尔逊（Eric Wilson）（2009b）试图对这个系列的背景进行分析：

> 以并不太明显的方式，解构在春季系列中复兴了。值得注意的是，它最初的全盛时期就始于 20 年前那场严重的经济衰退。当时，山本耀司用颓废的姿态展示了黑色和毛茛黄欧洲农夫印花的防尘外套，看上去就像布料被恶心的变异飞蛾吃掉了一样。布料破旧得几乎

如何总结这些天才的影响力？当你把一颗鹅卵石扔进池塘时，激起的同心圆形涟漪会从中心向外扩散——并且带着传播的能量。《日本时装设计师：三宅一生、山本耀司和川久保玲的作品及影响》一书就试图探讨、定义这种传播的能量。它揭示了过去四十年来设计师服装的设计、制造、分销和营销模式的变化，并指出了日本时装设计师在20世纪和21世纪的影响的广度和深度。此书展示了时尚的知识化如何改变了时尚的进程，让策展人、建筑师、学术界和知识分子参与其中。在日本设计师的带领下，一种新的概念已经出现，它强调女性购买服装，是出于服装带给她们的感觉，而不是给她们外观带来的改变。这种巨大的改变既与意义和记忆有关，也同文化和身份有关。

在时尚以及其他美术和应用艺术中，极简主义和解构已经成为视觉艺术文化的两大主流风格特征。或许这是有史以来的第一次，建筑师们会向时尚设计，尤其是日本时尚设计寻求有关结构的思路。三位日本设计师——三宅一生、山本耀司和川久保玲——都要求他们的观众提高时尚意识，将时尚视为一种雕塑形式，视为一种探寻概念意义和怀旧的工具，并将时尚视为一种脑力，有时甚至为一种对抗性的力量，但依然能保有美丽与浪漫。

在过去的十年之中，时尚界对现代美学提出了质疑。一些重要的设计师对当前全球的不稳定和不确定因素，以及快速发展的技术和激剧的社会转型的看法，比对时尚美学的看法要多得多。比如，在日本、比利时和其他欧洲概念设计师的作品中，都涉及女性与权力、独立和现代世界等问题。21 世纪的新女性已经以坚强、坚定和自信的姿态出现，而在包括川久保玲和迪穆拉米斯特在内的顶尖设计师的作品中，也都蕴含着这种呼唤。川久保玲的设计如此不可抗拒，以至于许多其他设计师都向她看齐，跟随她引领的时尚新方向。

对新技术发明的迷恋，使设计师能阐述出一种新的设计语言。而社会政治美学的发展，让设计师成为后现代主义话语中重要的组成部分。通过接受异化，成为后现代环境的一部分，卡拉扬、马吉拉和朗等设计师为更大程度地跨媒体合作铺平了道路，让时尚超越了传统的界限。传统主义者可能会感到万念俱灰，诚然，所有的这些范式都模糊了衣服和服装之间那些历史悠久的功能界限。但或许，这一点并不像过去那样重要，因为时尚必须向前发展，在 21 世纪的进程中进一步探索新的前景。本书依靠历时十二年收集的研究资料，加上多次前往日本深入了解文化审美，这确实是一次迷人的旅程，感谢你与我分享。

[1] 该评论出自当今日本最具影响力的策展人之一，京都服饰文化研究财团的深井晃子在 2006 年的一次谈话（Mears 2008：117）。

[2] 这个词最先是在 1989 年由比尔·坎宁安（Bill Cunningham）在《细节》（*Details*）杂志上应用于时尚之中。

[3] 合伙人 Jenny Meirens 为 Maison Martin Margiela 的商业总监，她是第一个引进山本耀司和 Comme des Garçons 的作品并在布鲁塞尔的 Graanmarkt 上销售的人。

[4] 埃文斯还提到了埃米尔·左拉的著作，特别是他的小说《妇女乐园》，他在小说中评论了 19 世纪的百货商店，以及女性如何被视为"女性气质的奇观"，既是消费欲望的主体，又是消费欲望的对象（Evans 2003：165）。

[5] 据报道，1993 年，学生时代的马吉拉和卡拉扬将服装埋在土壤中，以观察它们会如何分解。

[6] Das Offene Kuntswerk（Frankfurt am Main, Germany：Suhrkamp Verlag, 1977），p. 11。

[7] 到 2009 年，销售额已从 3000 万欧元飙升至 7000 万欧元。

[8] 一般情况下，工厂对某一纺织品的订单要求是 1000 米。

[9] 在俄亥俄州的韦克斯纳艺术中心举办了卡拉扬的作品展。

[10] 这些薄纱裙的制作每件都花了 163 个小时，裙身用了 149 码薄纱，裙底用了 44 码较硬的薄纱，还有 2.3 英里的极细纱线。设计师提供了 D.I.Y. 说明：裙子是一层一层建立起来的，手工缝合在硬内层结构上，用骆驼毛和骨料做成最后裙子的形状，在臀部以下有一个剪裁条。白色亮片（547 片）缝在衣服的前面（Limnander 2010）。

[11] 这为他们推出新香水系列"薄纱，更多薄纱"提供了一个机会。

彩图 1 三宅一生，2001 年 10 月春夏系列，该系列以丝带织物错综复杂地包裹着身体，反映出春天花园的清新气息，创造出一种绚丽的色彩和技术展示。摄影：Petre Buzoianu/Avantis/Time & Life Images/ 盖蒂图片社。

彩图2 三宅一生，2001年10月，激进时尚展上的"一布成衣"展示，V&A Museum，伦敦，October 2001. 摄影：David Benett Collection/Hutton Archives/ 盖蒂图片社。

彩图 3 三宅一生，1994 春夏系列，多色"手风琴"裙，RTW, Paris. 摄影：Pierre Verdy/AFP/ 盖蒂图片社。

彩图 4 山本耀司，2008 春夏系列，带褶皱的银黑色半身裙。Carreau du Temple，摄影：Eric Ryan/Catwalking/ 盖蒂图片社。

彩图 5 山本耀司，集聚的红色连衣裙配黑色围巾和手套，2009 年 3 月，巴黎成衣时装周。从历史上看，这种集聚垂坠的服装，更多的是让人联想到欧洲高级时装而不是日本设计，类似于薇欧奈或巴伦加西亚的作品。摄影：Chris Moore/Catwalking/ 盖蒂图片社。

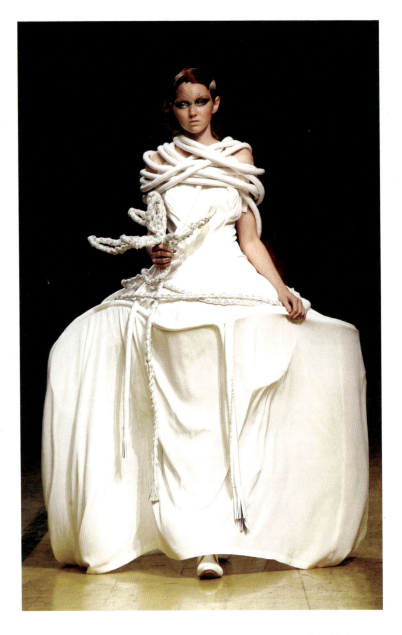

彩图 6 山本耀司，2006 春夏系列，带支撑的白色长裙，颈部和肩部垂有白色绳索，RTW Paris。摄影：Pierre Verdy/AFP/ 盖蒂图片社。

彩图 7　Comme des Garçons，"抽象的卓越"花案裙和夹克，2004
春夏系列，RMIT 展出，Melbourne Collection：设计者 'S!X' 的彼得·博
伊德，摄影：作者。

彩图 8 Comme des Garçons 的渡边淳弥，模特在 T 型台上戴着黑色带绶带的 Fedorastyled 帽子，身穿黑色多层外套裙。2006/2007 秋冬系列。摄影：Francois Guillot/AFP/ 盖蒂图片社。

彩图 9　Comme des Garçons，用枕头状的填充物制成的白色连衣裙。2010 秋冬
Inside Decoration 系列。摄影：Chris moore/Catwalking/ 盖蒂图片社。

彩图 10 Comme des Garçons，身着格子大衣的蒙面模特，2009 年 3 月。
摄影：Chris Moore/Catwalking/ 盖蒂图片社。

彩图 11 三宅一生旗下的泷泽直己,绿叶图案 (羽毛) 连衣裙,2007/2008 秋冬系列,摄影:Francois Guillot/AFP/ 盖蒂图片社。

彩图 12 渡边淳弥，男装，红白格子外套和纽约早期荷兰移民裤装，2010 春夏。
摄影：Chris Moore/Catwalking/ 盖蒂图片社。

彩图 13 渡边淳弥，古铜色连衣裙上的黑色绗缝外套，2009 秋冬。
摄影：Pierre Verdy/AFP/ 盖蒂图片社。

彩图 14 高桥盾，"but beautiful II homage to Jan Svankmajer"，绿松石蓝色连衣裙，腰间有大蝴蝶结和发色，大花帽，2004/2005 春夏。
摄影：Pierre Verdy/AFP/ 盖蒂图片社。

彩图 15 靛蓝染布，东京谷中的店，2008。摄影：作者。

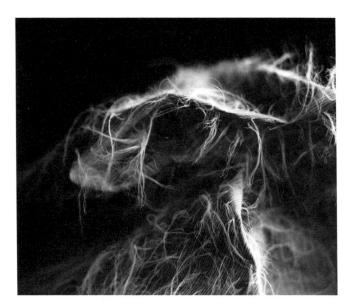

彩图 16a 须藤玲子 /Nuno 公司，布料名"产毛"，2007，纽约现代
艺术博物馆。摄影：Sue McNab. Courtesy of Reiko Sudo and Nuno
Corporation.

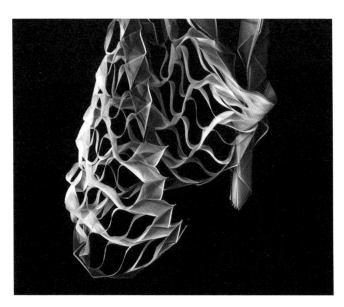

彩图 16b 须藤玲子 /Nuno 公司，布料名"七夕"，2006，The Minneapolis
institute of Art（USA）and The Museum of Modern Art（NY）et al. 摄影：Sue
McNab，Courtesy of Reiko Sudo and Nuno Corporation。

彩图 17 山本耀司，带木质胸衣的人体模型，侯赛因·卡拉扬的玻璃纤维人体模型和量尺。
摄影：Robyn Beck/AFP/ 盖蒂图片社。

彩图 18　安·迪穆拉米斯特，驼色长裙，黑色，解构主义大衣，皮草衬里，1999/2000. Courtesy of Ann Demeulemeester。

彩图 19 　安·迪穆拉米斯特，红黑相间解构主义服装，2005. Courtesy of Ann Demeulemeester。

彩图 20 德莱斯·范·诺顿，2004，fiftieth 展。Paris：models walking on long banquet table。摄影：Patrice Stable. Courtesy of Dries Van Noten。

彩图 21　侯赛因·卡拉扬，铜质螺旋裙，伦敦时装周，2000 年 2 月。
摄影：Sinead Lynch/AFP/ 盖蒂图片社。

彩图 22 赫尔穆特·朗，白色解构主义上衣、背心、长裤和带帽外套，梅赛德斯 -
奔驰春季时装周，NY，2008。摄影：Biasion Studio/WireImage。

彩图 23 侯赛因·卡拉扬，遥控连衣裙（封闭版 / 开放版），2007 春夏。
摄影：Pierre Verdy/AFP/ 盖蒂图片社。

彩图24 维克托与罗尔夫，Couture Crunch桃红色薄纱晚礼服，MTV欧洲音乐奖，柏林，2009年11月。 摄影：Jeff Kravitz/Film Magic/ 盖蒂图片社。

图书在版编目（CIP）数据

日本时装设计师：三宅一生、山本耀司和川久保玲
的作品及影响 /(澳) 邦尼·英格利希
(Bonnie English) 著 ; 李思达译. -- 重庆 : 重庆大学
出版社, 2021.12
（万花筒）
书名原文: Japanese Fashion Designers: The Work
and Influence of Issey Miyake, Yohji Yamamoto, and
Rei Kawakubo
ISBN 978-7-5689-3000-0

Ⅰ.①日… Ⅱ.①邦…②李… Ⅲ.①服装设计师—
介绍—日本 Ⅳ.①K833.135.72

中国版本图书馆CIP数据核字(2021)第222139号

日本时装设计师：
三宅一生、山本耀司和川久保玲的作品及影响
RIBEN SHIZHUANG SHEJISHI:SANZHAI YISHENG、SHANBEN YAOSI HE
CHUANJIUBAO LING DE ZUOPIN JI YINGXIANG

〔澳〕邦尼·英格利希（Bonnie English）——著
李思达——译

策划编辑 : 张　维　　　书籍设计 : 崔晓晋
责任编辑 : 张红梅　　　责任印制 : 张　策
责任校对 : 刘志刚

重庆大学出版社出版发行
出版人：饶帮华
社址：(401331) 重庆市沙坪坝区大学城西路 21 号
网址：http : //www.cqup.com.cn
印刷：天津图文方嘉印刷有限公司

开本：880mm×1230mm　1/32　印张：9.5　字数：230 千
2021 年 12 月第 1 版　　2021 年 12 月第 1 次印刷
ISBN 978-7-5689-3000-0　定价：99.00 元

版贸核渝字(2020)第111号